GHQの策謀と戦後史の迷路

松本宗堂

終わりなき帝銀事件

批評社

はじめに

帝銀事件は、いまだに賞味期限が切れていない。この事件は、日本が敗戦による連合国軍総司令部（GHQ）占領下の東京都豊島区内で起こった。一九四八（昭和二三）年一月二六日、閉店間際の帝国銀行椎名町支店に現れた一人の中年男性が行員とそこに居合わせた行員の家族を含む一六名全員に毒物を飲ませ、現金と小切手一枚を奪って逃走したという悪逆非道の事件である。

これにより八歳の子どもを含む一二名が死亡。戦後の混乱期にもかかわらず、前代未聞の凶悪犯罪に日本中が騒然となった。

事件は初動捜査の不手際もあり、さまざまな憶測が乱れ飛ぶ中で混迷の度を深めていった。ところが事件発生から七ヵ月が経過すると、一人の日本画の大家、平沢貞通が突然逮捕された。しかし、平沢（貞通）が犯人である確たる証拠はなく、逮捕当初は犯行を頑強に否定したので、誤認逮捕ではないかという批判が続出する始末であった。だが、その後は検事による連日の取調で犯行を自供するに至った。ところが、裁判が始まると被告人平沢（貞通）は一転して無実を訴えるようになったのである。だが、一審・二審での有罪判決を経て最高裁で死刑判決が確定した。

平沢（貞通）の無実の訴えはその後も続き、死刑囚平沢（貞通）は独力で再審請求を提起した。第一次、第二次の再審請求は本人によるものだが、第三次以降は有罪に疑問をいだく弁護士や「救う会」により提出され、獄中での死後も第二〇次まで根気強く続けられた。しかし、平沢貞通死刑囚は、再審開始の決定を待たずに医療刑務所内で九五歳の生涯を終えている。

これまでこの帝銀事件は、その冤罪性についてさまざまな検証が行われてきたが、そこにまつわる数々の不可解な疑問点のすべてを合理的に説明しえたものは、私の知る限り皆無と言っていいだろう。

そもそも私がこの事件に興味を抱くようになった切っ掛けは、佐伯省（仮名）という初老の紳士との出逢いにあった。当時（一九八八年）の彼は、私の勤務先の病院に入院中の患者で、私の父親より少し年輩に見えた。その頃の私には佐伯省と親しく話す機会が度々あり、そんな中で彼がある理由から帝銀事件を長年調査していることを知ったのである。最初は、推理小説まがいの話にあまり興味が湧くことはなかったが、退院後に彼の自宅を訪れて事件に関する膨大な資料に目を通すようになると、私はこの事件をもっと知りたいと思うようになった。そんなある日、事件に関係する人物に直接会って確かめたいことがあるので一緒に行かないか、と佐伯省に誘われた。

「その人物に一度会ったことがあるがなかなかの食わせ者で、恐らく本当のことは言わないだろう」ということだったが、いざ私たちが都内某所の家を訪ねると、当人は既に故人となっていた。そこには、その人物の同居人という老婦人二人と得体の知れない初老の男が住んでいた。

私は何やら拍子抜けしてがっかりしたが、佐伯省は意外にも満足げであった。その理由がわかったのは、帰途の電車内で、佐伯省はこの帝銀事件の本を出版するにあたって、その人物から名誉毀損などで訴えられるかもしれないことを密かに気にしていたらしいからである。

私は同居していた老婦人と得体の知れない男のことが気になり、当時、小学生だった息子を連れて後日、再びその家を訪れた。子連れの方が警戒されないだろうという魂胆からだったが、その思惑は見事に外れてしまった。老婦人の一人が私の息子に「この人は本当にあなたのお父さんなの」と聞きながら、私と息子の顔を疑い深い目で何度も見比べていたからである。私はにわか探偵にでもなったつもりでいたのだが、実際その家の同居人たちに秘められた謎は、そんな生やさしいものではなかった。そのことは、後で身をもって体験するまで実感することはなかった。

その後も私は、佐伯省の家を何度も訪れているうちに、彼が帝銀事件の実行犯と確信する男の家だと教えてくれた。その男は佐伯省より幾つか年上のような感じで、都心から少し離れた閑静な住宅街の一角に歯科医院を構えていたが、昨年（一九八九年）に死亡したとのことであった。

現在は、男の妻がその家で一人暮らしをしているというので、私は一度その家を訪ねてみたいと思い、翌日の仕事帰りに立ち寄ることにした。

古びた小さな二階家は、通りから奥まった目立たないところにあり、ちょっと異様な雰囲気を醸し出していた。というのも。その家の窓にはすべて目張りがしてあったからだ。私は半分朽ちかけた玄関ドアのチャイムを、一瞬ためらいながらも一度だけ押してみた。しばらく何の反応もなかったので、もう一度チャイムを押そうと手を伸ばすと、老婦人が不審そうな面持ちでドア越しに顔をのぞかせた。その老婦人は年格好から怪しげな歯科医の妻と思われたので、すかさず、

「先生、いらっしゃいますか。また歯の具合が悪くなったもので……」と、いかにも男がすでに死亡したことを知らずに来院したような振りをした。すると老婦人は少し表情を和らげ、

「せっかく来ていただいたのに申し訳ございませんが、もうこちらは閉めてしまいました。先生が昨年亡くなりましたものですから……」と、目を潤ませて言葉を詰まらせていた。そこで私は、「えーっ本当ですか」と少し大袈裟に驚いてみせて、さらに、「そうでしたか、知りませんでした。あんなにお元気そうでしたのに……。先生には随分とお世話になりまして、本当に残念です」とため息混じりに肩を落とした。

老婦人は私のことをすっかり古くからの患者と思い込んだらしく、歯科医が一昨年の初めに大腸癌手術をしたことや、退院後もわりと元気に仕事をしていたことなどをしんみりと話し始めた。思いがけずうち解けた雰囲気になったところで、

「よろしかったら、御仏前にお線香を上げさせて貰えませんでしょうか」と思い切って尋ねてみた。するとと、老婦人は意外にも、

「ええ、どうぞお参りして下さい」とすぐに私を家の中に招き入れてくれたのである。

窓の目張りのせいか、昼間にもかかわらず家の中は薄暗く、最初に私の目に飛び込んできたのは白地に黒文字で「プライベートルーム」と書かれたプレートだった。そのプレートは、玄関を入るとすぐ右側のドアに取り付けてあったが、これが佐伯省がいっていた例の秘密の部屋かもしれない。私は一瞬その場に立ち止まってしまった。というのも佐伯省がこの歯科医院に患者として通院していた時、このプレートの貼ってある部屋の中には一体何が隠されているのかと、不審に感じていたからである。この話を私は佐伯省から何度も聞かされていた。

老婦人は、私が遠慮しているとでも思ったのか、「どうぞ、こちらへ」と、にこやかに奥の部屋へ

と案内してくれた。案内された部屋の右手中央には仏壇があり、その中に一枚の写真が置かれていた。男の写真だ。それは最近撮影されたものか、紳士然とした白髪の老人が冷静な面持ちでかすかに微笑を浮かべていた。この男が佐伯省のいう帝銀事件の実行犯かと思うと、私は背筋にゾクッとするものを感じたが、努めて冷静を装いながら線香に火を灯し、遺影に向けてゆっくりと合掌した。

私は老婦人とその後もしばらく雑談を交わしていたが、「プライベートルーム」の中がどうにも気になって仕方がなかった。何とか部屋の中を覗くことはできないかと考えていると、唐突に思いがけない話を老婦人の口から聞くことになった。

老婦人は、「明後日は夫の命日なので、明日から夫の郷里の鳥取県まで墓参りに出かけます」というのである。老婦人の予定を聞いた私の脳裏には、瞬間的にとんでもない考えが閃いた。他でもない、老婦人の留守中にこの家に忍び込んで「プライベートルーム」の中を覗き見るという考えである。かなり老朽化したこの家の玄関ドアなら、小道具で簡単に開けられそうな気がした。しかし、それは明らかに犯罪行為だ。もし見つかったら大変なことになることは間違いない。だが、こんな機会は二度とないだろう。私は大胆かつ無謀な計画を実行に移す決意をしたのである。

それから二日後の昼頃、仏花を持参して再びあの家に向かった。仏花は、誰かと鉢合わせしたときの用心のつもりで持参した。

チャイムを何度も鳴らして留守を確認すると、持参した工具で玄関ドアの解錠にとりかかった。ところが鍵は意外と頑丈で、あれこれ試みたが簡単に開きそうになかった。鍵を壊してまで侵入するつもりはなかったので、仕方なく諦めて帰ることにした。ところが、ふと玄関の窓に目をやると、木製の窓枠が少しずれているのに気がついた。そこで窓枠をぐいっと押してみると、窓はあっけなく内側に開いた。私は内心〝やった〟と思い、躊躇せずにそこから家の中へと滑り込んだ。そうしてすぐに玄関ドアの鍵を内側から外して、自分の靴を玄関の床に置いた。

「留守のようでしたが玄関が開いていたので、仏壇に献花させていただこうと思いまして、勝手に上がらせてもらいました」と言い訳が効くように配慮したからである。そしてもう一度大声で来訪を告げて、間違いなく留守であることを確認すると、真っ先に「プライベートルーム」のドアを開けた。すると、何とそこは浴室だった。私はがっかりしたが、気を取り直して仏壇のある部屋へと足を運んだ。

その部屋は仏壇を中心にさまざまなものが配置されていたが、期待に応えてくれそうなものは何も見つからず、私は次第に大胆になって捜してみた。次に二階の方も調べてみようと思い、足音などさして気にせずに階段を昇ると、二階は一部屋しかなかった。一時間近く物色したが、やはりこれといったものは見つからなかったので、再び階下の仏壇のある部屋に戻ることにした。すると、最初からうっかりしていたが、仏壇の裏側にカーテンで仕切られた小部屋があることに気づいた。

小部屋の中に入ると、そこには小物入れがいくつか置いてあり、引き出しの中には書類やら手紙のほかに、多数の名刺や写真が入っていた。それらを丹念に調べてみると、その中から帝銀事件当時の日付が記録されているその家の主人である歯科医の写真が数枚出てきた。警察が配布した新聞に掲載された犯人の手配用の人相書によく似た男の顔写真を見ているうちに、私はふと奇妙なことに気づいた。それは写真の男の眼鏡である。男の写真には眼鏡をかけたものとそうでないものがあり、事件から六年後の写真では眼鏡をかけていないが、それ以前の写真では眼鏡をかけている。目が悪くなくても伊達眼鏡をかけるというのは珍しいことではないので、このことだけでとりたてて問題があるとは言えないのだが、この歯科医が本当に帝銀事件の実行犯であるなら、話は俄然違ってくる。

変装の小道具として付け髭や伊達眼鏡を着用するのは一般的だが、生やしている髭を落としたり眼鏡をはずすというのは、意表を突くテクニックである。スパイを養成する諜報機関では、この手の方法による変装はむしろ常套手段だ。彼らは、変装が必要とされる時のために普段から不要な眼鏡をかけ、髭を生やしておくというわけである。

翻って考えてみると、私が闖入した歯科医の家で見つけた男の写真の中で、眼鏡をかけなくなった時期は、帝銀事件被告人、平沢定通の死刑判決が最高裁で確定した一九五五年の前年のことである。

私は三〇分あまり小物入れの中を調べただろうか、かすかな人の気配を二階に感じた。すると、いきなり階段を降りてくる足音が聞こえた。そんな馬鹿な、二階には誰もいないはずだ。つい先程まで私がそこに居たのだから。私はほとんど反射的に部屋を飛び出していた。そして廊下に出た途端、驚きのあまり危うく声を上げそうになった。

何と、私の眼の前にその男は立っていたのである。この時の私の驚きようといったら、尋常一様ではなかった。以前、佐伯省に男の家を教えてもらったとき、「奴らは自分を死んだことにするなど朝飯前だから、ひょっとするとあいつはまだ生きているかもしれない」と問わず語りに聞かされていたことを俄に思い出した。

「ああ、やっぱり生きていたのか」と思うと、私の心臓は今にも口から飛び出さんばかりに激しく喉を突き上げた。男も驚いたらしく、私たちは顔を見合わせたままその場に立ちすくんでしまった。

最初に口を開いたのは男の方であった。

「私はこの家の主人の弟ですが……」。

その男は私が聞きもしないのに自ら名乗ったのである。なるほど、そう言われてみれば、男は七〇代前半といったところで、この家の主人よりかなり若く見えた。しかし、解せないのは、男はなぜ最初に私が何者なのかを確かめようとしなかったのか。自分の兄の家に主人が留守中、見知らぬ人間が侵入していれば、普通はただごとでは済まないはずである。

ところが、そんな私の思いを察した素振りも見せず、男は「ところで、あなた様はどちら様で」とやけに慇懃な態度で尋ねてきた。私は偽名を名乗ろうかとも考えたが、もし嘘がばれたらそれこそ大変なことになると思い、

「はい、私はこういう者です」と咄嗟に自分の名刺を差し出した。

「奥様から今日が先生のご命日と伺っていたものですから、お参りさせていただこうと思ってお邪魔いたしました。そうしましたら玄関が開いていましたものですから、どなたかいらっしゃるのかと思い、お声をかけたのですが、どなたもいらっしゃらないようでしたので、せっかくですからお花だけでもお供えさせていただこうかと思い、失礼ながら勝手に上がらせてもらいました。でも、二階にいらっしゃったのですね」

こう言うと、私は玄関の上がり口に置いた花束を拾い上げてとぼけてみせた。

すると男は、先程とはうって代わった鋭い一瞥を眼鏡越しに投げかけ、手にした私の名刺に視線を落とした。私は内心どうなるかとビクビクものだったが、男は意外にも納得したようであった。

かくして私は、際どいその場をどうにか切り抜けることができたのだが、それにしても、不可解なのは男の行動である。玄関には私一人分の靴しか見当たらなかったのだから、恐らく男は勝手口から入ってきたのだろう。なぜ男は自分の兄の家に玄関から入らなかったのだろうか。しかも、物音一つたてずに足音を忍ばせて二階に上がって行き、私が闖入してくるのをじっとして息を殺して覗っていたのだろうか。こういうことをするのは普通の人間ではあり得ない行動だ。やはり男は不審者の侵入に気づいてやってきたという他ないのだが、それではどのような方法で異常を察知したのだろうか。

防犯用の警報器が作動したとも考えられるが、それなら警備会社に通報があって警備員なり警察官が駆けつけるはずだ。男がわざわざ不審者と鉢合わせする危険を冒す必要はないと思うが、やはりその家には他人に知られては困る何かがあったのだろう。ちなみに、男はこの家の主人の弟だと言っていたが、佐伯省が調べたところによると、この家の主人には戸籍上の兄弟はいないということである。いったいこの謎の男は何者なのか、疑惑は深まるばかりだ。

それにしても私は、他人の家に無断で闖入したわけだから、紛れもなく犯罪行為を犯したことになる。しかも私は本物の名刺を残してきたのだから、あとで警察沙汰になりはしないかと気が気でなかった。だが、幸いにも厄介な事態にはならずに三〇年以上が経過した。しかし、よくよく思い起こして考えてみると、その歯科医の家の不可解な謎に少しだけ近づけたのかもしれない。それから数年間というもの、自宅の電話の音声が時々盗聴されているような不調になることが度々あったからだ。男の家もその後すぐに、玄関ドアが木造の建物とは不釣り合いなくらい頑丈な金属製のドアに替えられていた。さらに、それまでなかった門扉が石造りの堅牢なもので新たに作られ、簡単には敷地内に入れないようになっていたのである。

戦後の占領期には、GHQの関与が取りざたされる不可解な事件（下山国鉄総裁轢死事件、三鷹事件、松川事件）が相次いだが、帝銀事件も謎多き不可解な事件である。だが、これらの事件にGHQが関わったという確たる証拠は、当然ながら今のところ一つもない。したがって、巷で噂になったさまざまなGHQ黒幕説も、結局は想像の域を脱していないしろものでしかない。

しかし、これらの事件がある目的をもって仕組まれ、権力の圧力によって遂行された場合、どこかに不自然かつ不合理な痕跡を残していることはあるだろう。実際、そのような視点で帝銀事件を検証してみると、やはり看過できない不可解な疑問点が少なくないのである。

私は佐伯省が残してくれた膨大な資料、緻密な資料を基に分析視点の検証をさらに進め、事件のもつさまざまな不可解な点、疑問点を丹念に整理していった結果、私は大胆な仮説に辿り着いた。

帝銀事件は、平沢定通の単独犯行による「強盗殺人事件」としてすでに司法的決着がついているのだが、まずこのことからしておかしいと言わなければならないのである。

およそすべての犯罪には何らかの「動機」があってしかるべきだが、帝銀事件もその例外ではあり得ない。当初、私が帝銀事件でもっとも違和感を覚えたことは、犯行の動機ないし目的そのものであった。これは誰もが気づきそうなことだが、現金強奪のために銀行員全員を毒殺するという犯行手口に、果たして現実的意味があるのかという疑問である。要するに、犯行には現金強奪以外に目的があると考える方が至当な見解であるにもかかわらず、こうした合理的根拠をまったく無視して事件を政治的に決着させたのはなぜか、ということである。

まさにこのことがこの事件の核心であり、本質的な問題がかいま見えて空恐ろしいのである。

詳しくは本文の続きをご覧いただくとして、私の仮説の概略を本文に先立って言ってしまうと次のようになる。

帝銀事件は、強盗殺人を装った複数犯による組織的犯罪で、犯人とされた平沢定通は、実は真犯人たちから騙されて犯人に仕立て上げられたというものである。では、その真犯人とはいったい誰なのか。主犯格はGHQ情報部、共犯者は日本の司法当局である。彼らは互いの利害を共有することで事件を画策し、実行したのである。ただし、騙されて犯人にされた平沢（貞通）がまったく事件に無関係だったのかというとそうではない。帝銀事件で犯人に仕立て上げられた平沢（貞通）は、帝銀事件の一週間前と三ヶ月前に起きた二つの銀行強盗未遂事件のうち、前者、すなわち一週間前に起きた未遂事件の実行者として繋がりがある。しかし、帝銀事件の犯人にされた平沢（貞通）がこの事件の真相を決して暴露できないところにこの事件の想像を絶する巧妙さが隠されているのだ。もし、平沢（貞通）が命がけで暴露すれば死は免れなかっただろう。下山定則国鉄総裁の轢死事件のように。

騙された結果とはいえ、帝銀事件の片棒を担いだ格好になってしまった平沢（貞通）は、終生沈黙を余儀なくされたのである。平沢（貞通）は、獄中から支援者に宛てた手紙にこのように書き記した。

「やはり生け贄となって万民の不幸の因を除くのが、身内を救う道につながるのではございませんか……」

終わりなき帝銀事件——ＧＨＱの策謀と戦後史の迷路＊目次

第10章　負の遺産　296

第1章　謎だらけの事件

（1）大量毒殺の銀行強盗

東京都豊島区椎名町の商店街で、主婦緑川花子はいつものように近所の友人と夕食の買い物に出かけていた。その帰り道、帝国銀行椎名町支店の前を通りかかると、若い女が靴を履かずに息も絶え絶えに何かを訴えていた。

「助けて下さい。大変です……」

当初緑川はそこが銀行とは知らなかったので、夫婦喧嘩でもしたのかなと思った。ところが、どうも様子がおかしい。すると若い女は、再び「助けて下さい。大変です。いま、区役所から消毒班がきて、苦い薬を飲まされ、皆が倒れています」。

といかにも苦しそうに肩でハアハア息をしながら、やっとの思いで緑川に窮状を訴えた。

ただならぬ様子に緑川は、これはただ事ではないと感じ、その若い女のいう鴨下方へ危急を知らせに急ぎ向かった。同時にそこに居合わせた女学生の吉田宏子は、「私は交番に行きます」と言ってすぐ近くの交番に通報した。これが当時、日本中を震撼させた帝銀事件が勃発した時の状況である。この騒ぎが銀行強盗毒殺事件だとわかったのは、しばらく経ってからである。

犯行の舞台となった帝国銀行椎名町支店は、池袋駅から武蔵野線（現・西武池袋線）で一駅先の椎名町駅で下車、そこから徒歩で五分くらいの商店街の一角にあった。女学生が駆けつけてくれた交番は椎名町支店から北へ五〇メートル程の至近距離にあった。椎名町支店は、裏に土蔵のある普通の民家を改造した建物で、この事件が起きるまでは地元の住民でさえ帝国銀行とは気づかないほどの目立たない存在であった。

事件は、日本が第二次世界大戦の敗戦後、アメリカを筆頭とする連合国軍総司令部（ＧＨＱ）の占領下だった一九四八（昭和二三）年一月二六日に起こった。この日は月曜日で、帝銀椎名町支店では普段と変わらぬ一日の業務が終わるはずだった。ところが、閉店間際の午後三時頃、突然一人の男が銀行の裏木戸がある行員通用口から入ってきた。その男の年齢は五〇代前半くらいで「消毒班」と筆書きした腕章をつけて、飴色のゴム長靴を履いていた。朝からの霙（みぞれ）混じりの雪は、銀行周辺の未舗装の道路をグシャグシャの泥道に化していた。にもかかわらず男の長靴はほとんど汚れていなかった。男は、対応に出た用務員の滝沢リュウに「支店長にお会いしたい」と、やや高圧的に告げた。滝沢はそのことを給仕の加藤照子に伝えたが、この日は支店長が腹痛により早退していたので、支店長代理の吉田武次郎に取り次いだ。

吉田のところに案内された男は、厚生技官と肩書きのある「山口二郎」という名刺を示して、こう言った。

「もうすでにこちらへ連絡があったと思うが、この先の長崎二丁目の相田方にある共同井戸から集団赤痢が発生した。これはＧＨＱのホーネット中尉にも報告されている。彼は後から消毒班を連れてここへ消毒にやってくるが、それに先だって私がこうしてやってきた。ついては、その前に皆さんに予防薬を飲んでもらうことになった」と。［文献Ⅰ⑶ｂ］

そして肩掛けの布製鞄の中から大小二本のビンとニッケルメッキの医療用ケースを取り出して、吉田の机の上に丁寧に並べた。

大きい方のビンには、ＳＥＣＯＮＤと書いた紙が貼ってあり、医療用ケースの中には、軍医が野戦病院で使う駒込型ピペットによく似た特殊な形状のスポイトが入っていた。

まず最初に、男はいかにも慣れた手つきでそのスポイトを用いて、下の方がやや白濁した液体が入った小さなビンから、用務員が用意した合計で一六個の茶碗とコップに五cc位の量を均等に注ぎ入れたのだが、これから全員を毒殺するにしては、男の態度は極めて冷静で指先一つ震わすでもなかった。次いで男は、さらに落ち着き払って、

「では、皆さん、こちらへ集まって下さい」と行員たちに指図した。

「この薬は進駐軍からきたよい薬だが、飲み方が難しい。歯に触れると琺瑯質を痛めるので、私が飲み方を教えます」と言い終えるとすぐ、毒液の入った自分の茶碗を目の前に掲げて口を大きく開いた。そして、薬が飲みやすいようにと舌を凹ませ、そこにその液体を垂らして、一気に飲み込んで見せた。

「皆さんもこうやって飲んで下さい」というと、男はさらに腕時計を見ながら、

「次に一分たったらセコンドの薬を飲んでいただきます。ただしこれは普通の薬を飲むようにしてもらって結構です」といって、大ビンから透明な水のような液体を自分の茶碗に並々と注ぎこんで一気に飲み干した。

「では、よろしいですね」という男の合図で行員の家族を含む一六名全員がまったく疑うこともなく、毒液を飲み干した。

すると、その直後から行員たちは喉に焼け付くような刺激を感じたが、男が一分後にSECONDと書かれたビンの液体を茶碗に注ぐまでじっと待った。

一分が経過すると、全員が慌ててその液体をゴクゴク飲んだ。それは無味無臭で水のようだったが、喉がヒリヒリするので大半の者はもう一杯おかわりをした。しかし、それでも苦痛は収まらず、次第に胸苦しくなったのです。

「水道でうがいをしてもよろしいでしょうか」と、男に誰かが聞くと、

「どうぞ」と穏やかに頷いた。［文献Ⅰ(3)b］

それで行員たちは先を争うように中廊下を通り一番奥の洗面所までうがいに行った。そうこうするうちに、さらに胸苦しさが増して一六名中一〇名は奥の和室や洗面所、あるいは廊下で倒れ、そのまま悶絶しながら絶命したのである。犯人の男は、この凄惨極まる光景を口元に薄笑いを浮かべて眺めていたという。

その場で死亡を免れた残りの六名のうち、預金係の村田正子（二二歳）は、四〇分ほどして正気を

取り戻し、気力を振り絞って建物の外へ這い出ると助けを求めた。ちょうど銀行の前をとおりかかった近所の主婦らが近くの交番に通報してくれた。

警察官はすぐさま現場に駆けつけたが、その時点では単なる食中毒か犯罪なのか判然としなかった。そこで、所轄の目白署に連絡を入れてから本格的な捜査がはじまったのである。

知らせを受けた目白署から大西金藏捜査主任らが現場に到着すると、すでに大勢の野次馬が銀行内まで入り込んでいた。大西主任は息のある行員を新宿区下落合の国際聖母病院へ搬送するため救急車を手配した。救急車を待つ間、生存者の中でも比較的元気そうな田中徳和（二〇歳）から事情を聞くことにした。その時の田中徳和は、店と土蔵の間の通路に半ば放心状態でしゃがみ込んでいたが、大西主任の問いかけには概略答えることができた。

大西主任は、田中徳和の話からこれは食中毒ではなく犯罪であると直感して、すぐに本署に応援を求め、同時にその場で手配書を作成した。大西主任の直感は正しかったのだが、実際の初動捜査は何とも間の抜けたものだった。

事件当夜の午後七時半頃、高木一、出射義夫の両検事が検察事務官一名を伴って現場入りした。ところが現場で先行していた所轄の警察官が「事件の早期解決のためには徹夜をしてでも現場検証すべき」と当然の主張をしたにもかかわらず、なぜか高木検事は「その必要なし」として、現場入りから二時間足らずの午後九時二〇分に現場検証を打ち切ってしまった。実際、この時、現場検証を徹底的にしていれば、翌日には犯人を逮捕できていたのである。［文献Ⅰ⑶a］

この後、高木一検事らが生存者から事情聴取するため、収容先の聖母病院に着いた時には搬送された六名中、滝沢辰雄（四九歳）と沢田芳夫（二三歳）はすでに死亡。吉田武次郎（四三歳）、阿久沢芳子（一九歳）および前出の田中徳和と村田正子の四名はどうにか一命をとりとめた。

この毒殺事件の犠牲者は、前記の滝沢辰雄、沢田芳夫、すでに銀行内で死亡していた渡辺義康（四三歳）、西村英彦（三九歳）、白井正一（二九歳）、秋山みや子（二三歳）、内田秀子（一九歳）、加藤照子（一六歳）、竹内捨次郎（四九歳）、滝沢リュウ（四九歳）、滝沢タカコ（一九歳）、滝沢吉弘（八歳）、以上一二名にも達した。［文献Ⅰ(3)a］

翌一月二七日の早朝、高木検事は二名の検察事務官を連れて現場入りした。ところが、高木一検事はここで信じがたい行動を示したのである。肝心の被害金品の検証がなぜか後回しにされ、現金の他に犯人逮捕につながる小切手の紛失が判明したのは、午後二時過ぎになってしまったのである。さらに不可解なことに、高木一検事はその小切手の確認作業をまたも翌日に回したのである。

結局、小切手を含む被害金額が一六万四〇〇〇円余であることが確定したのは、事件から二日も経ってからであった。それから慌てて銀行への手配が行われたが、時すでに遅しで、問題の小切手はこの前日、すでに何者かが小切手払出先の安田銀行板橋支店で換金済みであった。

毒殺事件の捜査上で致命的ミスともいえるこうした検察官の失態が新聞ダネになったのは事件から八ヵ月も経ってからである。しかも取り上げたのはたった一紙だけである。

九月二八日付の読売新聞には次のような記事が掲載された。

「生存者の田中徳和が、事件当夜のうちに盗まれた現金に混じって小切手が一枚あったことを当局に告げたにもかかわらず、当局はその手配を怠り云々」とあるだけだ。本来ならスクープとなるべきこの記事も、すでに容疑者が逮捕されてからではほとんど報道価値はなく、取り立てて読者の興味を引くものでもなかった。しかし、だからといってメディアの無能ぶりをただあげつらうわけには行かない。というよりも、ＧＨＱ占領下の当時の日本では、すべての報道がＧＨＱによる検閲のフィルターを通したものしか認められない仕組みになっていたからである。実際、「原爆」の二文字がある報道は、戦勝国アメリカへの批判につながるおそれがある文章とみなされ、一般市民の手紙の類までも厳重な規制の対象となっていた。すなわち、ＧＨＱというよりもアメリカにとって都合の悪い情報はすべて秘密裏に抹消されていたということである。

（2）二件の銀行強盗未遂事件

帝銀事件が起こる一週間前の一月一九日、この日も同じ月曜日に、帝銀椎名町支店から徒歩で三〇分くらいしか離れていない三菱銀行中井支店でも帝銀事件とよく似た手口の奇妙な未遂事件が起こっていた。

午後三時過ぎ、行員たちが閉店後の残務整理をしているところへ帝銀事件の犯人によく似た男が銀行通用口から入ってきた。その男は応対に出た女性事務員に、「厚生省技官兼東京都防疫課、医学博士・山口二郎」という名刺を示して支店長に面会を求めてきた。支店長の小川泰三が男の待っている通用口に行ってカウンター越しに用件を聞くと、男は「この近くのイカ鉱業の会社の寮に集団赤痢が発生し、そこには区役所の人が今消毒に来ているが、そこの家人が今日この銀行へも来たことがわかった。その人の立ち回り先をすべて消毒することになったので、私が進駐軍の命令で先に知らせに来ました。現金や帳簿類もすべて消毒するので、そのままにしておくように」と来店の理由を説明した。

しかし、小川支店長は、取引先にイカ鉱業というのは思い当たらなかったので不審に思い、「イカ鉱業のイカとはどう書くのですか」と聞くと、

「井戸の井に中華の華だ」と答えた。

それでも心当たりのない小川支店長は、「どこか信用組合か他の金融機関の間違いではないですか」と確かめると、

「先方では確かに三菱銀行だと言っていた」と言い張るので、さらに小川支店長は、

「では、そこのどなたが銀行に来られたのですか」と執拗に尋ねると、

「そこの責任者は大谷という者だが」と困惑した顔をして答えた。

男の不審な態度に疑念を抱いた小川支店長は、さらに「お名前は何というのですか」と、たたみかけると、男はそれに答えずに黙り込んでしまった。ますますおかしいと思ったが、小川支店長は取り敢えず調べてみようと出納係に大谷名義での入金があったかどうかを確認させた。

すると、大谷徳馬名義で六五〇〇円の小為替が入金されていることがわかった。だが、その大谷徳馬は小川支店長もよく知っている学校の先生で、寮の責任者をするような人ではない。しかし、時勢柄そういうことを内職でやっているのかもと思い直して、男のいうことを一応信じることにした。

「ところで一体どうやって消毒するのですか」と尋ねると、男は「噴霧器のようなものでオールメンバーはもちろん、帳簿もすべて消毒するのだ」と開き直ったような口調で答えた。小為替一枚くらいで銀行中を消毒されるのはたまらないと思った小川支店長が、「そう大袈裟にやらなくてもよいのでは」と詰め寄ると、

「進駐軍の方では伝染病のことはやかましく、説明してもわかってくれないので……」と申し訳なさそうに言い訳をした。

小川支店長は、ＧＨＱ相手に面倒なことになってもいけないと思い、仕方なく男をストーブのところに案内して椅子をすすめた。男は、消毒班が来るのを待つ間、たまたま居合わせた高田馬場支店長の戸谷桂蔵と雑談を交わし、互いに名刺を交換した。

当時の中井支店は閉鎖されることになっていて、この日、戸谷支店長は業務を高田馬場支店へ移管する事務引継ぎに来ていた。戸谷支店長は男を顧客にしようと住所などを尋ねていたが、いつまで待っても消毒班は現れない。その日預かった小切手や為替を本店に持って行く時刻が近づいてきた。そこで戸谷支店長が、わざと男に聞こえるように、

「そんなに大袈裟に消毒する必要ないのに」とつぶやくと、そこで小川支店長は、

「小為替一枚のために大消毒しなくてもいいのでは。何とか便宜を図って本店に届けられるようにしてくれませんか」と男に頼んでみた。すると男は、

「進駐軍がやかましいから」とブツブツ言いながらしばらく考え込んでいたが、やおら立ち上がると、肩にかけていた布製の鞄から透明な液体が入ったビンを取り出して、器用な手つきでその

液体を小為替の裏側に満遍なく振りかけた。次いで、「これでよろしい」と言って、濡れた小為替を小川支店長に返した。小川支店長はそれをストーブの上にかざして乾かしてから支店長代理の手塚に渡した。

「進駐軍には現場に行って消毒してきたと報告するが、もしダメだということならまた来る。来なければよかったと思ってくれていい」と言って男が帰ろうとすると、銀行の前でジープのエンジン音がした。それを聞きつけた行員たちが騒ぎ出すと、男は「あれはジープの音ではない」と言って、そのまま出て行ってしまった。［文献Ⅰ(3)a］

事件が起きた後になって聞いた行員たちの証言では、男は厚生省の役人というふれこみであったが、特別威張った様子はなく、終始穏やかで、どちらかと言うと優しい感じがしたということである。

以上がこの事件のあらましだが、これだけでは騒ぐほどのことではなく、確かに犯行の手口は一見すると帝銀事件と似ているが、両事件の決定的な違いは「毒殺」の意図の有無である。中井支店では行員たちが犯人から液体を飲まされそうになったことはなかった。中井支店の犯人が鞄から取り出したのは、アルコール入りのビンだけである。

ところがもう一つの未遂事件は、手口も犯人像も帝銀事件の手口とそっくりであった。

三菱銀行中井支店事件から遡ること四ヵ月前の一〇月一四日、午後三時過ぎ、品川区平塚の安田銀行荏原支店に帝銀事件の犯人によく似た男が裏の通用口から入ってきた。行員たちは閉店後の残務整理に追われ、応対に出た用務員の小林圭介に、その男が「厚生省技官医学博士・松井　蔚（しげる）」の名刺を示し、「この近くで集団赤痢が発生し、もう一五分もすると消毒班が来るから、そのことで支店長と話がしたい」と告げた。

小林圭介は、男を用務員室に待たせ、支店長の渡辺俊雄に用件を伝えた。渡辺支店長のところに案内された男は名刺を渡し、

「今日、小山三丁目で集団赤痢が発生したが、その近辺に住む渡辺という家の同居人が今朝、この銀行に預金に来ているので、オール・メンバー、オール・ルームを消毒しなければならない。現金や帳簿はそのままにしておくように」と有無を言わせぬ口調で来訪の目的を告げた。

渡辺支店長は、当日来店した顧客を索引で調べさせたが、該当者はいなかった。

「何かの間違いではありませんか」という渡辺支店長の返答には応えずに、

「消毒班の班長は、パーカー中尉というとてもやかましい人なので、ともかくオール・メンバー、オール・ルームで消毒するだろうから、そのままにしておくように」と断定的に言った。さらに、男は、

「今日は現送（支店で必要な現金以外は本店に送るという意味の銀行用語）はあったのか」と逆に渡辺支店長に詰問するように尋ねてきた。

「まだです」と渡辺支店長が返答すると、男は、横柄な態度で、

「そうか」と言って、「茨城の水害地にも行ってきたが、あっちで不眠不休で消毒したので疲れた」と不機嫌な様子で疲れた表情を示した。

突然、男は「あっ、その前に皆さんに予め飲んでもらうものがある」と言って、思い出したかのように布製の鞄から二本のビンを取り出して机の上に置いた。

次いでビンから薄茶色の液体をスポイトのようなもので吸い上げて、給仕が用意した茶碗に分配すると、

「この予防薬はアメリカから来たとてもよい薬だが、飲み方が難しいので、私が飲んでみせる」と全員に告げた。

用務員の小林圭介はこの男を最初から信用していなかった。薬を飲むということなら一応警察にも連絡した方がよいだろうと言うと、銀行から西へ六〇メートルほど離れた平塚橋交番に駆け込んだ。丁度、その時、交番では小林圭介と顔見知りの飯田隆太郎巡査が張り番勤務をしていた。「今、小山三丁目で伝染病が発生した」といって銀行に消毒係が来ていると、小林から聞かされた飯田巡査は「そんな連絡は来ていないが、とにかく銀行へ行ってその男に聞いてみよう」とすぐに出掛けた。

小林圭介が巡査を連れて戻ると、行員たちは男が注いだ液体入り茶碗を持って自席についていたが、まだそれを飲んでいなかった。飯田巡査が伝染病はいつどこで発生したのか男に聞くと、男は「小山三丁目二六九番地の渡辺忠吾という家で、たった今し方集団赤痢が発生し、進駐軍が来ているから行けばわかる」と答えた。さらに、「警察官が知らないとはぼやぼやしている」と文句を言いながら、突然警察官が現れたにもかかわらず、少しも慌てることなく、逆に飯田巡査の方が男の態度に威圧されて部屋から出て行った。このことがあってから、行員全員がすっかり

この男を信用してしまったのである。

男は、警察官がいなくなると、

「この薬は歯に触れると琺瑯質を傷つけるから、こうして飲むように」と言うと、自ら舌を出して舌の中央を凹ませて、そこに茶碗の液体を注いで一気に飲み込んだ。次いで、自分の腕時計を見ながら「一分経ったら第二薬を飲んでいただく」と言い、二本目のビンから無色透明の液体を茶碗に注いで飲んでみせた。

「皆さん飲んで下さい」

男の合図で行員たちは一斉に第一回目の液体を飲み込んだ。それでもなお、男への疑念が払拭されなかった小林圭介は飲む振りをしただけで手に吐き出してズボンの後ろに擦りつけておいた。

一分が経過すると、男は第二薬と称する液体入りのビンを持ち、自ら行員たちの席に注いで回った。ところが途中で足りなくなって全員には行き渡らなかったため、第二薬を飲めなかった者が数人いた。最初の液体は少し苦い味がしたが、二度目のものは水のように味がなかった。行員たちが第二薬を飲み終わってからも、身体の不調を訴える者は一人もなく、男はしばらく椅子に腰掛けていたが、

「もう消毒に来そうなものだ、あんまり遅いので私が呼んでこよう」と独り言をいいながら銀行を出て行った。

ところが、いくら待っても男が帰って来ないので、渡辺支店長は支店長代理の市川澄を連れて交番で確認しようと表に出た。すると、丁度そこに小林圭介と顔見知りの飯田巡査がやって来た。

飯田巡査は銀行で男に追い返された後、交番に戻ると、荏原警察署の警務係に電話で集団赤痢発生の有無を問い合わせた。ところが、本署にはそのような連絡はきていないと言われ、そこで小山派出所にも電話で照会してみた。しかしそこでも、そのような事実はないという返事だったので、自転車で出掛けて近くの区役所出張所にも尋ねたが、伝染病の発生を確認することはできなかった。そこで飯田巡査は、聞き違いかもしれないと思って男にもう一度確認するため、銀行に戻ることにした。だが、すでにこの時、男はどこかへ姿をくらませていた。

キツネにつままれたような話だが、一応、本署にも連絡しておいた方がいいだろうと飯田巡査と渡辺支店長は男が置いていった「厚生技官医学博士・松井　蔚」の名刺を取りに戻るとそれを荏原署に届け出た。

安田銀行荏原支店の行員が何か変なものを飲まされたという知らせを受けた荏原署の大西警部補は、「これはどうも怪しい。捜査の必要がある」と考えて冥賀主任を伴って現場へ調査に出向いたが、やはり伝染病発生の事実はなかった。大堀警部補はこれは何か事件を目論んだ計画的な犯行の臭いがすると思ったが、ほとんど実害がなかったので翌日口頭で署長に報告しただけですませた。安田銀行荏原支店の行員たちも、翌日になっても何ともないので「何だかわけがわからないけれど、本当に予防薬なら儲けものだ」などと暢気に考えて、怪しげな人物を追求することはなかった。〔文献Ⅰ(3)a〕

以上が安田銀行荏原支店事件の概略だが、実は右の記述で一箇所だけ事実関係がはっきりしないところがある。それは犯人が行員らに予防薬と称する液体を二度にわたって飲ませたのが飯田巡査が銀行に来る前なのか、それとも後なのかということである。

この件に関してほとんどの証人が「薬を飲まされたのは警察官が帰ってから」と、捜査段階と一審公判で証言している。ところが、二審公判になると、「警察官が来る前に飲まされた」という証言になぜか変わってしまったのである。いったいこれはどういうことなのか。

確かに警察官がいつ戻ってくるかわからない状況下で犯行を続けることは常識では考えられない。ましてや犯行目的が行員を毒殺のうえ、現金強奪ということになれば尚更である。怪しい液体を飲まされたのは警察官が来る前か後か、当初、後だったことが前に変えられた理由は、検察官が関わった二度の公判に関係がありそうである。

警察官が来る前に毒物（判決では青酸カリの水溶液）を飲ませたとするのは、現実的とは言えない。このことは犯人の警察官に対する態度を見ればわかることで、行員を皆殺しにしようと全員に毒を飲ませた直後、警察官がいきなり入ってきたら果たして落ち着き払っていられるものだろうか。

ところが、安田銀行荏原支店の犯人はピクリともしなかっただけでなく、飯田巡査をどやしつけて追い返しているのだ。これは犯人が並外れた心臓の持ち主だったからとするのは馬鹿げている。ところが、行員らが飲まされた液体には何の毒性もなかった。つまり安田銀行荏原支店の犯行の目的は、毒殺でも強盗でもなければ、犯行の途中で誰が来ようが平然としていても不思議ではないということである。

先にも触れたが、未遂事件とされる安田銀行荏原支店と三菱銀行中井支店の犯行の手口は似ていても、肝心なところではまったく異なる。荏原支店では二種類の液体を行員たちに飲ませているが、中井支店ではそのような素振りさえ見せていない。犯人像にしても、大胆さと強引な点では荏原支店と帝銀事件の犯人はよく似ているが、中井支店の犯人は別人かと思われるくらい気弱な感じがする。

実際、二つの未遂事件も含めて三件の犯行をすべて同一犯とするには無理がある。捕まれば死刑は免れない。このような犯罪で一度ならず二度、三度と繰り返して素顔丸出しで犯行に及ぶということが果たしてあり得るのかという疑問である。

全員殺す覚悟で犯行に及ぶのだから変装の必要などないといえなくもないが、それはあくまでも全員の毒殺に成功した場合の話である。事実、二件の未遂事件ですでに多数の目撃者がおり、帝銀事件でも四名の生存者があった。これらの目撃証人の存在がなければ、犯人逮捕にはつながらなかったはずである。

このように中井事件・荏原事件・帝銀事件の犯人像が不可解というより常識ではあり得ない犯人像となったのは、これら三事件の犯人を同一犯としてしまうからである。しかも真犯人は秘匿され、擬似犯人をわざと逮捕させようとする意図すら感じさせるのである。このことを端的に暗示しているのが、犯行翌日の午後に帝国銀行椎名町支店から奪われた小切手が安田銀行板橋支店で換金されたことだ。これも当然、同一犯の仕業となっているが、この時の犯人はしっかり変装している。

（3）奪われた小切手の換金

帝銀事件の翌日、一九四八（昭和二三）年一月二七日午後二時四五分頃、薄茶色のオーバーの襟を立ててラクダ色の鳥打帽を深めにかぶり、黒縁メガネを掛けた土木作業員風の中年男性が、帝国銀行椎名町支店で奪われた小切手を持って振出先の安田銀行板橋支店の窓口に現れた。そこで男は出納係の林博子に小切手の払戻請求の書類を差し出した。その小切手は振出人名義が森越治となっていたが、換金に必要とされる「森越」の裏判が押されていなかった。だが、その代わりに、その小切手を帝銀椎名町支店に持ち込んだ「後藤豊次」の名前が裏書きされ、その横に「後藤」の印鑑が押印されていた。小切手の扱いに慣れた者には常識だが、小切手を現金化するには裏面に振出人本人の「裏判」、もしくは「住所・氏名」の記入が必要である。

ところが、男が持ち込んだ小切手にはそれがなく、代わりに不要な後藤豊次の名前と印鑑が押印してあった。そこで、窓口の林博子が男に住所を書くように指摘すると、男はちょっと意外そうな顔をしながらも「板橋三の三三六一」とすぐにでたらめな住所を記入した。

この日は月末で店内は多少混雑していたが、小切手の払戻に手間取るようなことはなかった。にも拘わらず、男はいかにも待ち遠しい様子でしきりに床を靴で踏み鳴らしていた。しばらくして林博子が男に現金を渡そうと、小切手の裏書人である後藤の名前を呼んだ。だが、男はすぐ目の前にいながら返事をしなかった。林は名前を読み間違えたのかと思い、隣席の染谷照子に名前の読みを確認した。

すると間違いないということなので、もう一度「後藤さん」と呼んだ。それでやっと男は気付いたらしく、「後藤です」といって番号札と引き換えに現金を受け取ると、金額を確かめずにオーバーのポケットに無造作に入れて足早に店を出て行った。

この小切手が帝銀椎名町支店で奪われたものだということがわかったのは翌一月二八日の午前一〇時頃で、被害届が本店経由の電話で通知されたからであった。[文献Ⅰ(1)]

以上が奪われた小切手が換金された時までの顛末だが、その額面はわずか一万七〇〇〇円でしかない。現在とは貨幣価値が違うといっても、命がけで現金化するような額ではないはずだ。その一方で、犯行現場には奪われた一六万円余の現金のほかにも、多額の現金が残されたままだったということは、どう考えても銀行強盗犯とイメージが符号しない。

窓際の木箱の中に三六万円余、書類入れの中に約五万円、机の下に八万円余、無施錠の大金庫の中には三五万円余、合計八四万円余の現金が銀行内に手つかずのまま残されていたのである。この事実は何を意味するのか。犯行目的が現金強奪ではなかったから、やはり盗難小切手の換金は別人の犯行とするのが常識的な見解といえよう。

初動捜査の段階では、高木一検事らを除く捜査員のほぼ全員が、「この事件には共犯者もしくは黒幕、あるいはその両方が存在する」と捜査会議の席上で述べていながら、結局は、後になって単独犯行説が採用された。このように犯罪の性格が変遷した経緯には、抜き差しならない事情が窺えるが、これはまだほんの序の口に過ぎなかったのである。[文献Ⅰ(3)a]

（4）容疑者の逮捕

帝銀事件勃発の翌日の一月二七日、警視庁は所轄の目白署に合同捜査本部を設け、藤田次郎刑事部長を本部長に任命した。さらに、警視庁本部にも特別捜査班が置かれ、ここでは連日一〇〇件を越える事件に関する投書や密告などの情報処理にあたった。事件現場での捜査には、専従捜査員として捜査第一・二課から二五七名、都内各署からは八三名の刑事がかり出された。また、この他にも日本中の警察官を招集するという、日本警察史上最大規模の捜査体制が敷かれた。

一方、東京地検でも木内検事正、馬場次席検事、出射刑事部長、田辺刑事副部長をはじめ、高木、平山両検事が招集されて緊急捜査会議が開かれた。当初、捜査本部では、犯行の手口からこの事件を素人の犯行とは考えず、プロフェッショナル、それも毒物の取り扱いに慣れた者の仕業であるとして容疑者を絞り込んでいった。この当然ともいえる捜査方針を最初に打ち出したのは意外にも検察当局であった。

六月二六日付で各署に通達された捜査要綱には、「容疑者は旧軍関係が最適」として、その理由が六項目にわたって記されている、

（一）犯人は行員一六名を殺害するのに、使用毒物である青酸化合物溶液を、僅か一二〇cc入りピペットスポイトで二回を少量づつ、正確に量り出し、各自の茶碗に注いだ点を勘案すると、毒

物の量と効果に対する犯人の並々ならぬ自信がなければできないことである。素人だと青酸化合物溶液の濃度や量の増減で計り直しをしたりして破綻を生じてしまうから、このことを偶然の一致として看過するわけにはいかない。

(二) 犯人は毒物の時間的効果に対し、犯行を見咎められる緊張感もなく、冷静かつ沈着な振る舞いから相当な自信をもっていたと認められる。

(三) 毒物の飲ませ方については、飲みづらい薬液を確実に嚥下せしめる方法をわかりやすいように自ら実演してみせて教えた。

(四) 犯人も同じ薬を飲んだが、異常はなかった。

(五) 犯人の医療用所持品だが、例えば、軍医が使用していた小外科用のケースと同様であったり、毒液を注ぎ分けたスポイトが旧陸軍の特殊部隊員が薬液を正確に量るために用いた駒込型ピペットに形状が酷似しているなど、一般人には入手できない特殊なものであった。

(六) 犯人のこの種の特殊操作に慣れていると思わせる落ち着いた態度。

以上、第五の「旧陸軍の特殊部隊員」とは、第二次世界大戦中に中国大陸で生体実験を繰り返していた悪名高い「七三一部隊」を筆頭とした細菌戦部隊員のことである。とりわけ、彼らについては特別専従班が設置され、極秘裏にこの方面の徹底した捜査が行われていた。的を射たこの捜査により、犯人像はかなり絞り込まれたはずであった。ところが、後になって実際逮捕されたのは、平沢（貞通）という当時五七歳の日本画の大家であった。

平沢（貞通）が容疑者として逮捕されるそもそものきっかけは、居木井為五郎警部補が途中から名刺捜査班の専従に移されたことによる。名刺捜査班とは、安田銀行荏原支店で使われた「厚生技官医学博士・松井　蔚」の名刺の流れを調べる特別専従班のことである。名刺の本人、松井蔚は、宮城県仙台市に在住していたが、帝銀事件前年（一九四七（昭和二二）年）四月二七日、函館から青森に向かう青函連絡船の船中で平沢（貞通）と知り合うことになった。そこで松井と平沢（貞通）は互いに名刺を交換したのである。この時平沢（貞通）が受け取った名刺には先の肩書きがあったが、実際の肩書きは、「東北地区駐在員宮城県衛生部予防課付」が正式なものである。松井は二つの名刺を使い分けていたことになる。公式の場では後者を、地方でこけおどし用には前者を、という具合に用いていたが、安田銀行荏原支店で使われた名刺と同種のものは、宮城県庁地下の印刷所で一〇〇枚印刷されたものの中の一枚である。

まさか自分の名刺を使って銀行強盗する間抜けはいないと思うが、犯行に使われた名刺の所持者ということで松井蔚は厳しく追及された。ところが驚いたことに松井蔚は、それまでに名刺交換した相手の住所や職業に加え、交換日時まで漏らさずに手帳に記帳していたのである。このでき過ぎた松井蔚の几帳面な性格により、犯行に使われたものと同種の名刺を交換した八一名のすべての身元が判明したわけだが、その中の一人が平沢（貞通）であった。

（5）平沢貞通逮捕の茶番劇

帝銀事件の八日後（二月三日）、平沢（貞通）は静岡県湯ヶ島温泉へ絵を描きに出掛け、湯本館に二月六日まで投宿して狩野川の絵を一枚描き上げた。その合間に、紅梅とバラの色紙を旅館の主人である安藤に描いて贈った。昼頃には主人の案内で伊東市のゑびな旅館に移動した。ゑびな旅館で二泊して灯台の絵を一枚描き、帰り際にゑびな旅館の番頭にも色紙を一枚描いた。

平沢（貞通）は湯ヶ島温泉でも伊東市でも早寝早起きで、特にこれといった怪しい素振りは見られなかった。

伊東市から東中野の自宅へ帰った平沢（貞通）は、その翌々日には氷川丸で北海道の小樽市へ向かった。小樽市に着くと色内にある生家に落ち着くことにしたが、二月一三日の午後二時頃、小樽署の溝口滝治巡査と共同通信小樽支社の清水金次郎記者の二人の男が平沢宅を訪れた。

二人が平沢宅を訪れた目的は、「松井　蔚」の名刺の件で北海道庁から小樽署に手配が回ってきて、直接、平沢（貞通）に会って確かめるためであった。

溝口巡査は、平沢（貞通）に「松井　蔚」の名刺の入手経緯と今もその名刺を持っているかどうかを確認し、さらに渡道の目的と帝銀事件当日のアリバイについて尋ねた。溝口巡査の尋問に平沢（貞通）は次のように応えている。

「『松井　蔚』の名刺は一昨年、青函連絡船の中で偶然知り合った松井博士からもらったものだが、現在、その名刺が中野の自宅になければ、その年の九月頃、三河島に行く途中の電車の中で財布と一緒に掏られたと思う。その時の被害届は、三河島の交番に出してあるので確かめてくれ。なお、その名刺の裏には松井がペンで仙台云々と自宅の住所を書き、近くに来たら是非寄ってくれと言われた。事件当日は三越で絵の展覧会があり、自分は役員なので一日中そこにいた。渡道の目的は、旭川の弟貞健の病気が思わしくなかったので、前から見舞いに行こうと思っていた。」〔文献Ｉ(1)〕

警察官が来たからといって特別慌てる様子もなく、この時の平沢（貞通）には怪しいところはまったく見られなかった。ひょっとしたら特ダネになるかと期待し、巡査に同行してきた記者をがっかりさせた。

ところが、その日の夜九時頃、巡査部長の坂本金太郎が署長の指示で平沢（貞通）宅を再度訪れた。坂本部長は昼間も刑事が二人訪ねて来たと言われ、初めて自分の前にも小樽署から誰かが来ていたことを知り、くどくど同じ質問もどうかと思ったが、一応溝口巡査と同様の質問をして帰った。坂本部長もその時の平沢（貞通）を少しも怪しいとは思わなかったという。

この頃はまだ犯人の手配写真が届いていなかった。彼らは平沢（貞通）が犯人に似ているとは想像もしていなかった。かくして平沢（貞通）は捜査の対象者から外れ、忘れられた存在になるはずであった。

ところが、前出の居木井警部補が名刺捜査班に転属になってから、事態は急変していった。居木井警部補は、「松井蔚の名刺はもう一度洗い直す必要がある」と主張し、松井と名刺交換した平沢（貞通）

を含む八一名すべての再調査が始められた。名刺班の捜査は関東近圏から始まって東北地方まで及んだが、それらはすべて白となり、最後に残ったのは居木井班の平沢（貞通）だけとなった。

居木井警部補は、六月になると東北方面で捜査を終えた部下と合流し、平沢（貞通）のいる小樽市へ向かった。居木井警部補は最初から平沢（貞通）を疑っていたわけではなかったのだが、いざ本人に面会してみると少なからず驚いた。捜査必携として持参したA版とC版の犯人似顔絵のうち、C版に平沢（貞通）がそっくりだったからである（一八〇頁参照）。

居木井警部補は、平沢（貞通）の態度にもどこか不自然さを感じ、刑事の直感から平沢（貞通）が本星ではないかと確信した。

そこで捜査本部の上司に本人の写真を見てもらおうと、居木井警部補は平沢（貞通）を寿司店に誘い、記念のためと称して写真を撮ろうとした。ところがいざシャッターを押す段になると、平沢（貞通）はわざと顔をゆがめてしまうので、何度も取り直した。だが、その都度表情を変えられてしまったので、仕方なくその写真を持ち帰って上司に見せた。手配写真とはまるで違うものを見せられた上司は、居木井が何を言ってもまったく取り合おうとしなかった。そこで居木井警部補は、帝銀事件の生存者ならこの写真のどこか一部でも犯人に似ていると言うのではと考え、その写真を彼らに見せることにした。ところが、生存者の彼らからもまったく似ていないといわれた居木井警部補は、今度は逆にこの写真がいかに平沢（貞通）本人に似ていないかを証明するために、平沢（貞通）をよく知る人たちに見てもらった。案の定、その写真が平沢（貞通）だとわかる人はいなかった。しかし居木井警部補は上司からまったく相手にされなかった。逆に彼の執念深さに辟易させられた上司は気でも違ったのかと陰口をたたく有様であった。

ところが事態は急変したのである。それからわずか二ヵ月後、本部長の藤田刑事部長は、大した根拠もないまま平沢（貞通）の逮捕を突然決めたのである。この決定理由は、藤田刑事部長が居木井警部補の平沢（貞通）に対する執念に動かされ、「居木井にやらせてみよう、その結果がシロとなれば旧軍関係の捜査を再開すればよい」という実にいい加減な理由であった。こんな恣意的な理由で逮捕されたのではたまったものではないが、藤田刑事部長が逮捕状の請求を東京簡易裁判所に提出した根拠としたものは、居木井警部補がかつて上司に提出した以下の五項目の意見書であった。

（一）平沢貞通が松井博士と名刺を交換した事実はあるが、平沢はその名刺の裏に同人から住所を書いてもらい、しかも名刺を掏られて現在持っていないといって安田銀行荏原支店で使用された名刺は、自分がもらった名刺ではないと見せかけようとしていること。

（二）事件当時在京してその後北海道に行き、病気でもないのに両親が重病だからといって帰京しないこと。

（三）事件後大金が入っていること。

（四）人相が酷似していること。

（五）写真を撮るときに相貌を変えた。

以上の意見書では、甲斐捜査第一課係長から堀崎課長を通じて八月八日に藤田刑事部長に上申され、これにより平沢（貞通）の逮捕が決定した。

つまり、居木井警部補の主張にまったく耳を貸そうとしなかった上司が二ヶ月もしないうちに突如として気が変わったということである。

平沢（貞通）逮捕の決め手となる新証拠が出てきたわけでもないのに、なぜ事態が急展開したのか。しかも、右の居木井警部補の五項目にわたる意見書には「こいつが怪しい」以上の説得力はない。

第一に、（一）の名刺の件だが、確かに平沢（貞通）は松井蔚医師の名刺を交換した事実はある。しかし、その名刺を現在持っていないからといって、それが即ち荏原事件の犯行で使われた確証になることはない。現に平沢（貞通）は、その名刺を電車の中で財布と一緒に掏られたと主張しており、その被害届は三河島駅前交番に出されていた。居木井警部補は、この掏摸被害を平沢（貞通）の事前工作と断じているわけだが、そもそも名刺交換した相手の名刺を使わず、偽造したものを使えばそんな見え透いた工作をする必要はない。現に安田銀行荏原支店事件以外では「山口二郎」名の偽造名刺が使われている。

第二に、「病気でもないのに両親が重病だといって帰京しない」というのも容疑事実というほどのことではない。実際、その頃の平沢（貞通）は医者の友人から父親の病状について、「平素から心臓が悪く高齢でもあり、この夏は危険な状態だからしばらくこちらにいた方がいい」と忠告されていたのである。

第三の「（帝銀）事件後の大金」というのは、確かに平沢（貞通）は事件後にかなりの現金を手にしている。しかし、これはすべてが銀行に預金されていたものである。つまり、預金残高だけを見れば、（帝国）

銀行で奪った現金をあろうことか三菱銀行に預金したことになるが、これは預金通帳を見れば時系列的に言っても現実ばなれした話であると言った方がいいだろう。

第四に、「平沢（貞通）が人相書と酷似している」という点だが、ここは少しばかり複雑である。事件当時、第一線の捜査員が携行した犯人の人相書には、A版とC版の人相書があるが、このうちA版は日本で最初の「モンタージュ写真」と言われるもので、帝銀事件の生存者四名の記憶を基に作成されたものである。ここで初めて登場したモンタージュの技術は、アメリカの捜査当局から技術供与されたもので、この手配写真は決定版として全国警察各署に配布され、新聞報道にも使われた。しかし、C版は帝銀事件ではなく、未遂事件であった安田銀行荏原支店と三菱銀行中井支店で行員たちの目撃証言を基に作られた似顔絵である。居木井警部補がびっくりするほど平沢（貞通）に似ていると言ったのは、このC版の方で、A版とはあまり似ていない。平沢（貞通）の顔の輪郭はエラの張った長四角の顔だが、A版は卵型の長丸顔で印象がまったく異なるからだ。

平沢（貞通）逮捕時の面通しでは、三菱銀行中井支店の関係者が「平沢（貞通）は七〜八割方犯人に違いない」と決めつけているのに対し、帝銀事件の生存者四名は、当初、全員が「別人」としている。このことから、居木井警部補のいう「平沢（貞通）にそっくり」というのは、三菱銀行中井支店の関係者が目撃した犯人の顔と重なるとするのが正解だろう。［文献Ⅰ(2)］

第五に、最後の「写真を撮るときに平沢（貞通）が表情を変えた」というのは、ほとんど居木井警部補の印象を述べているだけで、殊更に容疑事実として挙げるようなものではない。刑事訴訟法一九九条二項の「被疑者が罪を犯したことを疑うに足る相当の理由がある」という用件を満たすはずのない稚拙な上申書だけで、当局が平沢（貞通）の逮捕を決めたとは到底考えられないが、実のところ、平沢（貞通）の逮捕を藤田刑事部長に強く迫ったのは高木一検事であった。

すなわち、居木井警部補の熱意に突き動かされたという藤田刑事部長の弁明はまやかしに過ぎなかったということである。平沢（貞通）の取調を最初から一手に引き受け、ついには自供に追い込んだのは誰あろう高木一検事であった。

かくして八月一〇日、東京簡易裁判所は平沢（貞通）の逮捕状を捜査当局に発給した。同月一七日の夜、居木井警部補は逮捕状を懐に平塚（後の吉展ちゃん誘拐殺人事件で、容疑者の小原保を自供に追い込んで一躍有名になった平塚八兵衛）、飯田、富塚、福生ら四名の捜査員を伴い、平沢（貞通）のいる北海道小樽市へ出発した。

一行は三日後の二〇日の夕方には小樽市に到着、翌早朝に平沢（貞通）の身柄を確保した。平沢（貞通）の身柄は青函連絡船と急行列車を乗り継いで二三日、午前一一時四〇分には駒込署に移管が完了した。ところが駒込駅のホームには、平沢（貞通）の移送を事前に知らされていた報道関係者や大勢の野次馬が詰めかけて、大騒ぎになっていた。

その後の平沢（貞通）は駒込署で昼食を済ませ、午後三時過ぎには警視庁に移送された。警視庁では午後五時頃から目撃者との面通しが行われたが、当時は現在のようなマジックミラー越しに見るのではなく、容疑者と直接対面させるという実に荒っぽいやり方であった。

この日は帝銀事件生存者の吉田支店長代理他、一一名の目撃者による面通しが行われた。ところが、このうち平沢（貞通）が犯人とよく似ているとしたのは五名だけで、他の六名は「似ているが犯人とは思えない」と言って、居木井警部補をがっかりさせた。しかも、肝心の帝銀事件生存者四人全員が平沢（貞通）と犯人が同一人物であることに否定的だったことから、巷では誤認逮捕ではとの疑念が生じていたのである。

しかし、人間の心理とは微妙で不確かなもので、この後で繰り返し行われた面通しにより帝銀事件生存者の村田正子を除く全員が平沢（貞通）犯人説を肯定するようになってしまった。とりわけ帝銀事件関係の吉田支店長代理と田中徳和の変貌ぶりは著しく、しまいには彼らは平沢（貞通）を犯人に間違いないと断定するまでになった。刑事事件で権力者に対する忖度というのは珍しくないが、そんな中での村田正子の一貫して主張した平沢（貞通）犯人否定の態度は注目に値する。

平沢（貞通）の最初の面通しが終わった日（八月二三日）の夜、居木井警部補は堀崎捜査一課長の命令で非公式に平沢（貞通）を取り調べることになった。居木井警部補が言うには、平沢（貞通）を小樽から東京に連行する道中が三日もあったのだから調べてみたい気はあったのだが、上司から平沢（貞通）の取調は厳禁されていたので、我慢していたのだそうである。このあたりのことについては、東京地裁での第一審公判記録から見てみよう。

平沢（貞通）の取調は居木井警部補に同行した平塚、飯田の両刑事の立会で始まったが、平沢（貞通）は頑として容疑を否認した。そこで仕方なく居木井警部補は否認調書を作成し、平沢（貞通）がこれに署名のうえ、拇印した。ところがその後、居木井警部補が「そのように否認するが、一体、あの金はどこからきたのか」と、平沢（貞通）が事件後手にした大金の出所について追及すると、

「あの金は昨年一〇月、花田から屛風の画代として現金二〇万円をもらったものです」と平沢貞通は平然として答えた。そこで居木井警部補が、

「当時は、花田はもう死んでいるが」と言うと、平沢貞通は、

「私の思い違いでした。小岩の清水という人からもらったものです」と、慌てて前言を翻した。だが、居木井警部補が、

「その清水のことはすでに調査済みでそんな人物は実在しない」とさらに追及すると、平沢貞通は、

「思い違いでした。その金は押入に入れて妻子にわからないようにしていたのです」と平然と言い訳した。そこで、居木井警部補はさらに、

「それでは翌年の新円切替の時はどうしたか、二〇万円全部に証紙が貼れたか」とたたみかけると、平沢貞通は返答に窮しながらも、

「いや間違えました。あれは日暮里で焼けたときの戦災保険の二〇万円です、今度は間違いありません」と言い張るので、居木井警部補は、

「戦災保険は、個人は五万円、法人は一万円で、それ以上は全部国庫に取り上げられてしまうはずで、いかに君が封鎖破りをしても五万円しかできないはずだ」と迫った。平沢貞通は、

「誠に恐れ入りました。あの金は帝銀から持ってきたものです。申し訳ありません。明日、義弟の風間に会わせてくれれば全部話します」と犯行を認めた、ということになっている。[文献Ⅰ(1)]

平沢〈貞通〉が以外とあっさり帝銀事件の犯行を認めたとされる居木井警部補の証言は、平沢〈貞通〉

を自白に追い込んだことになっているが、平沢（貞通）はそう簡単に犯行を認めていない。このことは検事聴取書を見れば明らかである。

平沢（貞通）がいう「清水」なる人物のことは、高木一検事の取調で、初めて平沢（貞通）が言い出したもので、「清水」が実在の人物ではないことが判明したのは、平沢（貞通）の供述の裏付捜査の結果である。平沢（貞通）がまだ供述もしていない「清水」の人物調査を居木井警部補がどうやって聞き出したのか。「花田」のことも同様で、居木井警部補が尋問した時点では知り得るはずのない人物である。このようなデタラメで作為的な証言をなぜ、居木井警部補が供述調書として作成できたのか。

また、検事調書にも当然目を通しているはずの裁判官がこのような単純な虚偽証言を見逃していることは大きな問題だが、裁判官にまで有無を言わせない勢力の圧力がすでに存在していたことを否定できないのが当時の日本の現実であったことは間違いない。

事件の実質的主導権は東京地検にあり、高木一検事自身が平沢（貞通）の取調はすべて自分が行う旨を警視庁に通告しているのである。こうしたことに、帝銀事件の大きな謎が隠されている。

平沢（貞通）の本格的な取調は、八月二五日から東京地方検察局内で高木一検事により始められた。ところが、その日の明け方近く、平沢（貞通）は留置所内で自殺を企てた。取調室から隠し持ってきたガラスペンの先を歯でかみ砕き、それで手首を切ったのだが、看守の発見が早かったため大事にいたらなかった。

後に平沢（貞通）はこのことについて、

「あのときは、今度の嫌疑は到底自分の力では晴らし得ないことなので、死んで証を立てるつもりでやりました」と言っている。自殺が無実の証明になるとは思えないが、平沢（貞通）の自殺未遂事件はこれだけではなかった。

一ヵ月後の九月二二日、この日は事件後手にした大金の出所の説明に行き詰まった平沢（貞通）が、義弟の風間竜に会わせてくれれば、義弟の立会の上ですべて白状する、と高木一検事に約束した日である。ところが風間が来ると、

「私は、竜ちゃん、帝銀事件は天地神明に誓って犯人じゃありません」と言うや否や、フラフラと立ち上がってドアの角に向けて倒れかかり、そこにしこたま頭を打ち付けたのだ。驚いた係官がすぐに平沢（貞通）を助け起こして医者を呼んだが頭にコブができたくらいで大したことにはならなかった。［文献Ⅰ（1）］

さらに、この騒ぎから三日後の深夜一時過ぎ、平沢（貞通）は処方された痔の座薬を大量に飲めば死ねると聞いたので、ため込んでいた五日分の座薬を一遍に飲んでしまった。だが、翌朝、下痢をしただけでどうということはなかった。

こうした自殺未遂事件が勃発するたびに、果たして本気で死のうとしたものかどうかはわからない。しかしここで言えることは、取調中何度も自殺騒ぎを起こす気弱な平沢（貞通）と、青酸化合物を指先一つ振るわすことなく正確に茶碗に注入し、一二人もの人と向かいあって毒殺しても平然と構えていた冷徹な帝銀事件の犯人とでは、あまりにも人物像がかけ離れているということだ。

結局、平沢（貞通）は六二回に及ぶ検事の取調が終わってみれば、二件の未遂事件と帝銀事件に加え、事件翌日の小切手換金などすべての犯行を認めることになった。しかもどういう経緯かわからないが、念のいったことに、自白に加えて原稿用紙二〇〇枚もの懺悔録を書き上げ、これを検事に差し出したのである。これでは、後に平沢（貞通）が裁判でいくら無実を訴え続けても、事件にまったく無関係というわけにはいかなかっただろう。

（6）平沢貞通裁判の顛末

平沢（貞通）の裁判は逮捕拘留から四ヵ月後の一二月二〇日、東京・霞ヶ関の東京地裁第一三号法廷で始まった。この裁判の担当判事は、東京地方裁判所刑事九部の江里口清雄裁判長に陪審判事は石崎四郎、横地恒夫、以上の三名で、立合検事は平沢（貞通）の取調を行った東京地方検察庁の高木一検事である。

対する弁護側は、正木亮主任弁護人以下、山田義夫、松本喜一、向山義雄、高橋儀一郎弁護士の以上五名による弁護団である。このうち、山田弁護人は平沢（貞通）の小樽中学時代の後輩で、後に正木氏に代わって主任弁護人となった。

第一回公判で、平沢（貞通）はか細い声で自らの無実を切々と訴えた。そこでは、無実の身でありながら自白してしまった理由を、「自白は取調中に検事から催眠術をかけられたようになってしまったもので、一一月八日だったと思いますが、風船が破裂したような音がして、初めて自分がわかり、とんでもないことをした、本当の犯人が出てきてまた悪いことをすると国家的に申し訳ないと思って云々」と、にわかには信じ難い言い訳を始めた。

しかし平沢（貞通）が公判前の山田弁護人との接見で無実を訴えた時期が、平沢（貞通）が催眠から覚醒したと主張する一一月一八日以前だったことが露呈し、平沢（貞通）の苦し紛れの作り話として一笑に付された。それでも平沢（貞通）は、この後も終始一貫して無実を訴え続けた。しかしその甲斐もなく、一九五〇（昭和二五）年七月二四日、江里口裁判長は平沢（貞通）に死刑判決を下した。

翌年、一九五一（昭和二六）年九月二九日、控訴審の東京高等裁判所第六刑事部でも、近藤隆蔵裁判長以下、吉田作穂、山岸薫両陪席判事らは一審の死刑判決を支持した。この判決を受け、弁護団は最高裁判所に上告。最高裁は、憲法判断など国家的重要案件以外では異例となる、大法廷での審理に臨んだ。だが、結局は、ここに名を連ねた田中耕太郎最高裁長官以下、井上澄、岩松三郎、入江俊郎、池田克、河村又介、木村善太郎、栗山茂、小林俊三、斉藤悠輔、島保、谷村唯一郎、藤田八郎、真野毅、以上の一四名の裁判官は、一九五五（昭和三〇）年四月六日に、平沢（貞通）の弁護団が提出した上告趣意書に対し、全員一致で上告棄却の決定を下した。この決定で、翌月七日には平沢（貞通）の死刑判決が確定した。［文献Ⅰ（1）］

ところで、この時の最高裁長官の田中耕太郎は、敗戦後に東京帝大（現・東大）教授から吉田内閣で文部大臣となり、その後、参議院議員を経て最高裁長官から国際司法裁判所判事を歴任した、戦後法曹界を代表する人物である。

だが、田中耕太郎には隠れた一面があった。後に、機密解除となったアメリカの公文書によると、砂川事件で駐留アメリカ軍を違憲とした東京地裁のいわゆる伊達判決を最高裁が覆す前に、当時、最高裁長官であった田中耕太郎がアメリカへの政治的配慮から、裁判の詳細をアメリカ側に伝えていたことが発覚したのである。このような行為は、日本の司法が自ら三権分立の独立性を脅かすものであると同時に、独立国家としての日本国をも否定するものであった。

最高裁が平沢（貞通）の上告を棄却した一九五五（昭和三〇）年は、サンフランシスコ講話条約締結からすでに四年後のことである。この田中耕太郎の嘆かわしい一件は、敗戦国日本が独立後も対等な日米関係を築き得なかったことを如実に物語る出来事でもあるだろう。

死刑囚となった平沢（貞通）は、東京拘置所に収監された後においても身の潔白を訴え続けた。だが、その頃の弁護団は平沢（貞通）の弁護活動を事実上停止していたのである。寄る辺のない平沢（貞通）は、独り拘置所内で再審請求を起草し、一九五五（昭和三〇）年六月二二日に東京高裁に提出した。これが平沢（貞通）の第一次再審請求となったが、再審開始決定が求める「新証拠」など、そう簡単に提示できるわけもなく、翌一九五六（昭和三一）年二月九日、東京高裁はこれを棄却した。

（7）検事聴取書の捏造

平沢（貞通）はそれでも諦めず、第二次再審請求を起草した。しかしこの請求も、一九五六（昭和三一）年六月二八日に東京高裁により棄却された。その後も続けて第三次の再審請求が提出されたが、この時は、法務省人権擁護委員の磯部常治弁護士が平沢（貞通）に代わって行うことになった。平沢（貞通）が第一次請求時から磯部常治弁護士宛に無実を訴える手紙を送っていたためである。この手紙に心を動かされた磯部常治弁護士は、これまでの裁判記録をすべて調べてみることにした。捜査資料の山と格闘するうちに、何と、検事聴取書の一部に偽造の疑いがあることに気付いたのである。

聴取書の最後の箇所、第六〇回から六二回までの三通の文書の末尾にある平沢（貞通）の署名と拇印が偽造されていたのだ。磯部弁護士はさっそくこの鑑定を、大阪市立大学法医学教室の大村得三博士に依頼した。

その結果、大村博士は、「筆跡については平沢（貞通）本人のものとは断定できず、むしろ偽造の疑いが濃厚」という筆跡鑑定であった。また、拇印については、三通とも平沢（貞通）本人のものに相違ないことがわかった。

ところがこれら三通に押された拇印には、寸分違わぬところに白抜きの小さな丸が見られたのである。これはどういうことかと言うと、これらの拇印が押された日付は異なるものの、小さな異物が拇印についたまま朱肉をつけたため、その小さな丸がついているのは、同じ時期に拇印が押された可能性が大というものであった。

さらに、検事聴取書の疑惑はここだけではなかった。問題の文書は、東京拘置所内で出射義夫検事が平沢（貞通）を取調べて作成したことになっているのだが、これを磯部常治弁護士が当時の東京拘置所所長大井久に問い合わせると、当該聴取書作成該当日には、平沢（貞通）の取調が行われた事実はない、という回答があったのである。いよいよこれで検事聴取書の捏造が決定的になるはずだったが、この一件をメディアが知ることによって騒ぎが大きくなることを恐れた大井久所長は、間髪を入れずに前言を翻す手紙を磯部常治弁護士に送った。
「当該日に検事による取調が行われた事実がなかったというのは誤りで、そうした事実を記載した文書がなかったので調査不能とすべきであった」と。［文献Ⅲ(46)］

いつの時代でも、役人の自己保身術には目を見張るものがあり、彼らの「正直者が馬鹿をみる」という金科玉条ともいうべき保身術はこの国において廃れることがない。

当然のごとく、第三次再審請求も一九五九（昭和三四）年一月三一日、東京高裁第六刑事部の加納駿平裁判長以下、山岸薫、足立進両陪席により棄却の決定が下された。だが、棄却理由が振るっている。問題の検事聴取書は、確かに偽造されたもの、という確定判決による証明がないというのだ。いかにもご尤もと言いたいところだが、実際にはそのような証明などできるわけがない。なぜかと言えば、その検事聴取書は偽造文書だと証明するには、出射検事を刑事告訴して確定判決を得る必要があるのだが、そのようなことまでしても、有印公文書偽造なら七年で、無印公文書偽造では三年公訴で時効になってしまうからだ。

無実を訴える者に対して物理的に不可能なことを要求し、真相究明を等閑に伏すご都合主義がこの国の裁判制度というものの実像なのだろうか。

（8）帝銀事件の実行犯に毒を盛られた男

佐伯省は、第二次世界大戦後、京浜工業地帯で町工場を始めた。東京郊外の自宅近くにある歯科医院に虫歯の治療で通院し始めた彼は、そこでとんでもない体験をすることになった。

一九五八（昭和三三）年の暮れも押し迫った頃、O（オー）という歯科医から虫歯の治療の際、歯の詰め物に砒素を混入されたのである。この一件から、O（オー）が帝銀事件の実行犯だと確信するようになった佐伯省は、以来四〇年にわたって時には探偵まで雇い入れて帝銀事件の調査と実行犯の特定に没頭してきた。

佐伯省の帝銀事件の真相解明への熱意は生半可なものではなく、収集した帝銀事件に関する資料と情報は膨大な量になる。その集大成とも言うべき『疑惑』と『疑惑α』（講談社出版サービスセンター）に加え、これらの増補改訂版『帝銀事件はこうして終わった』（批評社）を相次いで出版した。

最初の『疑惑』は、犯行毒物について詳しく書かれており、ここでは帝銀事件で使われた毒物は判決でいうところの「青酸カリ」ではなく、アセトンシアンヒドリン（ACH）など特殊な毒物の「合成毒物」であると化学的知見が述べられている。ACHの犯行毒物説はこれまでに何度か浮上し、この問題については一審公判廷で、裁判官・検察官・弁護士の三者立合いの上で証人尋問が行われた。しかし、毒物の専門家である証人全員が、犯行毒物がACHである可能性を否定したため、犯行毒物は市販の「青酸カリ」と断定するに至った。

ACHというあまり聞き慣れない毒物は、もともとは戦時中に戦闘機の暴風ガラスなどの強化プラスティックの製造過程でもっぱら用いられた特殊な化学物質である。その特性は無色透明・無味無臭の液体で、きわめて毒性が強い。まさに毒殺にはうってつけの毒物ともいえるが、ACHにはこうした用途では致命的欠陥がある。そのままでは揮発性が高く、常温でも簡単に蒸発してしまうため、取扱いが非常にやっかいというシロモノである。そこで登場したのが「青酸ニトリール」だが、これは第二次大戦中に旧日本軍の特殊部隊が要人暗殺用に開発した毒物兵器で、ACHに何らかの安定剤を加えたものだと言われている。〔文献Ⅴ(1)〕

実を言うと、事件発生当初の警視庁はこの方面の捜査も秘密裏に行っており、青酸ニトリールが犯行に使われた可能性をある程度察知していたのである。しかし、この事実が外部に流出したのは事件後三〇年も経ってからだ。〔文献Ⅱ(5)〕

帝銀事件で第一線の捜査にあたっていた甲斐文助捜査一係長は、最初から主に旧日本軍関係の捜査を指揮していた。ところが、この方面の捜査がかなり核心に迫っていたにもかかわらず、平沢（貞通）逮捕が決行されると旧軍関係の捜査は打ち切られた。捜査打ち切り以降は、甲斐文助捜査一係長らの捜査資料は外部に漏れないよう完全に封印されてしまった。ところが、突然降って湧いたように平沢（貞通）の逮捕が決行されるまでは最重要とされていた資料を、捜査に心血を注いだ甲斐文助は、全一二巻に及ぶ克明な手記として手元に残していたのである。これは帝銀事件関係者の間では「幻の甲斐捜査手記」と呼ばれるもので、佐伯省は粘り強い交渉の結果、甲斐本人からこれらの資料を譲り受けることができた。これにより佐伯省は、帝銀事件の犯行毒物はACH、すなわち、青酸ニトリール以外にないと確信したのだという。

平沢（貞通）本人が獄中で死亡した後も、遠藤誠弁護士を中心とする弁護団は第一九次の再審請求を準備していたが、この再審請求の核心部分は、佐伯省が主張した「青酸ニトリール犯行毒殺説」である。

平沢（貞通）の最高裁判決では、青酸カリを犯行毒物としていながらも、その入手経路はまったく解明されていない。つまり、平沢（貞通）が犯行に使ったとする青酸カリを、いったいどこで手に入れたのかがまったくわかっていないのである。

自供の段階で平沢（貞通）は、高木一検事から毒物の入手先を追及されると、ここだ、あそこだと白状しているが、いざ裏付け捜査をしてみると、いずれもがデタラメであった。そこで高木一検事は、犯行毒物を容易に入手可能な「市販の青酸カリ」とすることで辻褄を合わせようとした。だが、これが「青酸ニトリール」のような超特殊な毒物となれば、そのような誤魔化しは効かなくなる。その後、第一九次の再審請求は弁護団長の遠藤誠弁護士が二〇〇二（平成一四）年一月二二日の深夜、肺癌により死去したため養子となった平沢武彦氏に受け継がれて行われた。さらに、第二〇次再審請求は、平沢武彦氏の逝去（二〇一三年一〇月一日）後も遺族によって受け継がれて行われた。

第2章　犯行毒物をめぐる攻防

(1) 極秘の研究所

第二次大戦中、神奈川県川崎市登戸に、陸軍第九技術研究所（以下、九研と表記する）という厳重に秘匿された軍事施設が存在した。通称、登戸研究所と呼ばれたこの施設は、戦争末期、風船爆弾を製造していたことで知られる。戦争末期に日本の戦況が著しく悪化していく中で、戦況好転のための最後の切り札として開発されたものである。和紙を貼り合わせた気球に爆弾を搭載して、太平洋上のジェット気流に乗せてアメリカ本土を爆撃するというのだが、それは表向きで、本来の目的は細菌爆弾を装着した生物兵器として用いることにあった。実際には、アメリカの報復を恐れて実用化には至らなかったが、爆弾として何発かはアメリカ西海岸に届いたという。九研では風船爆弾の他にもさまざまな極秘の研究が行われていた。二課一班では毒物兵器開発のため、あらゆる種類の毒物を研究対象にしていた。帝銀事件の犯行毒物と目される「青酸ニトリール」は、まさしく九研で作られたものである。

九研二課二班長であった伴繁雄陸軍技術元少佐は、先の甲斐文助刑事の捜査手記四月二五日の記述によると、犯行毒物は左記のとおり「青酸ニトリール」以外に考えられないとしている。

毒物合成は個人謀略に用いる関係上、死後原因がちょっとつかめないような毒物を理想として研究し、中には成功したものもあった。それは青酸ニトリール。毒物は用途、目的により、即効性のものと遅効性のものとに大別していた。即効性のものは青酸・青酸カリ、蛇毒、青化工水（青酸と水銀の化合物）、遅効性のものは、主として細菌が多い。青酸ニトリールは、青酸と有機化合物の合成に九研が特殊なものを加えて作った。これは服用後胃の中に入ってから三分から五分経つと、青酸が分離して致死させる。水を加えて震盪すれば乳白色になり、味は喉を焼くような刺激はあるが臭みはない。青酸ニトリールは液体で透明、一回一人分二ccのアンプルに入っている。

佐藤少佐の指揮で昭和一六（一九四二）年五月二二日から南京病院で実験を始めた。初めは厭であったが慣れると一つの趣味になった。支邦人の捕虜を使って実験するが、相手が試験官を疑うので偽装して行った。例えば、紅茶の中に青酸カリを入れて飲ませた場合、試験官と一緒に、すなわち俺が先に飲んで見せるから、心配しなくても良いから飲めと言って安心させて飲ませた。青酸系の毒物の死に方は、全身を伸ばして痙攣を起こし仰向けに倒れる。死に顔は青酸特有の死に顔である。解剖してみると、青酸の場合は死後も血液が鮮紅色を呈している。青酸カリで試験した結果、帝銀事件を思い起こして考えてみるに、青酸カリは即効性のものであって、一回先に飲ませてさらにうがいに行って倒れたという状況は、青酸カリとは思えない。青酸カリはさじ加減によって時間的に経過させて殺すことはできない。私にもしさせれば青酸ニトリールでやる。

青酸ニトリールを飲ませた場合、青酸は検出できるが他の有機物は検出できない。解剖した場合はいずれも加里（カリ）分を検出するのが通常である。帝銀事件当初、新聞紙上において警視庁の鑑識課が青酸化合物といったが、これは至当な言である。後には青酸カリと聞いたが、私の実験結果からは青酸カリとは思えない。青酸ニトリールの管理をしていたのは、九研四課の技師北沢隆治で、彼は終戦当時、陸軍省と参謀本部の使いと称し、自決用にと青酸ニトリールを二回にわたって二〜三百本持ち出していった。今、考えてみるに、これで自決した者はいない。私は今でも流れが疑問であって困る。青酸ニトリールとわかれば、範囲は非常に狭い。帝銀事件の状況を考えると、絶対青酸ニトリールである。〔文献Ⅱ(5)〕

戦時中、慣れて趣味になるくらい、中国大陸で毒物の生体実験を繰り返していた伴陸軍技術元少佐の供述には、迫真的な真実味がある。青酸ニトリールが二ccのガラス製アンプルに封入されていたことは、帝銀事件の犯人が行員たちに毒液を飲ませる際に、医療用のスポイトで一人分を正確に計量したこととと見事に符合する。さらに、自分が先に飲んで見せて相手の警戒心を解くというのも、まったく同じやり方である。また、伴元少佐の「青酸ニトリールを飲ませた場合、青酸は検出できるが他の有機物は検出できない」というのは市販の青酸カリでは当然検出される有機物が帝銀事件では検出されなかったということだから、これが帝銀事件当初の警視庁鑑識課の発表が「青酸化合物」となった理由である。

九研四課の杉山圭一技術元大尉も甲斐文助手記では、伴元少佐と同様の発言をしている。

青酸カリでは危険で出来ないから、青酸ニトリールを使ったのが正しい。もし青酸カリを使う場合、よく青酸カリの特徴を研究した大家か、もしくはまったくの素人がやる以外一般の化学者は、即効性のもので一六人も殺すことは危険でできない。青酸ニトリールがやり良い。

杉山圭一元大尉は犯行毒物を青酸ニトリールとほぼ断言しながらも、青酸カリの特徴を研究した専門家かまったくの素人による犯行の可能性を示唆している。しかし、前者であれば、杉山圭一元大尉自身が言うように青酸カリなど用いるはずはなし、ズブの素人によるという説も帝銀事件の犯人が毒殺のプロだと思わせる大胆で落ち着いた態度とは明らかに矛盾する。やはり、犯人は「その道のプロ」で犯行毒物はアセトンシアンヒドリン（ＡＣＨ）を基剤とした青酸ニトリールというべきである。しかし、結局、犯行毒物は市販の青酸カリとされてしまったわけだ。甲斐文助刑事の捜査手記の記述を知る者にとって、公判廷における伴繁雄陸軍元少佐の証言は耳を疑うものとなった。

（2）証人尋問という欺瞞

伴元少佐の証人尋問は、一九四九（昭和二四）年一二月一九日に長野地方裁判書伊那支部で行われた。そこには東京地裁刑事第九部から、江里口清雄裁判長と石崎四郎・横地恒夫両陪席判事の三名が出向し、検事は高木一、弁護人は山田義雄が立ち会った。以下は少し長くなるが、犯行毒物に関する第一審公判記録の伴繁雄証人の証言を見てみよう。

●江里口裁判長「証人の経歴は。」

●伴繁雄証人「私は浜松工業学校科学科を昭和二年に卒業し、直ちに陸軍化学研究所に入り、終戦まで勤務した技術少佐です。」

●江里口裁判長「証人の専門研究事項は。」

●伴繁雄証人「私は陸軍の秘密戦用機材、細かく申せば放火・謀略・破壊謀略・毒物謀略機材・憲兵科学装備用機材・化学的秘密通信およびその発見法・郵便検閲法を専門に二〇年間やりました。」

●江里口裁判長「毒物方面の研究は。」

●伴繁雄証人「昭和七年頃、研究所に毒物班が設置され、その後一二年頃まで基礎的な方面の研究を担当し、その後は私が古参のため全般的な掌握をして、詳細な研究は部下にやらせておりました。毒物についての重点は、無色・無臭・無味で水でもコーヒーでも容易に溶けること、青酸カリのように超即効性のものではなく、遅効性のものでいわゆる死亡原因のわからないものを作ることでありました。それで一般市販のようなものではなく、特殊な毒物を研究していました。また、毒物を飲めば本能的に嘔吐して出すので、それを防ぐ研究もやり、これを使用するについてのトリックの研究もやりました。薬物のみならず毒菌や蛇毒のような、天然毒物も研究いたしました。死亡原因不明の毒物がモットーで遅効性毒物に苦心しましたが、完全なものは出来ておりませんでした。即効性のものは沢山ありました。即効性、遅効性といっても明確な区別はなく、常識的な判断です。」

証人尋問についてのメモ（1）

遅効性毒物の開発に苦心したが完全なものは出来ていなかった、という伴繁雄証人の証言は明らかに虚偽である。なぜなら、その完成品こそが前節で述べたように帝銀事件で使われた「青酸ニトリール」だからだ。しかし、「即効性、遅効性といっても明確な区別はない」というのが本当なら、伴繁雄証人のいう「遅効性毒物に苦心」する必要はまったくなかったはずである。これがまともな証人尋問なら、このような単純な矛盾にすぐ気付いてそこを問い糾すはずだが、賢明な江里口裁判長はそんな詮索はまったくしないまま質問を変えた。

●江里口裁判長「証人は本件捜査時、毒物捜査会議に出席したか。」

●伴繁雄証人「昭和二三年九月六日頃、警視庁藤田刑事部長私宅で開かれた捜査会議に出席し、意見を述べました。出席者は私の他高木一検事、東大桑島博士、警視庁の尾山鑑識課長、西山技官他に旧軍関係として土方技術少佐その他がおりました。私は警視庁から予め（左記の資料の）送付を受けていました。

（一）昭和二三年二月帝銀事件毒殺事件捜査経過。
（二）同年六月二五日付け帝銀毒殺事件捜査法についての指示。
（三）同年二月一六日付け警視庁刑事部鑑識課長よりの目白警察署宛鑑定書。
（四）同年八月二一日付け国家地方警察本部科学捜査研究所理化学課員より、警視庁刑事部捜査一課長宛帝銀毒殺事件毒物検査について。
（五）同年五月一五日付け東大教授木村健次郎より、西山理化学課長宛の毒物分析結果（私信）。
（六）同年六月八日付け慶応義塾大学法医学教室における死体解剖記録。
（七）東大法医学教室における死体解剖記録。
（八）帝銀毒殺事件毒薬の検討。
（九）同年六月帝銀毒殺犯人捜査必携。
（十）現場写真二〇枚
に基づき、推論的判断として意見を述べました。この時は毒物の化学組成、量の決定、死因判定の問題で私の推論的結論が受け入れられ承認されました。」

●**江里口裁判長**「証人がその際述べた意見は。」

●**伴繁雄証人**「私は使用毒物は、純度の比較的悪い工業用青酸カリで、入手の比較的容易な一般市販の工業用青酸カリであると断定しました。本件被害者の解剖による法医学的報告、ならびに理化学的報告により毒物が青酸塩であることは明らかでしたが、それが単体青酸カリか青酸ソーダか、あるいは両者の混合物か、あるいは青酸アンモニアか、いわゆる青酸塩を形成する根（基）は不明でした。毒物には青酸カリに限らず、一般に分析用に使用する化学用最純品、化学用純品および一般工業用は純度が低く、一般市販の工業用青酸カリは、青酸カリと青酸ソーダの混合物でありますから、本件の毒物がそれであると断定しました。これには東大の桑島博士も慶大の中館博士も同意見でした。」

証人尋問についてのメモ（2）

嘘というものはなかなかうまくつき通せるものではない、という見本のような証言である。ここで伴繁雄元少佐は、犯行毒物を青酸塩であるということは明らかだが、それが青酸カリか青酸ソーダか両者の混合物か青酸アンモニアかは不明としながら、一般市販用の工業用青酸カリと青酸ソーダの混合物だからこれだと断定したというわけだ。

これは「一般市販用の工業用青酸カリ」という結論が先にあり、それに合わせた証言としかいいようがない。もっとも、藤田刑事部長宅で開かれた「会合」を犯行毒物の口裏合わせのために行われたものと考えれば辻褄が合う。平沢（貞通）を帝銀事件の犯人に仕立てるには、青酸ニトリールのような極めて特殊な毒物であっては入手ルートが解明されなければならないし、当然、陸軍内部の捜査へ行きつくので、それはまずいということなので、嘘で凝り固めた口裏合わせが行われたのだろう。

次に、青酸ニトリールの基材・アセトンシアンヒドリン（ＡＣＨ）についての証言を見てみよう。

●江里口裁判長「アセトンシアンヒドリン（ＡＣＨ）という毒物は。」

●伴繁雄証人「軍の研究所で作り上げた超即効性の毒物で、青酸とアセトンを主原料とした青酸化合物であり、無色、無味、無臭の液体であります。青酸カリと同じく超即効性のもので、致死量を与えれば二～三分で中毒症状を現して、一番早い者では三〇分位で死に至ります。死亡まで二、三時間を要する者も、一〇数時間を要する者もあり、体質、性別、年齢その他によって死亡するまでの時間が一定ではありません。」

証人尋問についてのメモ（3）

伴繁雄証人のいう「軍の研究所」とは前記の九研のことで、彼はここの二課二班長であったが、毒物の合成は専ら二課一班で行われていた。ＡＣＨの開発は、無味、無臭の毒物であることから当時一班にいた滝脇重信技術大尉が本腰を入れて研究していたのである。滝脇重信大尉は毒物兵器である青酸ニトリールの開発に成功したことで、陸軍大臣から技術有功章をもらっている。この青酸ニトリールの開発について、九研では古参の伴繁雄元少佐は他班も統括していたのだから当然、熟知していたはずである。ところが彼は、ＡＣＨを青酸カリと同じ超即効性のものなどとデタラメを言っている。

青酸カリは致死量以上摂取すると、わずか数秒で卒倒する様にバタッと倒れ、数分以内に死に至るという超即効性の最たるものである。しかし、ＡＣＨではそのようにはならない。ただ、ＡＣＨの中毒症状についての伴繁雄証人の証言は〝青酸カリと同じ超即効性〟というところを除けば帝銀事件被害者の中毒症状と見事に合致する。だが、これは青酸カリの中毒症状とはまったく合致しない。このように伴繁雄証人の証言には明らかに矛盾する混乱があり、この後も同様の証言が続くのである。

●江里口裁判長「青酸カリには味、臭いがあるか。」

●伴繁雄証人「強いウイスキーのような刺激性があり、苦扁桃臭があります。この臭いは青酸ガスの特臭で、熟練者であれば解剖の際に臭覚でわかります。酸が加わると青酸ガスが盛んに出て、この特臭があります。」

証人尋問についてのメモ（4）

青酸ガス特有の臭いについての江里口裁判長の質問は、実は重要なポイントでもある。犠牲者一二名の解剖は事件翌日から翌々日にかけて、東大法医学教室と慶大法医学教室でそれぞれ六体づつ行われた。ところが不思議なことに、東大の解剖鑑定書には青酸臭の記載があるのだが、慶大鑑定書にはその記載がない。青酸カリの中毒死における解剖所見で、この青酸臭というのは極めて特徴的な所見の一つである。したがって、本来ならば、慶大鑑定に付された六名は青酸カリ以外の中毒死を疑う必要がある。ところがここでも、江里口裁判長はこれ以上追及せず、質問を変えている。

●江里口裁判長「青酸カリの致死量および本件毒物の量は。」

●伴繁雄証人「私が与えられた前述の資料により推定したところでは、第一薬の青酸塩溶液の濃度は五〇パーセント程度で、一人当たりの嚥下量は五cc・投薬ビン容量を一二〇cc・毒物全含有量六グラム乃至一二グラム・毒物一人当たりの嚥下量（毒物全含有量を一六人に分割）約〇・三八乃至〇・六七グラム・嚥下容量一人当たり五ccとして、一人当たりの毒物嚥下量〇・二五乃至〇・五グラムでありました。青酸カリの致死量は平均〇・二グラムでありますが、致死量は、体質・年齢・性別・その他の嚥下時およびその後の事情によって違い、〇・一五乃至〇・五グラムでも死亡します。この致死量は青酸ナトリュームでも同様であります。本件第一薬に白濁と沈殿があった由ですが、この点は私が一般市販の工業用青酸カリと推断した、一つの根拠であります。市販の工業用青酸カリを溶かすと、幾分白濁または少量の沈殿が出来るかどうか実験結果を知りません。

証人尋問についてのメモ（5）

青酸塩を飲ませた後で、その効力を強める目的で第二薬として有機塩を飲ませた可能性を示唆する一方、第二薬は水程度のものだろうと思うが詳しいことは知らない、といった迷答振りで煙に巻いたつもりでいる。だが、この「水」は無害どころか、その逆に作用することを伴繁雄証人は知っていたはずである。

詳しくは次節に譲るとして、強アルカリ性の青酸カリは酸に反応して猛毒の青酸ガスを発生させる。したがって、胃内の胃酸は強酸性であることから、殺傷効力を強めるために第二薬などそもそも必要ない。次のアセトンシアンヒドリン（ＡＣＨ）に関する証言も、まったくのデタラメである。

●江里口裁判長「本件毒物がアセトンシアンヒドリンとは考えられるか。」

●伴繁雄証人「青酸カリが固形で、その溶液は刺激性の味があり苦扁桃臭がするのに対してアセトンシアンヒドリンは液体で無色、無臭ですから、アセトンシアンヒドリンであれば水と同じで、犯人が飲ませるために飲み方を説明する必要はない筈です。アセトンシアンヒドリンによる死亡も青酸中毒でありますから、服用後痙攣発作嘔吐等の死亡に至るまでの状態および解剖的所見は、青酸カリ・青酸ナトリュームと大体同じであります。」

証人尋問についてのメモ（6）

確かにACHは無色・無味・無臭ではあるが、これも飲ませる場合は、喉が焼けるような刺激があるので、一気に飲み下すための説明は必要である。それと、青酸カリとACHでの死亡に至る状態と解剖学的所見は、「大体同じ」どころか大いに異なる。これも後で説明するとして、前記の犯行に使われた「第一薬」のビンの中身が白濁していたというのは帝銀事件生存者の証言によるものだが、六体の解剖鑑定を行った中館久平慶大法医学教室教授も、その証言を裏付けるようなことを一審公判廷で左記のごとく行っている。

中館久平慶大教授の解剖鑑定による証言

「青酸塩は空気に触れると、すぐに空気中の炭酸ガスと一緒になって炭酸カリになるので、普通のものは大体炭酸カリを含んでいる。したがって、大抵多少濁っているし、さようなものは量も多少多くしないと死ねない。青酸カリは風化すると濁って白濁するものも、また番茶のような色になるものもある。」

証人尋問についてのメモ（7）

本当だろうか。なぜなら、平沢（貞通）の第一三次再審請求における東大名誉教授の秋谷七郎薬学博士は、青酸カリの白濁現象を次のように全面的に否定しているからだ。

秋谷七郎東大名誉教授の証言

「青酸塩が工業規格である限り、着色や白濁を生じることはあり得ない。したがって、かかる水溶液は無色透明であるべきである。『青酸カリが空気中の炭素ガスと一緒になって炭酸カリになる……。とか……炭酸カリを含んでいる。したがって多少濁っている……。とか、風化すと白濁するものも、また番茶のような色になるものもある』の如き証言は、まったく青酸塩についての科学的にナンセンスな説明である。」

証人尋問についてのメモ（8）

このように、秋谷七郎東大名誉教授の説が正しければ、中館久平慶大教授の「青酸カリは風化すると濁って白濁するものも、また番茶のような色になるものもある」という証言は公知の事実に反する。中館教授も伴繁雄証人と同様に、青酸カリ毒物犯行説に無理矢理合わせようとしたのだろうが、甲斐文助捜査手記に書かれている伴繁雄証人は「青酸ニトリールは水を加えて震盪すれば乳白色になる」と言っており、帝銀事件の目撃証言とも一致する。また、中館久平慶大教授の「番茶のような色」というのも、安田銀行荏原支店事件の目撃証言が「第一薬は茶色の液体」となっているということとの食い違いをなくすための口裏合わせではないか。

●江里口裁判長「青酸塩とは。」

●伴繁雄証人「青酸の無機化合物の総称で、本件の法医学的ならびに理化学的調査の結果、青酸の他にカリ・ナトリウム・鉄・カルシウム・マグネシウムの極微量の存在が証明されておりました。私の判断による薬物の容疑の順序は、(一)青酸カリ、(二)青酸ソーダ、(三)青酸、(四)シアン化アンモニア、(五)イソシアンであります。青酸塩にはこの他沢山ありますが、以上のもの以外には考えられません。」

●江里口裁判長「青酸カリを入れたビンは、溶液を出してしまった後も青酸が残っているものか。」

●伴繁雄証人「空気中の炭酸ガスと化合して炭酸ガスとなり、青酸はガスとなって逃げるので温度や日数によっても違いますが、すぐなら別として長く経ったものなら多少溜まっていたものでも、分析の結果、青酸反応が出てこないこともあると思います。一ヵ月も経てば問題なくなります。」

●江里口裁判長「青酸カリを飲めば嘔吐するか。」

●伴繁雄証人「判然としませんが、嘔吐したと思います。従来の研究では毒物に関するかぎり、嘔吐しないことはなかったと思います。嘔吐の防止も考えていた程ですから、なお致死量の〇・三グラムは、嘔吐したもの、死んだものの平均であります。注射の場合は、〇・〇五グラムでも死にました。」

●江里口裁判長「容器の不純物、たとえば醤油ビンにいれたら誤差ができるか。」

●伴繁雄証人「当然あります。その影響は大きいと思います。」

●江里口裁判長「金属カリウムの中にはルノビジウムが入っているか。」

●伴繁雄証人「私にはわかりませんが、植物カリウムの中には入っておりますから、入っていると想像はされます。」
●江里口裁判長「アセトンシアンヒドリンは効力を加減できるか。」
●伴繁雄証人「青酸カリより効いてくる時間が少し長いのでありますが、量的に加減するというだけです。」

証人尋問についてのメモ（9）

伴繁雄証人の証人尋問のなかで、「炭酸ガスと化合して云々」というのは、前記の中館慶大教授の証言と一致するが、秋谷東大名誉教授の見解とは明らかに異なる。また、「醤油ビンに入れたら誤差が出来るか」という裁判長の問いは、安田銀行荏原支店事件と帝銀事件の犯行毒物が同じ青酸カリ溶液にしては色が違うということに対し、前者の第一薬が茶色になったのは醤油の色がついたからで、安田銀行荏原支店事件で誰一人として中毒症状すらみられなかった「誤差」は、醤油などの不純物が混入したからとしたからなのだろう。その影響は大だという伴繁雄証人の返答に満足したのか、江里口裁判長は「ＡＣＨは効力を加減できるのか」と質問を変えている。これもＡＣＨ犯行毒物説を排除する意図から出たものと思われるが、これに対する伴繁雄証人の証言は江里口裁判長の意に反したものだったかもしれない。というのも、伴繁雄証人の「青酸カリより効いてくる時間が少し長い」とか「量的に加減する」といった証言は、青酸カリよりもむしろＡＣＨの方に犯行毒物の可能性が示唆されているのに、江里口裁判長はこれ以上の質問はせずに伴繁雄証人の尋問を終えているからである。

この後は山田義雄弁護人、次いで高木一検事による尋問が行われた。

●山田義雄弁護人「アセトンシアンヒドリンの致死量は。」

●伴繁雄証人「アセトンシアンヒドリンは液体ですが、その致死量は大体一cc（一グラム）であります。一グラム飲むと二〜三分で微効が現れ、三〇分で完全に死亡します。しかし、中には死亡までに二〜三時間、または一〇時間かかった場合があります。微効は猛烈に痙攣的な動作をして吐いたり、物にしがみついたり、椅子に腰掛けていると、決まって後ろにひっくり返って相当暴れるのですが、この症状は青酸カリや他の毒を飲んだときでも同様です。」

証人尋問についてのメモ（10）

伴繁雄証人のこの証言は特殊な遅効性毒物であるACHの特徴的な中毒症状を中国人の生体実験をとおして生々しく伝えるもので貴重な証言であり、まさしく帝銀事件被害者の中毒症状でもある。しかし、この症状が超即効性の青酸カリや他の毒物とはむろん同じであるわけはない。こんなことは、生体実験の当事者であった伴繁雄証人自身が一番よく知っていることではないのか。

●山田義雄弁護人「解剖学的所見はアセトンシアンヒドリンでも、青酸カリでも同じか。」

●伴繁雄証人「左様です。アセトンシアンヒドリンを嚥下して死亡する場合も、青酸カリによる中毒死だからです。」

証人尋問についてのメモ（11）

やはりこれも正しくない。両者の解剖学的所見には明白な相違がある。

●山田義雄弁護人「アセトンシアンヒドリンは時間的に変化することはないか。」

●伴繁雄証人「ありません。アセントンシアンヒドリンは青酸カリより安定性が大きいのですが、軍隊では一ccのアンプルにして運搬しておりました。大量に使用するときは何か安定剤を使ったかどうか、詳しいことは知りません。」

●山田義雄弁護人「上海に要った時、銅粉で安定させなかったか。」

●伴繁雄証人「それは青酸カリの間違いです。青酸カリは沸騰点が高いので銅粉で安定させました。それから青酸塩のものではありませんが、油で安定させることもあります。」

証人尋問についてのメモ（12）

これらの伴繁雄証人の証言はまったくデタラメである。ACHは揮発性が高く、常温でもすぐに蒸発してしまう。だから一cc（実際には二cc）のアンプルに封入する必要があった。また、「青酸カリは沸騰点が高いので銅粉で安定させた」というのも、沸点が高ければ揮発性が低いということだから、もとより安定剤を用いる必要はない。伴繁雄証人は、恐らく旧軍関係の捜査記録を目にしたことがなく、毒物の専門家でもない山田義雄弁護人には核心に触れる追及は無理だったのだろうが、肝心なところで熱心さに欠けるのはやはり気になる。ACHに関する伴繁雄証人への尋問はこれで終りだが、この後は高木一検事が続けている。

●高木一検事「アセトンシアンヒドリンの解毒剤は研究したか。」

証人尋問についてのメモ（13）

これは極めて重大な質問である。帝銀事件の犯人が、行員たちに毒液を飲ませる前に同じものを飲んで見せたということは、事前に解毒剤を服用していたと考えられるからだ。

●伴繁雄証人「ちょっと忘れました。青酸カリにだけ効く解毒剤なら出来るのですが、軍としてはすべてのアルカロイドに対するもの、つまり万能解毒剤を研究していたのであります。」

証人尋問についてのメモ（14）

青酸カリの解毒剤はあるということだが、これが一般店頭で販売されているわけではない。したがって、平沢（貞通）が犯人だというなら、いったい彼はこの解毒剤をどこで入手したというのか。平沢（貞通）の供述では、青酸カリの入手経路さえ特定されていないのに、まして解毒剤の入手ルートなどあろうはずがない。高木一検事はACHの解毒剤について質問したのだが、どうやら伴繁雄証人は余計な口を滑らせたようだ。

●高木一検事「証人はどの程度本件の捜査に関係していたか。」

●伴繁雄証人「本件捜査の重点が旧軍関係に向けられていた為に、私の部下は一人残らず調べられ、私の家にも二回来たのでその時大体の話をしました。その後、前述の捜査会議に出席しただけです。旧軍関係は相当疑いを持たれて、中野学校の私の班と土方少佐の班は全部調べられました。」

証人尋問についてのメモ（15）

当然ながら、旧軍関係の捜査が本命だったことは伴繁雄証人の証言からもよくわかる。また、中野学校とは陸軍中野学校のことで、ここにはスパイを秘密裏に養成する特別な施設があった。一九四五年八月の敗戦後二九年を経ても終戦を知らず、フィリピンのミンダナオ島のジャングルに潜伏していた小野田少尉も中野学校の出身だ。伴繁雄元少佐は九研から謀略専門の教官として中野学校に出向していたのである。

●高木一検事「旧軍関係が調べられたのは、いつからいつまでか。」

証人尋問についてのメモ（16）

こんなことは高木検事自身が一番よく知っていることで、改めて伴繁雄証人に尋ねる必要はない。尋問の内容より検事も尋問したという形式が必要だったのか。

●伴繁雄証人「わかりません。私は家へ刑事が来て調べられていることがわかり、上京して元の部下に聴いてみると一人残らず調べられていることがわかりました。」

●高木一検事「ビンとか金属ケースについて、意見を聞かれたことはないか。」

証人尋問についてのメモ(17)

金属ケースとは医療用のもので、帝銀事件の犯行に使用されたケースが戦時中に野戦病院などで軍医が携帯していた特殊なものに似ていた。

●伴繁雄証人「ないと思います。記憶ありません。」

●高木一検事「アセトンシアンヒドリンの方程式・分子式は。」

●伴繁雄証人「方程式は、$CH_3COCH + CN$。分子式は、$CH_3{>}CNCH_3CN$であります。」

証人尋問についてのメモ(18)

以上が伴繁雄証人の尋問調書だが、この調書の目的は単にそれらしく見せるための茶番といっていいだろう。しかしながら、伴繁雄証人の証言の支離滅裂ぶりには無理からぬところもある。それは、当時の日本がアメリカを中心とする連合国の占領下にあったことと無縁ではない。この頃の旧軍関係の元特殊部隊関係者は、GHQから戦争犯罪の疑いをかけられる危険を常に感じていた中で、伴繁雄証人の最大関心事がどこにあったのかは容易に察せられるからだ。ところが、公知の事実と異なる証言を繰り返したのは、伴繁雄証人のように旧軍と直接関係があった者ばかりではなかった。帝銀事件犠牲者の解剖鑑定作業に、正鑑定人として従事した東大法医学教室助教授の桑島直樹の証言も、例外ではなかった。

●**松本喜一弁護人**「青酸カリ溶液の色は。」

●**桑島直樹証人**「無色透明です。」

●**松本喜一弁護人**「白濁しているのは。」

●**桑島直樹証人**「濃度の関係でまだ溶けていないのか、不純物があったのかを確認するためです。」

●**松本喜一弁護人**「半分以上は無色透明で、半分から下は白濁または乳白色をしてる状態は、一〇パーセントより濃いと思うか薄いと思うか。」

●**桑島直樹証人**「青酸カリをビンに入れてじっとしておけばこの様なことはあります。純粋な青酸カリで白濁するならば、一〇パーセントより濃いとみて良いと思います。不純物が入っておれば、薄くとも白濁を呈します。」

●**松本喜一弁護人**「〇・一五から〇・三グラムが致死量だといったが、一〇パーセントの水溶液を四cc から五 cc 飲ませれば、はるかに致死量を超えているか。」

●**桑島直樹証人**「純粋なものならそうです。」

証人尋問についてのメモ（19）

青酸カリの水溶液が白濁することについての桑島直樹証人の見解は、青酸カリの結晶が溶けきれない程の高濃度液か、または不純物が混入したかのいずれかというものだ。しかし前者であった場合、含まれる青酸カリの量は致死量をはるかに越え、これを飲めば間違いなく即死である。ところが、即死した者は一人もいない。となると、水溶液が白濁した理由は不純物の混入以外にない。しかし、それではおかしな話になる。というのも、この桑島直樹の証言の前に山田弁護人から青酸カリ溶液について「不純物の種類によって色が違うか」と問われた桑島証人は、「不純物の種類を問わず大体褐色になると思います」と答えているからだ。

白濁と褐色、いったいどちらなのか松本弁護人に問い糾すべきであったが、ここでも安田銀行荏原支店事件での青酸カリ水溶液は「茶色」で帝銀事件の場合は「白濁」という事実との辻褄合わせが行われたのだろうか。そもそも青酸カリの水溶液が白濁するかどうかは、実際に試してみればすぐわかりそうなものだが、彼らがこうまでして当局に迎合する必要はどこにあったのか。桑島証人についてはわからないが、戦時中は医学者も中国の南京病院などで、捕虜や政治犯を実験台にしてさまざまな生体実験に手を染めた者が少なくなかったといわれる。

犯行毒物の確定はもとより慎重であらねばならない。ところが、帝銀事件ではこのあたりが大雑把で曖昧過ぎるのである。証人尋問といっても、犯行毒物は最初から「青酸カリ」と決めつけた上で形ばかりの証人尋問で口裏合わせをしているだけといっても過言ではないだろう。

これが邪推や満更の宛て推量でないことは、国家地方警察本部化学捜査研究所理化学課長西山誠二郎の一審公判廷での証言からも窺い知れる。そこで西山課長は、ＡＣＨの化学的特性について、次のごとく述べている。

●西山誠二郎証人「ＡＣＨは中性で無色無臭のもので、体内に入って酢酸とアンモニアに分解するのです。ところが本件の場合は中性でなく、かつ酢酸・アンモニアを発見しなかったので、ＡＣＨではないということになったのです。」

証人尋問についてのメモ（20）

デタラメもここまでくると表彰ものである。有機青酸化合物であるＡＣＨが青酸とアンモニアの合成物である限り、それが酢酸とアンモニァに分解するなどということは、化学的知見のどこからも出てこないはずだ。

（3）犯人が「第二薬」と称して「水」を飲ませた理由

帝銀事件第一九次再審請求素案第三号証・第一一号証・第一三号証によると、ＡＣＨの化学的特性は以下のとおりである。

「ＡＣＨはアセトンと青酸を合成したもので、純粋なものは中性・無色・無味・無臭の液体で、沸点は摂氏八二度、比重〇・九三二で水やアルコール、エーテルにはよく溶けるが、石油エーテルには難溶である。容易に分解してアセトンと青酸に分離する。工業的には燐酸または硫酸を加えて安定させる。

アルカリはＡＣＨの分解を促進し猛毒の青酸ガスを発生させるが、水溶液においても同様に解離は促進される。水中でのＡＣＨのアセトンと青酸への解離は、Phプラス（アルカリ性）かある種のアルカリ物質アミン類の存在によって測りしれない程速い。希釈水溶液では殆ど完全に解離するが、中性または酸性では解離は遅い。

ＡＣＨを飲ませる場合、胃酸により解離が遅くなるので、毒物として使用し、即効性を与えるためには、ＡＣＨにアルカリ物質を加えなければならない。胃酸つまり塩酸はPh一・〇内外のこともあり、ＡＣＨの安定要因になるからこれを中和させるために、必ずアルカリ物質を加えなければならない。その場合、服用時にはアルカリのために刺激が強くなる。（傍点筆者）」〔文献Ⅰ(6)〕

ＡＣＨは胃内などの強酸性下では安定して青酸ガスの発生が抑制されるが、アルカリ性物質や水を加えれば解離が促進され、青酸ガスが盛んに出てくるというものだ。

これは、犯人が行員全員に毒物を飲ませた後で第二薬として「水」を飲ませる必要がなぜあったのか、という素朴な疑問に対する明確な答えである。実際、帝銀事件の被害者たちはその「水」を飲んだ直後から急に気分が悪くなっており、右の理由以外に犯人がわざわざ「水」を持参したことの説明はつかないだろう。むろん、平沢（貞通）の自白調書にはそのような説明は一切ない。

ここで、死亡した一二名の服毒から死に至るまでを、帝銀事件生存者の証言をもとに見てみよう。

沢田芳夫（当時二二歳）うがいをしたあとで流し場に膝をついて目を白黒させていたが、そこから一五メートル程離れたトイレで発見され、病院に搬送された後に死亡。

加藤照子（同一六歳）うがいのあとで一旦営業室に戻った。すると、そこにいた生存者の一人である田中徳和と顔を見合わせてニコリと笑い、同じく生存者の一人、村田正子の席についてそこで死亡。

内田秀子（同二三歳）洗面所でうがいの順番を待っていたが、途中で苦しくなって廊下に出た後、営業室近くの廊下で死体となって発見された。

秋山みや子（同二三歳）うがいのあと電話器のある前の廊下で倒れ、そこで死亡。

西村英彦（同二九歳）洗面所で倒れてそこで死亡。

滝沢吉弘（同八歳）母親の滝沢リュウにつかまって目を白黒させていたのを、生存者の一人、阿久沢芳子がうがいを終えて営業室に戻る途中で目撃したが、死体発見場所は四畳間。

滝沢リュウ（同四九歳）吉弘と同じ部屋で死亡。

滝沢タカ子（同一九歳）阿久沢が四畳間にうがいのあとで入っていくと、コタツに入って苦しんでいたが、同所で死体となって発見。

滝沢辰男（同四九歳）八畳間で発見されたときにはまだ息があったが、病院に搬送後死亡。

渡辺義康（同四九歳）営業室で倒れてそのまま死亡。

白井正一（同二九歳）八畳間で死体となって発見。
竹内捨次郎（同四九歳）六畳間左入口付近で死体となって発見。［文献Ⅰ（2）（3）］

以上のうちで、渡辺、白井、竹内の三名については服毒後の目撃証言がないのでわからないが、他の九名について言えることは、この方たちは服毒後しばらく生存していたということだ。少なくとも二分や三分で絶命というような状況ではなく、沢田芳夫と滝沢辰男については服毒後四時間以上の生存が確認されている。

これらを青酸カリ中毒死とするなら、かなり異常な出来事ということになる。なぜなら、青酸カリは致死量以上を飲めば間違いなく即死、というのが通例だからだ。それでも犯行毒物を青酸カリというなら、帝銀事件では即死した者がいないのだから全員に遅延中毒症状が発現したとするべきなのだ。だが、そのような現象が起こるのは極めて希である。これが青酸カリで惹起される要因としては、次の三つぐらいなものだ。

まず第一には、青酸カリ溶液の濃度が致死量スレスレだった場合。第二に、胃酸の分泌量が極端に少なかったり、胃内の食物などの内容物が多かったりした場合。そして第三には、以上のいずれか一方か、あるいは両者が混在した結果、遅延中毒症状が発現したというものである。これらは一見するといかにもありそうな話だが、いずれの場合も帝銀事件に当てはめるには決定的な無理がある。

第一の「致死量スレスレ」というのは、対象が一人の場合で、年齢や体格の異なる複数が対象ではあり得ない。しかも、成人一人当たりの青酸カリの致死量は、〇・三グラムと言われているが、実際にはそれ以下で死ぬ場合があるかと思えば、一グラムでも死なないこともあるなど、個体差による影響が顕著である。学説でも、青酸カリの正確な致死量は決めかねるというのが現状で、ここからも一六名全員に遅延中毒症状が出るとは考えられない。〔文献Ⅱ(4)〕

帝銀事件の犠牲者の年齢は、下は八歳から上は四九歳とかなりの幅があることから、それぞれに異なった致死量スレスレの青酸カリが分配されたとするのは、非現実的でしかないだろう。これは犯人が医療用スポイトで、全員の分量が均一になるように正確に計量していることからも否定される。

第二の「胃酸と胃内容物」については、前者は確かに経年とともに減少傾向にあるが、八歳や二〇代ではほとんど影響はない。後者についても、犯行時間帯が閉店間際の午後三時頃ではそれ程の胃内容物はなかったはずで、これも当てはまらないといっていいだろう。

第三の「両者の混在」というのは、前二者が否定されればほとんど意味をなさない。前出の伴繁雄証人も、甲斐文助捜査手記では「青酸カリで試験した結果、帝銀事件を思い起こしてみるに、青酸カリは即効性のものであって、一回先に飲ませてさらにうがいに行って倒れたという状況は、青酸カリとは思えない。青酸カリはサジ加減によって、時間的に経過させて殺すことはできない」と述べている。戦時中、中国大陸で人体実験を繰り返した彼ならではの発言で、さらに、「私にもしさせれば青酸ニトリールでやる。帝銀事件の状況を考えると、絶対ニトリールである」ともいっている。

伴繁雄証人の言う「青酸カリはサジ加減によって、時間的に経過させて殺すことはできない」と証言した意味は、致死量以上の青酸カリを飲めば数十秒で人事不省になって数分で死亡するが、致死量以下なら死ぬことはないという実験結果を前提に、帝銀事件の犯行毒物が青酸カリなら、被害者たちがこれを致死量以上飲んで部屋のあちこちを歩き回ることなど、不可能だということである。このことは、法医学的見地から犯行毒物を青酸カリと断定した前出の中館教授の、一審における以下の証言が図らずも証明している。

「症状には二つの型があって、極く急性のものはまず人事不省になり、次いで全身に痙攣がきて一〜二分で死ぬ。もう一つの型は、最初に眩暈がきて眼前が暗くなり、目が見えなくなって胸内苦悶し動悸がきて仮死状態におちいり、ついで死亡する。」〔文献Ⅰ(1)〕

これは青酸カリを含む青酸塩全般の中毒症状を述べているのだが、この見解をもとに中館慶大教授が犯行を青酸カリと断定したとなると、少なからず矛盾が生じてくる。帝銀事件では、これを飲まされてすぐに人事不省に陥った者はなく、一〜二分で死んだ者も目が見えなくなった者もいないからだ。

前節で触れた九研二課二班で、専ら毒物兵器の研究開発に携わっていた滝脇重信技術大尉は、前記甲斐文助捜査手記の中で、青酸ニトリールの原料であるＡＣＨの中毒症状について次のように述べている。

「これはシアン化合物。高瀬豊吉の本などを見て製作した。現地へ持って行って実験してもらって、味がないというので本腰を入れて致死量を調べた。体重六〇キロの大人で、完全致死量は一グラム。時間は二〜三分から痙攣が始まり一五分〜三〇分で心停止する。生死の境目のときは一旦回復にみえて、一時間くらいして急に悪くなって死ぬ場合がある。時には三時間位の場合もあり、このような時人工呼吸その他の手当をすれば当然助かる。」〔文献Ⅱ(7)〕

これもまさしく、帝銀事件での中毒症状そのものである。ＡＣＨでこのように覚醒と失神を繰り返す理由について、佐伯省は、自身の著書『疑惑』の中で以下のように説明している。

「ＡＣＨの場合は青酸カリと異なり平衡反応で、ある程度青酸とアセトンに解離すると平衡状態に達する。この時点では青酸の発生は止まる。したがって、一時回復するようになることもあるが、胃内容中の青酸もアセトンも吸収されたり、蒸散して濃度が薄くなると、反応は再び右方に進み、青酸とアセトンへの分解が始まる。すると再び青酸中毒の反応が現れて人事不省に陥る。致死量を超えて飲まされても、この平衡に達する状態が個人によって異なるため、帝銀事件のように服毒後四〇分以上経っても滝脇のいうように助かる者も生じるが、放置されれば死亡する。生存者の村田正子が意識を失っては回復し、さらに意識を失ってもまた回復することを繰り返し、銀行の外にはい出して助けを、求めることが出来たのもこのためである。

生存者の田中徳和・阿久沢芳子も供述によれば、覚醒と失神を繰り返している。滝沢辰雄・沢田芳夫も一旦生色を取り戻した後、聖母病院で死亡している。このように平衡反応のため、青酸の発生に波が生じ、したがって症状にも波が生じるのがＡＣＨの特徴である。もちろん致死量以上に飲めば、その結果死亡する。

このようなことは青酸カリの一般的な症状では絶対にない。ＡＣＨなどの平衡反応による遅延青酸中毒の一般的症状である。」〔文献Ⅲ⑷⑼〕

確かに意識の消失と覚醒を繰り返すといった特異な中毒症状は、青酸カリでは見られないものである。それに、何といっても青酸カリを犯行毒物としたのでは説明がつかないのは、成人の半分にも満たない体重の吉弘少年が大人と同量飲んだにもかかわらず、すぐには死亡せずに大人と同様の行動がとれたことだ。このことについて、佐伯省氏は次のような仮説を提示している。

「先に毒物が青酸カリなら七歳の少児と成人が同量の毒物を飲まされるはずはない。したがって毒物は青酸カリではないと述べた。では、ＡＣＨではどうなるか。胃酸基礎分泌量のPhをみると、小学学齢期（六歳から一二歳）では平均Ph一・五、成人の平均は一・七で、むしろ小児の方が酸性度が強い。年をとるごとにこの傾向は強くなり、四〇歳を過ぎるとさらに中性寄りになって空腹時に弱酸性が増え、五〇歳を越えると六割の人が無酸性になる。ＡＣＨの平衡反応は、胃内酸度の影響がきわめて強い。したがって学齢期小児の方が大人よりＡＣＨに対して抵抗力がある。七歳の滝沢吉弘が服毒後大人とほぼ同様の行動がとれたのは、このためである。犯行毒物がＡＣＨとみられる有力な証拠である。」（篠原勝「小児の胃内Phの研究」『日本小児外科学会雑誌』第一七巻五号一九八一年八月、八三三頁他）

「また既述のように小児は大人に比べて胃内溶液が少量である。本件の解剖鑑定書を見ると、大人の胃内溶液平均二五〇ccに対し、滝沢少年のそれは一〇〇ccである。つまり、大人の場合は滝沢少年の二・五倍も希釈される。既述のとおり、ＡＣＨは希釈により反応が進み、青酸の発生が多くなる。したがって小児より大人の方が影響を強く受ける。体重その他の不利な条件にもかかわらず、大人と同等あるいはそれ以上の行動が取れたのは、この二つの理由によるもので、ＡＣＨが帝銀事件の犯行毒物である証拠を示すものである。」〔文献Ⅲ(48)(49)〕

私は子どもの頃、親に内緒で青梅を二〜三個食べたことがあるが、これを小児が一五〜六個も食べると死亡すると言われていた。青梅には微量の青酸が含まれてるからだ。ところが、大人が数十個食べても死ぬことはなく、体の小さな子どもがいかに青酸の毒に弱いかがわかる。大抵の子どもがピーマンなど苦みのある食材を嫌うのは、アルカロイド系の毒物の味は苦く、毒物に対する抵抗力が劣る子どもは本能的にそれを避けるからだ。〔文献Ⅴ(1)〕

毒物専門の伴繁雄元少佐らの旧軍関係者が、甲斐文助捜査手記では、青酸カリ犯行毒物説に口を揃えて異を唱えたのは既述のとおりだが、その中で異彩を放っていたのが森村誠一の『悪魔の飽食』などでその名が知られるようになった石井四郎七三一部隊長である。彼は、青酸カリの特性について左記のごとく耳を疑う供述をしている。

「ＡＣＨは分子式はわかるが、自分の部隊では研究していなかったので効果はわからぬ。アンプルを終戦時持っていった者や効果は調べてやる。一口にいって毒ガス。青酸カリは分量によって五分から八分、一時間から翌日と時間的なものはどうにでもできる。研究した者でないとわからぬ。俺の部下に犯人がいるような気がする。君ら刑事が行っても言わぬだろう。一々俺のところへ聞きにくる。一五年二〇年俺の力で軍の機密は厳格であるので、なかなか本当のことは言わぬだろう。参謀本部も手を廻して聞いてやる。」〔文献Ⅱ(5)〕

石井部隊が率いた七三一部隊は、細菌戦部隊ともいわれたことから、無機毒物のACHについて詳しくないというのは、あながち嘘ではないと思う。だが問題は、青酸カリの効果についてである。「分量によって五分から八分、一時間から翌日と時間的なものはどうにでもできる」というのは、公知の事実をまったく無視したデタラメである。

九研二課四班の班長であった高橋憲太郎軍医少佐も「青酸カリは濃度によって石井さんの言うように、何時間でも遅くするようなことはできない」とはっきり述べている。

青酸カリに石井四郎部隊長がいうような細工が可能なら、伴繁雄証人が遅効性の毒物兵器を苦心して開発する必要などなかったはずである。しかし、結局は伴繁雄証人も何らかの理由で青酸カリ犯行毒物説に変節したというわけである。

伴繁雄証人のこの変節の原因は、伴繁雄証人と石井四郎七三一部隊長とは帝銀事件との関わり方が決定的に違うところにある。帝銀事件に関する石井部隊長の証言は当初の捜査段階からすでに事実と異なる点である。このことから推察されるのは、石井部隊長には事件発生当初から何らかの力学が作用していたということである。

現在、生物化学兵器の使用は厳しく制限されているが、旧日本軍が研究開発していた細菌兵器もその一つである。そのための人体実験と実行部隊のトップにいたのが石井四郎部隊長で、本来ならば戦争犯罪人として訴追されてもおかしくない人物である。その石井四郎部隊長が最初から青酸カリ犯行毒物説に沿う発言をしたのは、帝銀事件のカラクリをある程度承知しながらも、それを暴露しないこと引き替えに戦犯から逃れようとしたからではないか。しかも、デタラメな証言や怪しげな誘導言説は臑に疵を持つ旧軍関係者ばかりでなく、医学界も同様の反応を示していたのである。

（4）解剖鑑定書の矛盾する内容

帝銀事件における犠牲者一二名の検死解剖は、事件翌日から翌々日にかけて東京大学と慶応大学の法医学教室で行われた。

東大では、秋山みや子、白井正一、渡辺義康、西村英彦、加藤照子、内田秀子、以上の六名。

慶大では、滝沢リュウ、滝沢辰男、滝沢タカ子、滝沢吉弘、竹内捨次郎、沢田芳夫、以上六名の解剖が行われた。

その結果、東大と慶大の死因判定は青酸塩つまりは青酸カリないしはソーダによる中毒ということで概略一致した。

ところが奇妙なことに、両者は異なる解剖所見から青酸カリによる中毒死と結論づけているのである。青酸カリなどの青酸塩で中毒死した場合、その屍体には特徴的な変化が認められる。まず第一には、屍体表面に現れる屍斑および静脈中の血液の色素が、これは通常は暗紫赤色であるのに対して、青酸カリによる中毒死の場合は、鮮紅色を呈して身体各部の粘膜も同色になる。こうした特異な現象は、次のような理由から発現する。

青酸カリのごとく強アルカリ性の毒物を飲むと、胃内で強酸である胃酸と激烈な反応を引き起こし、青酸ガスが瞬時にしかも大量に発生する。細胞毒と言われる青酸は細胞レベルの呼吸を著しく阻害するため、各組織の細胞は酸素を採り入れることができなくなり、その結果、酸素を多量に含んだ鮮紅色の動脈血がそのまま静脈に移行するため、本来なら暗紫赤色の静脈血が鮮血紅色になる。

このような解剖所見は、一酸化炭素中毒死でもしばしば認められるが、両者の決定的な違いは、青酸カリの場合は、頭蓋内と腹腔内に顕著な青酸臭が残っていて、これが解剖時に感知されることだ。苦扁桃臭という青酸特有の臭いは、専門家ならすぐにそれとわかる。その他、咽喉から胃粘膜に至るまでの気管内壁に浮腫や充血、あるいは出血などのアルカリ性腐食が起こって胃内容物がアルカリに傾く。

これらが青酸カリを含む青酸塩一般の特徴であり、帝銀事件の犠牲者の死因が青酸カリなどの中毒によるものなら、以上の解剖所見があってしかるべきである。

ところが、慶大法医学教室で作成された解剖鑑定書に記載された血液の内部所見および屍斑の色は、ほとんどが暗紫赤色となっていて、青酸カリの特徴とは一致しない。この件について、中館慶大教授は鑑定書の末尾で以下のごとく結論づけた。

「本屍の解剖所見に於いて、青酸塩の中毒屍体にしばしば認められるのみならず、胃内容及び血液中に青酸塩を含有すると化学的に証明するを以て、本屍の死因は青酸塩の中毒によるものである。而して青酸塩の種類は決定できなかった。」［文献Ｉ（４）b］

これは明らかに事実と異なる。血液と屍斑の色が暗紫赤色ということは、血液中に青酸塩（青酸カリとしても同じ）が存在するわけがないからだ。体内から青酸塩が出てきたのなら、当然、頭蓋腔や腹腔から青酸塩特有の苦扁桃臭も感知されたはずである。ところが、そのような記載は鑑定書のどこにも見当たらない。その代わりに、次のような意味不明な記述がある。

「血液と吐瀉物の化学検査において、検屍体六例中五例に酢酸の存在を証明できなかった。」［文献Ｉ（４）b］

ある種の毒物による中毒死の疑いもあったが、その毒物から検出されるべき「酢酸」が見つからなかったので、その毒物による中毒が否定されたというのならわかるが、唐突に説明もなしに酢酸が見つからなかったことを強調する鑑定の意味がわからないだろう。ところがこの取って付けたような鑑定書の記述には意味があったのである。

前掲の警視庁鑑識課の西山技官の「ＡＣＨは胃内のアンモニアと酢酸に分解するが、本件吐瀉物中にはいずれも検出されなかったので、犯行毒物はＡＣＨではない」という、一審公判廷での証言を思い出していただきたい。

すなわち、唐突とも思える酢酸の記述は、ＡＣＨ犯行毒物説を否定するためのものとすれば、納得がいくということだ。このような犯行毒物をめぐる混乱は、次の東大鑑定でも同様に認められる。

東大法医学教室での検死解剖は、六名の鑑定医により行われた。その結果作成された鑑定書の解剖所見を見ると、検屍体の血液および屍斑の色調は慶大のそれとはまったく異なり、ほとんど鮮紅色または淡紅色となっている。

また、胃粘膜について言うと、全例にアルカリ性腐食が認められて胃の皺壁(しゅうへき)は伸展、胃内から顕著な青酸臭が感知されたとの記載がある。これらが意味することは、典型的な青酸塩の中毒所見である。ここまでは犯行毒物を青酸カリとする根拠になるが、この後の胃内容の液性について書かれた箇所になると、少なからぬ疑問符を付けざるを得ない。

所見にあるような、胃の皺壁が伸びきってしまう程のアルカリ性腐蝕が起これば、胃内容の液性も当然アルカリ性でなければおかしい。ところが、これは全例が酸性ないしは弱酸性となっているのである。しかも吐瀉物の液性となると、四例が弱アルカリ性となっている。これもにわかに信じ難い。というのも、同じ胃内から吐き出された吐瀉物と胃内の液性が異なるなど通常ではあり得ないからだ。

ちなみに、慶大鑑定の場合は、胃液性と吐瀉物のそれはほぼ一致している。このことについて、当該解剖の正鑑定人で東大法医学教室の桑島直樹助教授と、解剖鑑定書には名前が表記されていないが同教室筆頭助手の野田金次郎助手や教室員の五十嵐勝弥らは、次のごとく怪しげな説明をしている。

「個体が死んでも臓器の細胞は生きているので、当初胃内の液性はアルカリ性であったものが、死後時間の経過により酸性に変化したものである。」［文献Ｖ(5)］

いかにももっともらしい言い訳だが、実際にはこんなことが起こることはないのである。なぜなら、動物実験によると、青酸が胃酸の分泌をほぼ完全に抑えることが実証されているからだ。これは青酸が胃壁の胃酸分泌細胞を破壊することによるもので、青酸が細胞毒といわれるゆえんでもある。佐伯省も、著書『疑惑』の中で次のように述べている。

「青酸カリなどの青酸塩の中毒の場合、胃内で発生した大量の青酸はまず最初に細胞の呼吸を阻害する。そしてその結果死に至るわけで、つまり臓器の細胞が死ぬことによって個体が生きられなくなる。」［文献Ⅲ(48)］

解剖には直接関与しなかったはずの野田助手や五十嵐教室員らが、なぜこのようにいい加減な証言をする必要があったのか。その理由は、解剖鑑定書の名義人をめぐる不正確さにありそうだ。東大の鑑定書には、正・副それぞれ三名づつの計六名が、左のとおり三組に分かれて剖検を行ったとある。

（一）三木敏之（正鑑定人）・桜井仁（副鑑定人）

（二）越永重四郎（正鑑定人）・中野繁（副鑑定人）

（三）桑島直樹（正鑑定人）・猪野四郎（副鑑定人）

（一）の三木・桜井組が秋山みや子と内田秀子を、（二）の越永・中野組が白井正一と加藤照子を、（三）の桑島・猪野組が渡辺康廉と西村英彦を検死解剖した上、鑑定書を作成したことになっている。だが、これがまったくデタラメだというのである。

佐伯省が、桜井・猪野・越永・中野・桑島ら五人に直接電話でのインタビューを試みたところ、驚くべき事実が判明した。

桜井仁は、大阪高等医学専門学校卒で、事件当時は研究生として博士論文（犬の血液型）を出すため、東大法医学教室に在籍していた。しかし専門は産婦人科で法医学者ではなく、自分が帝銀事件の解剖鑑定人になっていることすら知らなかったという。同じく桑島・猪野組の副鑑定人の猪野四郎は、東大医学部卒だが、専門は桜井同様に産婦人科で、法医学教室には研究生として在籍していたが、法医学者ではない。血液学の研究で博士号をとるのに都合がいいという理由で、同教室に入ったという。桜井同様、自分が鑑定人になっていると聞いて驚き、手伝ったかも知れないが鑑定人になった覚えはないという。越永・中野組の正鑑定人の越永重四郎は、日大医学部卒で専門は小児科。帝銀事件当時は同教室の研究生で、正鑑定人であったことを認めた上で、胃内容の分析も自分でやったという。そこで、その液性について佐伯省が尋ねると、「あれはアルカリだったですよ。青酸塩を飲めばアルカリになる」というので、驚いた佐伯省が「酸性になることはないのですか」と聞いた。すると越永は、「ええ、ちょっと考えられない」と答えたというのである。

既述のように、東大鑑定書の胃内液件は全例が酸性ないしは弱酸性で、アルカリ性との記載は一例もない。

越永と組んで、副鑑定人として鑑定作業にあたったとされる中野繁は、慈恵医大卒で専門は産婦人科。当時は東大法医学教室に研究生として在籍しており、帝銀事件では副鑑定人として出納係の渡辺康廉の解剖鑑定の口述を筆記したと答えた。だが、前掲のごとく、渡辺の解剖副鑑定人は中野ではなく猪野である。ところが既述のように、猪野は鑑定人になった覚えはないと言っている。この点について佐伯省が正鑑定人として渡辺と西村の解剖を行った桑島助教授に質問すると、次のような答えが返ってきたという。

「中野が副鑑定人で、渡辺の解剖を行ったというのが事実で、事件当時の鑑定は教室員が数名いて、名前を交代でだしているわけです。ですから、その時に混乱が起こったんじゃないかと思います。それはけしからんといえばなるほどけしからんですけれども、そこに名前が出ている人も出ていない人も事件にタッチしているんですね。」〔文献Ⅲ(48)〕

桑島助教授は、単に鑑定人の名前を取り違えただけと開き直っているが、本当ならけしからんどころの話ではない。これらの解剖は、高木　検事が事件翌日に解剖鑑定の強制処分を東京地裁に提出したことで、同地裁判事斉藤二郎が各鑑定人を尋問して宣誓させ、実際の解剖には高木一検事と地裁の書記官も立ち会っている。にもかかわらず、鑑定人でもない者の名前が鑑定書に記入されているとなれば、鑑定書の信憑性そのものが疑われるということだ。

それにしても、桑島直樹助教授の言う「そこに名前が出ている人も出ていない人も事件にタッチしている」とは秘密めいた謎の言葉だが、どういうことなのだろうか。

慶大鑑定では法医学教室トップの中館教授がほぼすべての主鑑定人なっているが、東大では同教室トップの古畑種基教授はもとより、筆頭助手の野田金次郎の名前も鑑定書のどこにもない。しかも、桑島を除く全員が専門外のいわば部外者というのは、事件の大きさを考えればほとんどあり得ない話だ。古畑種基教授らは本当に鑑定とは無関係だったのだろうか。

帝銀事件が勃発した一九四八（昭和二三）年一月二七日付毎日新聞紙上に、「ボクは法医学者であるが、帝銀事件に関しては一市民、一新聞読者に過ぎず、立ち入ったことは何も知らない云々」といった古畑種基教授の談話が載っているが、これは悪意ある嘘である。というのは、古畑種基教授の著書『法医学ノート』（中公文庫）には次のとおり書いているからだ。

「帝銀事件発生後検事に呼ばれて現場に行き、また病院に運ばれた生存者にも質問した。しかし同日地方へ行く予定があったので、もう少し調べてみたいと思ったがそのまま神戸へ発ってしまった。ところがその翌日、一二人も死んだので六人は東大の法医学教室で、六人は慶応大学の法医学教室でと半分半分に分けて解剖したところ、結局どれも同じような症状を呈していたそうだ。私は神戸の用を済ませてすぐ帰り、解剖の模様を聞きその毒物検査をするため、内臓をすぐ裁判化学教室に送って毒物の検出をやってもらった。」〔文献Ⅲ(25)〕

古畑種基教授は残された犠牲者の臓器を調べて毒物検査をしており、当該検死解剖に深く関与していたことは間違いない。さらに筆頭助手の野田金次郎に至っては、「当時、いま越永君がやっている監察医務院というのができて、一日に八体から一〇体の解剖をやった。ちょっと忘れた。」としらを切ってデタラメを言っているが、彼のいう監察医務院は帝銀事件から三ヵ月後に豊島区大塚に新設されたもので、どう考えても帝銀事件の被害者の検死解剖と時期的に合わない。

戦時中の野田助手は、軍医大佐として多摩部隊と呼ばれた特殊部隊にいたが、この部隊は悪名高い七三一部隊の支隊である。一九四一（昭和一六）年頃からこの部隊と深い関係の中国南京病院では、ＡＣＨや青酸カリなどあらゆる毒物の人体実験が頻繁に行われていた。

これらの実験には九研の伴繁雄元少佐が日本から出向していたが、高級将校の野田大佐も当然それらの作業に関与していたはずだ。野田助手が帝銀事件での検死解剖に立ち合ったなら、犯行毒物が青酸カリなど普通の毒物でないことはすぐにわかったはずである。もしかすると、検死体の内部所見がＡＣＨ、つまりは青酸ニトリールに合致するのを見て、後で鑑定人から自分の名前を削除したのかも知れない。忖度官僚が得意とする公文書の改ざんである。こうしたことが満更の当て推量でない証左は、解剖鑑定書が完成した日付にある。

検死解剖の鑑定書は、事件解明のため最も重要なものの一つである。したがって、その作成は急務を要する。ところが、慶大法医学教室での当該六体の解剖は、事件翌日の一月二七日からその翌日にかけて行われたにもかかわらず、鑑定書の完成はそれから五ヵ月以上も後の六月八日である。しかも、東大はもっとのんびりしたもので、解剖そのものは事件翌日にはすべて終えていながら、鑑定書の日付は早いもので八月二七日、もっとも遅いものでは、何と九月一七日となっている。

鑑定日付の信じ難い遅れは、平沢（貞通）逮捕の時期が八月二一日ということと無関係ではないだろう。わかりやすく言えば、検死解剖の鑑定結果が、犯行毒物を青酸カリ以外のものにしないための工作に日数を要したということである。

一九四八（昭和二三）年九月六日、捜査の指揮にあたった藤田刑事部長の自宅に捜査関係者が集まり、非公式の捜査会議が開かれた。この会合には、警察関係者は、藤田刑事部長以下、野尾山鑑識課長と西山技官、検察は高木一検事、大学関係では東大の桑島教授と、慶大の中館教授、旧軍関係では伴繁雄元少佐が出席した。

会議の目的は犯行毒物の検討ということで、結果はそれを「青酸カリ」とすることで全員の意見が一致した。会議を主催した藤田刑事部長は、出席者に対してこの会議のことは口外しないようにと念を押していたはずだが、秘密はその日のうちに漏れていた。翌日の新聞で早くもそのことが記事になっていたからだ。［文献Ⅳ（3）］

事件発生当初の旧軍関係捜査では、伴繁雄元少佐は青酸カリ犯行毒物説を完全に否定している、ところが証人尋問では、一転してそれを積極的に認める証言を行った。その理由は、右の捜査会議にあるとしたのは既述のとおりだが、当初の検死鑑定結果も青酸カリの中毒死ではなかった可能性が大である。そうであれば検死鑑定書の矛盾した内容は、彼ら医学者としての自負と良心の現れとも言えなくはない。［文献Ⅱ（4）］

第3章　巧妙に仕掛けられた罠

（1）名刺交換

本書は、平沢（貞通）が帝銀事件の真犯人として、何者かにより嵌められて死刑囚にされたという仮説に、果たして信憑性があるのかという試みとして書き下ろしたものである。

しかし、いったい誰が何の目的で、このような残虐で非道極まりない事件を画策したのか、ということになると、情報が複雑に錯綜していて、とても一筋縄では解けない。風雨が荒れ狂い、道に迷って闇の世界を彷徨う旅人のように、目指すべき方向はわかっていても一寸先さえ杳として見えないのが現実である。

そうした意味では、これからが帝銀事件の核心に迫る本番となるわけだが、平沢（貞通）が容疑者として捜査線上に浮上するきっかけとなった名刺について検証するために、事件前年（一九四七（昭和二二）年）四月二七日に起きた出来事にまで遡ってみることにする。

この日、平沢（貞通）は青森－函館間を結ぶ青函連絡船の一等船室にいた。小樽生まれの平沢（貞通）の生家から東京の自宅に帰る途中だったが、この時平沢（貞通）は、その後の自分の人生を破滅に追いやる招待状を手にすることになった。「厚生省東北地区駐在防疫官」と肩書きがあり、「医学博士　松井蔚」という名前のある名刺がそれだ。この名刺とまったく同じ仕様の名刺が半年後、帝銀事件の未遂事件とされる安田銀行荏原支店で使われたのである。

この事件から平沢（貞通）が捜査線上に浮上したのは間違いないのだが、この名刺はその時すでに平沢（貞通）の手元にはなかったのである。この経緯については後述するとして、平沢（貞通）と松井蔚の出会いは偶然ということになっているが、これは偶然を装った計画的な策謀の可能性が高いのだ。二人が出会った時の様子を平沢（貞通）は、高木一検事の取調で次のように供述している。

「その時船は非常に混んでいて、いつもならば私は事務長を知っているので特別に一室を用意してもらうが、その時は特に混んでいたので一等の四人部屋に五人も寝かされ、ブツブツいっていたので気の毒に思い、ボーイにコーヒーを入れさせ、私が持参した菓子をすすめて慰めてやりました。そしてしばらく雑談したあと名刺を交換し、松井博士は仙台にきたら遊びにきてくれと、名刺の裏に住所を書いてくれました。」［文献Ⅰ(2)］

この青函連絡船での二人の出会いについて、一方の松井蔚の証言は以下のとおりである。

「私の切符は二等でしたが、事務長に私は防疫官であるが、船の消毒についてはどうなっているかといろいろ質問すると、事務長は一等に案内してくれました。その時平沢氏とどういう話をしたか忘れました。名刺の裏に住所を書いたとすれば、私はいつでも万年筆をもっているが大事なことは万年筆で書くので、書いたとすれば鉛筆だと思います。また自分がその時不機嫌であったかどうかも記憶にありません。」〔文献Ⅰ(1)〕

「記憶にありません」とは政治家が国会答弁などでよく耳にするセリフだが、この松井蔚の証言から平沢(貞通)との出会いが偶然でなかったことがわかる。平沢(貞通)は混雑していたので一等の四人部屋に五人が詰め込まれていたと思っていたようだが、事実はそうではなかったのである。松井蔚は二等の切符しかないのに連絡船の事務長に難癖をつけ、平沢(貞通)のいる一等船室にまんまと入り込んできたことを平沢(貞通)は知る由もなかった。

ブツブツ文句を言ったか記憶にないと松井は言うが、文句を言いたいのは平沢(貞通)を含む一等船室にいた他の四人の乗客の方だ。しかしこれも、松井が平沢(貞通)の気を引くためにわざと不機嫌を装ったとすれば、筋書きどおりの話である。不都合なことをすべて忘れたとするのは、不誠実な人間が取る常套手段でもある。

松井蔚が平沢(貞通)に渡した名刺の裏に書いたとされる住所が、万年筆か鉛筆かは重要なことである。これが万年筆だとすると、安田銀行荏原支店の犯行で使われた名刺の裏にはインクの文字がないので、この事件は平沢(貞通)の犯行ではないということになる。しかも、安田銀行荏原支店と帝銀事件は同一犯によるものと断定されているから、平沢(貞通)は帝銀事件の犯人たり得ないということにもなる。松井蔚は「大事なことは万年筆で書くので、書いたとすれば鉛筆だと思います。」と言っている。

確かに当時のような極端に物不足の時代では、万年筆と鉛筆を使い分けて書くことは珍しいことではない。しかし、印象深い挨拶をして「立ち寄ってくれ」といって名刺の裏に自宅の住所を書くほどなら万年筆で書かれてあったのではなかったのか。

「平沢貞通氏は人品の良い立派な服装をした、どちらかといえば、威張って人を見下す処のある人で、立派な芸術家らしい人と見受けました。」[文献Ⅰ(1)]

これは、松井蔚が名刺交換時に感じた平沢(貞通)の印象である。何とも奇妙な人物評だが、かくいう松井蔚とはいったい何者なのか。

帝銀事件当時の松井蔚は五五歳で、平沢(貞通)より二歳年下である。生まれは東北地方の仙台で、仙台工高を卒業後、東大医学部に進んだが、病により仙台医学専門学校への転校を余儀なくされた。その後は細菌研究所に五年程勤め、その間に博士号を取得して東北医大の助教授となった。以後、青森・福島・埼玉の各県で衛生課長として働き、一九四二(昭和一七)年一〇月には第二五軍事政監部衛生課長としてシンガポールに赴き、南方司政官となった。だが二年後には、ジャワ島のパスツール研究所に移り、ワクチン製造の指導にあたった。ここで松井蔚は終戦を迎えて翌年(一九四六年)の五月に復員し、同年七月には厚生技官仙台駐在技官としての官職を得た。

戦後、松井蔚がどのような経緯で右の官職を得たのかわからないが、シンガポール司政官時代の松井蔚の評判は芳しいものではない。というのも、当時の松井蔚には、現地人二百数十人にチフスの予防薬と偽って破傷風菌を注射し、全員を殺害した疑いがあるからだ。この残虐な「事故」について、当時の松井蔚は、「予防薬のつもりが破傷風菌の注射をしてしまったもので、あれは事故だった」と弁明している。

間違いで済むような話ではないが、防疫目的の予防接種なら現地住民だけが対象というのはおかしい。当然、日本の将兵や松井自身にもその必要があったはずである。ところが、現に松井本人はピンピンしており、日本人に死者が出たという事実もない。それとも、日本よりも現地住民を優先的に伝染病から守ろうというヒューマニズムの精神で防疫しようと思ったとでもいうのだろうか。これは明らかに現地人の殺害を目的にした「悪魔の飽食」以外の何ものでもないだろう。

戦時中、松井蔚が在籍したジャワのパスツール研究所は、防疫給水隊との交流が盛んであった。防疫給水隊とは、主に伝染病の予防と浄化給水を任務とする部隊のことだが、これはあくまでも彼らの表看板である。彼らのもう一つの裏の顔は、細菌兵器を用いた細菌戦を実行するための秘密部隊で、その頭目が前出の石井四郎七三一部隊長であった。

帝銀事件発生時、横浜検疫所で庶務課長をしていた厚生技官の森岡某は、かつて陸軍の嘱託として七三一部隊にいたことがあり、松井蔚とは旧知の間柄であった。また、軍医学校の出身で菅原某という人物は防疫関係に明るく住居も同じ仙台ということから松井蔚と親交があり、石井四郎七三一部隊長とも入隊が同期で親密な間柄である。菅原某は後に陸軍第九研究所に転属になったが、帝銀事件の犯行毒物と目される青酸ニトリールはここの二課二班で作られた。このように松井蔚の身辺には、叩けば埃の出そうな胡散臭い人物が少なくなかった。

帝銀事件から二ヵ月後の四月一四日、捜査本部の合同捜査会議の席上で捜査員三三名の大半は、松井蔚と旧軍関係を重点的に洗い直す必要があるとの意見だった。このことからも松井蔚は事件の鍵を握る人物と少なくとも現場捜査員のレベルでは見られていたことがわかる。

警視庁捜査二課で帝銀事件の特命捜査官をしていた成智英雄は、「私は平沢（貞通）は無実であると確信している。帝銀事件が発生してから二一年の間、私はこの事件の捜査に携わった一人として、このことで胸を痛めてきた。年が経つにつれて良心が厳しく私の胸をうつのである。」という書き出しで始まる『平沢貞通〝無実の確証〟』という論説を、雑誌「新評」一九七二年一〇月号で発表している。その中で彼は、松井蔚について次のように興味深いことを書いている。

「松井博士は当時仙台にいてアリバイが認められたが、犯人を知っていて故意に黙秘しているものと思われた。」〔文献Ⅲ(53)〕

松井蔚が本物の自分の名刺を使って銀行強盗するとは考えられないが、それでも何か事件に関与した疑いが持たれていたのは間違いない。行きずりの平沢（貞通）の住所や職業に加え、名刺交換した日付と場所まで手帳に書き記していた松井蔚は、現場捜査員の目にも怪しく映っていたということである。しかし、松井蔚の名刺で平沢（貞通）を犯人に仕立て上げようとしても、事件後にも平沢（貞通）がその名刺を持っていたら計画は台無しだ。そうならないようにするにはどうするかといえば、名刺を平沢（貞通）からわからないように取り戻すしかない。

（2）スリ取られた松井蔚の名刺

松井蔚の名刺を交換してから四ヵ月後の八月一二日、平沢（貞通）は絵のスポンサーでもある佐藤健雄のところへ借金の返済に出掛けた。ところがその途中、日暮里 - 三河島間の電車の中で松井蔚の名刺の入った財布を掏られてしまったというのである。佐藤のところで財布を出そうとした時、はじめて掏られたことに気付いた平沢（貞通）は、帰りがけに三河島駅前交番にスリ被害を届け出た。

この被害届は、交番の金井巡査が受理していた。この時の平沢（貞通）は、自分がスリ被害に遭った証拠として扇子を金井巡査に差し出した。平沢（貞通）は逮捕後の取調では、この扇子は犯人が平沢（貞通）の鞄から財布を抜き取った時、代わりに入れていったものだと主張した。しかし、この件について高木一検事は、第三六回聴取で平沢（貞通）を次のように問い詰めている。

「あれは松本勇次郎という人のものだがね。お前は同じ時間に同じ区間を電車に乗って、降りた時に鞄に挿していたその扇子を抜かれているのだ。そしてお前がその直後に持っていて、警察へスリの遺留品として届けたのだ。お前が抜いたのではないか。」［文献Ⅰ（2）］

これに対して平沢（貞通）は、「いや、私はスリ等決していたしませぬ。知らぬ間に私のオーバーの右ポケットに入っていたのです」と答えたが、高木一検事は「とにかく以上のことで、お前がスリの被害にあったことは認められない」と決めつけた。確かに、財布をスリ取った犯人がわざわざ扇子を内ポケットに入れていくなどは聞いたことがない。しかし、松井蔚がプロのスリ仲間に指図して、平沢（貞通）の名刺の入った財布をスリとって、逆に扇子を内ポケットに差し込むことなど決して不可能ではない。

平沢（貞通）のこの供述が嘘だというなら、なぜ平沢（貞通）がこのような信憑性の疑われる話をデッチ上げる必要があったのか。これこそが財布と名刺はスリ取られたのであり、そのため三河島駅前交番に被害届を出した証左ではないか。

この後で平沢（貞通）は、「松井蔚の名刺を安田銀行荏原支店の犯行に使うために、事前工作のつもりでスラれたことにしておいた。」といった供述をするようになったのだが、これはまったく悪意ある誘導尋問によってデッチ上げられた供述ではないだろうか。というのも、平沢（貞通）から直接スリ被害の届けを受理した金井巡査の証言によると、「被害届には金額等は記載されてありますが、名刺については記録がないんです。もし名刺のことを聞いていれば財布が出た場合、本人の確認ができるので、必ず記入するはずです。」となっているからだ。

平沢（貞通）はこのスリ事件以前にもバスの中で財布をスリ取られている。恐らくは、このスリ犯の目当ても松井蔚の名刺だったのだろう。財布を平沢（貞通）の鞄から抜き取った後で扇子を内ポケットに差し込んだという平沢（貞通）の供述は、恐らくそのとおりだったのだろうと思われる。

その扇子は銀波模様の派手なもので、持ち主のものと見られる「松本」の印と「八重菊」のゴム印が押してあり、誰のものかがすぐにわかった。案の定、当局が報道機関に依頼してその扇子を全国に照会したところ、すぐに持ち主が名乗り出た。扇子は間違いなく自分のもので、平沢（貞通）がスリ被害を出した同日、電車の中でスラれたと主張した。スリ取られた扇子は、プロのスリ犯が平沢（貞通）の内ポケットにそっと差し込ませて何気なく立ち去ったのだろう。

以下は、第四二回検事聴取で、この件について平沢（貞通）と高木一検事のやりとりの続きである。

●高木一検事「君の非常に痛いところだと思うが、どうしても綺麗になってもらわなくてはならないから聞くが、どうして嘘のスリ被害届を出したのか。」
●平沢貞通「あれはそうお聞きになると困りますが、本当にスラれたものですがね。」
●高木一検事「しかし、本当にスラれたものなら立証してあげられるから、本当のスリ被害を言ってごらん。今のままではどうしても嘘の届だと認める他ないが。」
●平沢貞通（黙して語らず）
●高木一検事「言い難いことだろうが、折角ここまで清くなってきたのだから、残さず綺麗になったらどうか。」
●平沢貞通「松井蔚さんの名刺を取られたことを後で言おうと思っていたので、そういう工作をしておいたのです。」
●高木一検事「少し違いはしないか。迎合することは要らない。僕は本当のことを聞きたいのだ。」

被告人は数分間黙したる上

●平沢貞通「借りた金を返す約束があったので、言い訳のためにやった事です。申し訳ありませぬ。」

●高木一検事「それではあの扇子はどうか。」

●平沢貞通「これは本当に私のポケットに入って居たのです。」

●高木一検事「それはどうしても信じられない。僕が斯様なことを聞くのは本当に気の毒だと思うが、それは人間的な心でもう一つ深く本当に神の愛をもって出直そうと、昨晩から思って来た処だ。本当にお前も、今迄のお前を捨て絶対の境地に入らねば駄目だが。」

被告人暫く黙して答えず。

●平沢貞通「出口のホームの階段を二、三段下りた所に落ちて居りました。それがポケットに入った様に届け出ればいかにも真実味がつくと思って届けたのです。私の心はどうしても真直ぐにならないのでしょう。正直にしたいと思いながら片方の方へ引張られるのでしょう。体裁が不可（よく）ないので見栄えが不可（よく）ないのです。」[文献Ⅰ(2)]

高木検事はこの答えで満足したのか、ここで高木検事は話題を変えている。

しかし、平沢（貞通）とのやりとりは何とも奇妙で不可解極まりない。高木検事が平沢（貞通）から聞き出そうとした「本当のスリ被害」とはいったい何なのか。問答の様子からして、それが平沢（貞通）にとって致命的に厄介なことだということは想像がつくが、この時点ではすでに平沢（貞通）は犯行を自白している。ということは、スリ被害のことなど「言い難い」ことでも何でもないはずだ。

ところが、高木一検事は、そのことを平沢（貞通）から聞き出すのは「本当に気の毒」だというのだから、それが生半可な謎かけでないことは間違いない。事件のカラクリを知っている高木一検事が、平沢（貞通）が決定的に困ることを見逃してやる代わりにスリ被害をもっともらしく否定しろと迫っているようでもある。

借金返済を引き延ばすため嘘の届けをしたという平沢（貞通）の供述は、その後の第六一回検事聴取書にも見られるが、いずれも苦し紛れの出任せとしか思われないのである。というのは、実際にはその借金には返済期限などなく、平沢（貞通）が返済を催促された事実もなかったからだ。しかも、その借金の相手というのは平沢（貞通）の絵のスポンサーで、ある時払いの催促なしといった借金であった。これでは平沢（貞通）がスリ被害を捏造しなければならない事情があったとは考えられない。もっとも、第六一回検事聴取書の担当検事名は、高木一検事ではなく、出射検事となっているのだが、第六〇回、六一回、六二回のこれら最後の三通の検事聴取書には偽造の疑いがある。これについては第一章（七）で述べたとおりである。

（3）松井蔚名刺はなぜ安田銀行荏原支店事件で使われたのか

帝銀事件の前年一〇月、これによく似た事件が品川区平塚の安田銀行荏原支店で発生した。これが荏原事件といわれるもので、松井蔚の名刺はこの犯行で使われた、第三六回検事聴取で平沢（貞通）は、この荏原事件で松井蔚の名刺を利用した理由を次のように説明している。

●平沢貞通「ピストルにかわる薬を用いれば楽だろうということを思いついて、丁度松井（蔚）の名刺を持っていたことを思いついたものですから、伝染病にかこつけてやる気になったのです。」

●高木一検事「松井の名刺は帝銀で使っておらぬではないか。」

●平沢貞通「はい、医学博士の肩書きもあるし信用するだろうと思ったのが誤りのもとでした。私一人下馬（世田谷区下馬）の伊藤梅吉の処に居たときからでした。」

●高木一検事「本物の名刺を使ったら足がつくと思わなかったか。」

●平沢貞通「そこまで考えておりませんでした。」

●高木一検事「だけど熟知の人の名前なら使えないだろう。」

●平沢貞通「幸い一回しか会っていませんでしたから、考えずに使いました。」〔文献Ⅰ(2)〕

こんな馬鹿げた話は信じられない。警視庁の捜査記録中に「松井と直接名刺交換した者の中には容疑者はおらず」とあるが、捕まれば極刑は免れない犯行にあっては、こっちの方がまともな見解というものである。

しかし、高木一検事はやはりここでもこれ以上の詮索をしていない。平沢（貞通）は松井蔚の名刺の裏には、松井が自ら自宅の住所を鉛筆で書いたといい、一方、松井は鉛筆だろうと証言したとは既述のとおりだが、実際に警視庁が鑑定した松井蔚の名刺の裏は左記のとおりの文字である。

（一）板橋町練馬安田銀行（二）板橋練馬安田銀場（又は湯）（三）板橋町安田飯場（又は湯）。「板橋安田飯場（又は湯）」は（一）、（二）、（三）に共通してよく認められるが、「練馬」と「町」は出たり出なかったりで判然しない。その他多数の文字と鉛筆で書いたものを消した跡がある。［文献Ⅰ（1）］

右の鑑定結果からいえることは、安田銀行荏原支店の犯行に使われた名刺の裏から松井蔚の仙台の住所は確認されなかったということである。ということは、平沢（貞通）が持っていた名刺と犯行現場に残された松井蔚の名刺は別物だといえなくもない。これは、平沢（貞通）にとって有利な材料となり得る。ところが平沢（貞通）は、一審公判でこの鑑定について不可解な主張をしている。

●**裁判長**「どういう訳で鑑定を頑張ったのか。」

●**平沢貞通**「私のスラれた（名刺）を犯人が使ったのなら、裏に住所が出てくるはずだから、それを確かめるために赤外線写真を撮ってくれと頑張ったのです。」［文献Ⅰ（1）］

裁判長ならずとも聞きたいところである。平沢（貞通）のスリ被害が認められていたのであれば平沢（貞通）の主張はわからないではないが、もし鑑定で松井蔚の住所が出てくれば、その名刺を持っていた人間が真犯人にされてしまうという常識的判断を平沢（貞通）は持ち合わせていなかったとでもいうのだろうか。否、恐らくそうではなく、平沢（貞通）にはそうまでしてでも確かめたい何かがあったというべきだろう。しかし、それが何なのかが問題である。

（4）安田銀行荏原支店事件での殺意の有無

安田銀行荏原支店事件の犯人は、素顔丸出しで犯行に及んだばかりでなく、そこから足がつきそうな名刺まで銀行に残していった。犯人の、一見無謀ともいえる行動の理由は何だったのか。まず考えられることは、どうせ皆殺しにするのだから目撃者や名刺のことなど、犯人が気にする必要をまったく感じていなかったということだ。しかし、実際には誰も死亡することはなかった。というより、最初から毒殺の意図そのものがなかったのではないか。これは犯人が第一薬と称して行員たちに飲ませた液体（判決では青酸カリ水溶液となっている）の分量からもそういえる。犯人の殺意について、安田銀行荏原支店の行員一七名の一番での証言は、左記のとおりである。

渡辺俊雄「茶碗にちょっぴり、茶さじ三分の一くらいでした。」
市川澄「一～二滴でした。」
高坂鉄二郎「私のは滴らした一滴もない程でした。」
小林圭介「茶さじ一杯位でした。」
佐藤正夫「量はほんの少しで、茶さじの先に一寸のせた位です。」

鈴木利雄「量は非常に少なく茶碗の底に食っついている程度で、小さい茶さじに一杯位と思います。」
小沢隆治「私のは目薬の一滴位で……。」
高山光正「量は茶碗から滴らして一滴位の程度です。」
富永弘「量は極少量、一cc位でした。」
小沢明子（旧姓佐藤）「ほんの少しで茶さじ一～二杯位でした。」
神津安子「量は小さい茶さじで二杯位でした。」
武田操子（旧姓中根）「量はほんの一～二滴でした。」
木船芳子（旧姓窪田）「二たれです。茶碗をかたむけてしばらくしないと落ちてこない位で、かろうじて飲める程度でしたから、首を後ろに曲げて飲みました。」
富田智津子「量は皆多少あった様で、私のは非常に少なくほんの一滴位でした。」
富士富栄「分量はまちまちで、私のは一番少なく、一～二滴でした。」
若林せつ子「量はほんの少しで茶さじ一杯位でした。」［文献Ⅰ（1）］

このように、行員たちが飲まされた液体は極端に少量である。しかも、わずか一滴にも満たない量から茶さじ一～二杯と、配られた液量にはかなりのバラつきがある。この液体は青酸カリの水溶液となっているわけだが、これがティースプーンで一～二杯なら致死量になるかも知れない。だが、たった一滴、ないしは一滴にも満たない量では殺害に十分とはいえない。青酸カリの致死量は、個体差があるが〇・三グラム程度とされる。ただし、これはあくまでも結晶状態での量で、水溶液なら当然分量はもっと増える。安田銀行荏原支店の犯人が本気で行員全員を毒殺しようとしたなら、確実に殺害するための分量を多めにしたはずである。

この点について、平沢（貞通）は、

「中身が固まっていてうまくいかず、耳掻き一杯位しかとりだせなかったが、青酸カリは針の先程でも人は死ぬと思っていたので、それを水で溶かして……。」〔文献Ⅰ⑵〕

などと、高木一検事に答えている。これに対して、高木一検事は、

「耳掻き一杯では死なぬ、俺も嘗めてみた。」〔文献Ⅰ⑵〕

と言っているが、確かに行員全員分としては少な過ぎる。というより、そもそも青酸カリの致死量など基本的知識がまったくない平沢（貞通）が、青酸カリを用いた犯行を二度三度と繰り返そうとしたこと自体、まともな話として聞く方がどうかしている。

しかし、平沢（貞通）は最初から犯行毒物を青酸カリとしたわけではない。自供を始めた当初は、犯行毒物を「濃塩酸」や「希塩酸」などと出任せを言っていた。その後、右の「耳掻き一杯」の青酸カリになったのは、第四九回の検事聴取からである。以下は少し長くなるが、その供述ぶりを見てみよう。

安田銀行へは前に二回行ったことがあります。第一回目は昨年九月中頃で第二回目は一〇月一二日だったが、その二週間前位に、自宅の押入の画嚢の中に隠してあった青酸カリを取り出しましたが、中身が固まっていてうまくいかず、耳掻き一杯くらいしか取り出せませんでしたが、青酸カリは針の先程でも人は死ぬと思っていたので、それを水に溶かしてその他水だけのビンを用意しておき、一〇月一二日の朝一〇時頃、茶の格子縞の背広にゴムのダルマ靴をはき、鞄を肩にかけて自宅を出発しました。安田銀行に入ると、客溜まりに客が二〇人程いてガヤガヤしているのが目にとまったので、これは大変だ、ああそうだ、今日は土曜日だったと思い、そのまま戻ってきました。第三回目は水だけを入れ替えて前回と同じ服装で確か早昼を食べて自宅を出て、途中前の家の表札を再び見て頭に入れ、途中腕章を取り出して右腕に嵌め安全ピンで止め、改正道路を出てから向こう側の銀行の表戸が閉まっておりましたから、ああ丁度良いところと思って横口から中に入り、そこは六畳間位の土間の小使室らしいところで、四五～六歳の男と思う小使らしい人がいましたが、ポケットに準備していった松井博士の名刺を取り出し、支店長に面会を求めると、しばらくしてその男が戻り営業室に案内しました。中は相当大きな営業所で、二〇人位の行員が残務整理をやっていて、銀行も消毒しなければならない。消毒は銀行全部とオールメンバーとかオールマネーとか、何とかオールを使って、人やお金や帳簿や伝票もみな消毒しなければならないから、今日使ったものは全部そのままにしておいて下さいといいますと、支店長はビックリした様子でしたが、別に不審に思った風もなく承知して下さいました。それから、出されたお茶を飲みながら箔を付けるために、私もう体がクタクタですよ、何しろ水害地の方へは行かなければならないし、あっちで散々使われてまたここでしょう。休む暇がないのです、全くたまりませんよ。というと支店長は何か水害地の話をしましたので、私は適当に相槌を打って五分程して、私は消毒班のくる前にとに角皆さんの健康を何とかしなければなりません。そのために特に私が来たのです。オールメンバーに進駐軍のとても良い予防薬がきましたから、それを一口宛皆様に飲んでいただかなければなりませんが、これはちょっと飲み方が難しいのですから私が先に飲んでお目にかけます。その通り飲んで下さい。よく説明しますから、まず皆さんがあるだけのコップか茶碗を出して下さい。というと支店長が傍らの次席らしい人にいいつけて、その人が立って小使か給仕に茶碗を持ってこさせました。木の丸盆に茶碗が一四～一五ケ出たので、念のためこれで人数だけありますねと聞いたら、次席らしい人が、〝区役所に行っているのがいるのですけど〟と言ったので、私は出ている人は良いのですよと言って、鞄の中から薬のビン二本とケースを出し、支店長が次席に皆さん集まって下さいと頼んだら、何人かは私の傍らに来たように思います。それから私は小さい方のビンを持って、こっちの薬を飲んで二分経ったらこっちの薬を飲むのです、と大きいビンを指した上で、この薬は相当強い薬ですから歯につくと歯の琺瑯質を傷めるから、一度に奥の方に注ぎ込むようにして飲んで下さい。そして二分経ったらこの中和の薬をうがいするようにして飲んで下さい。そうすれば歯は大丈夫です。それじゃあ私が最初に飲んでお目にかけますからねと言ってスポイトを出し、青酸カリのビンの栓を取り少し傾けて、これに親指（拇）と示（差）指で硝子の元の方を手の中に隠してビンの口へ持っていき、薬まで届かぬように加減しながらなるべく深く先を入れながら、ビンの口許を動かしてゴムを動かしたような格好をして、吸い上げたふりをしてビンの口許からスポイトを離さず机の上に置いて、すぐ自分の茶碗の方へ手早くスポイトの先を移し、またこれを右手に持って少し上へ上げて、中がみえないようにしながらゴムを押さえて、大袈裟にしぼり出したような格好をし、右手の茶碗を人から見えないようにして、なにもない茶碗を下に手近に引きつけて、中を覗かれないように気を配りながら、今度は右手で同じ格好で本当の青酸カリのビンの中から液を吸い上げて、盆の上に各自の茶碗に次々と注いでやったのです。注ぎ終わって私は、自分のそのダルマ型の茶碗を高く持ち上げて、ではお目にかけましょう、舌をこういう風に歯の上まで出してといいながら、舌で前歯をカバーするようにして何もない自分の茶碗から液を飲んだふりをして、すぐ支店長の横の壁にかかった丸時計を見て、二分経ったらこっちの薬を飲みますからね、と自分の茶碗に大ビンの水を入れて飲んでみせ、それじゃあ皆さん飲んで下さいと、支店長がまず自分のを取ってのこりをお盆ごと各自に廻しました。私は一斉に飲んでもらうために時計を見ますからと言って待たせ、全部が茶碗を持ったのを確かめた上、はいよろしいですといったら、一回言われたようにグッと飲み乾しました。それから茶碗を集めさせて、今度は水の方を直接ビンから注いでやりましたが、この時遠くの人には徹底しなかったので、私の方から足を運んでやったような気がします。注ぎ終わった頃丁度二分になりましたから、さあお上がり下さいというと、皆私のいう通りうがいをしながら飲みました。私は席に戻り何か支店長と話しをしながら五〜六分様子をみていましたが、別段何の変化もないのでこれはこまったなあと思っていると、そこへ小使部屋の方から二七〜八歳のメガネをかけていない巡査が一人入ってきて、私はハッとしたがどうする考えもまとまらないうちに、ツカツカと私の側へ来て、集団赤痢ですってね、どこですかというから、私は努めて平静を装って、私は厚生省の松井です、まだ交番に連絡がないのですかと患者の家の番地と名をいい、その前に行けば消毒班の自動車もジープもいるからすぐわかるから行ってごらんなさい、といったら巡査はすぐ元の場所から出て行きました。私は嘘をいったのですから巡査がすぐ引き返してくるに違いないと思い、すぐ逃げ出そうと思ったのですが、すぐでは怪しまれると思い、一分経った時独り言のように、どうしたろうなあ遅いなあ、行って呼んでこようかしらといって立ち上がり、支店長にちょっと呼んできます、すぐまた来ますからと告げて、ビンやケースの入った鞄をつかみ軽く挨拶して、元の口から外へ出て足早に交番と反対の方に出て、その後はオロオロして全然記憶がありません。［文献Ⅰ(2)］

以上が安田銀行荏原支店の犯行に関する平沢貞通の供述とされるものだが、後に平沢(貞通)は獄中で、

「真犯人は帝銀事件を作文した高木一検事なのです。」［文献Ⅴ(9)］

と支援者に訴えている。

つまり、この供述は高木一検事の作文ということなのだが、確かにこの他のものとは明らかに口調が違う。しかも、これだけの長文になる供述を一度に行ったというのも不自然である。青酸カリの水

溶液を行員たちに飲ませる前、信用させるために自分が最初に飲む振りをした、という箇所もいかにも怪しげだ。第一章の（二）でも触れたが、最初に犯人を疑っていた用務員の小林を除くと、支店長以下全員が犯人の堂々とした態度に騙されている。したがって、供述にあるような犯人を信用して得体の知れない液体を飲むだろうか。また、青酸カリを飲ませた後で「水」を飲ませる理由の説明もない。

右の供述では、行員たちに青酸カリを飲ませたのは巡査が来る「前」となっているが、これは当時の捜査記録（二月四日付『刑捜一発』二〇四号）に「犯人は巡査が帰った後で薬を飲ませた」と明記されているのと異なる。また、左に掲げる一審公判廷での行員たちの証言とも合わない。

●小林圭介「皆一斉に飲むということでしたから、そんなことは一応聞いて見た方が良かろうと思ったので、私が飲む前に一人抜け出て、銀行から一丁位離れている平塚交番に行って飯田巡査に、今、三丁目に伝染病が何処に出たのですかと聞いてみたのです。犯人は唯三丁目と言ったし、三丁目と言うと銀行のあるところが平塚三丁目ですから、銀行の近所かと思って聞いたのですが、同巡査は平塚三丁目には（そのようなことは）無いが小山三丁目かもしれないと言って電話で聞いておりましたが、矢張り無いということで、それでは一緒に銀行に行くからと言って、私は内緒で来たのだからと言ったのですが、私の後ろからついて来ました。銀行に帰ってみると、未だ薬を飲まずに居て、同巡査は犯人に、伝染病はどこだと聞きますと、小山三丁目だと言ったらしく、巡査はそう信じて帰って行きました。」

●裁判長「それから薬を飲んだのか。」

●**小林圭介**「左様です。私にも注いでくれましたが、飲む気がしなかったので、飲む振りをして後ろにかくして、手にたらして、その手をズボンで拭いてしまいました。皆んなは飲んだようで、後ろで苦しいとか言って水道のところに来ておりました。それから第二回目は犯人が注いで廻りましたが、私はそれも飲みませんでした。」

●**富田智津子**「薬を注いで皆に配ってから支店長が皆揃ったかと聞きました。すると誰かが小林小使が居ない、便所に行っているのだろうというので待っておりました。そしてまもなく小林が来ましたが、その後から巡査も来たのです。みな茶碗を持って席に立っている時でした。」

●**裁判長**「巡査が来たので狼狽(うろた)えて止めるといった様子はなかったか。」

●**小沢隆二**「ありません。元々あやしい等という気持ちはなかったし、巡査が来てもすぐ帰って行きましたから、一層疑念は起きませんでした。」〔文献Ｉ（1）〕

安田銀行荏原支店からは、一七名の行員全員が一審公判廷に証人として出廷しているが、このうち一二名は、「巡査が帰った後で犯人から薬を飲まされた」と証言しており、「巡査が来る前」と証言したのはわずか四名だけである。

小沢隆二と鈴木利雄は、五月一四日（帝銀事件の四ヶ月後）付の検証調書でも、「犯人が飲み方を説明した時に、交番の巡査が犯人と何か話をして出てきました。私達は犯人(ママ)が来たために却って犯人を信用する結果になり、犯人の言う通りその薬を飲みました。」と述べている。「犯人(ママ)」というのは「巡査」の間違いと思うが、他方、「巡査が来る前」と証言した四名についてはどうか。こちらの証言は少しばかりあふやである。

●武田操子「薬を飲み終わって間もなく巡査が来て、その男と二言、三言話して、すぐ巡査が帰って行きましたが……。」

●高山光正「第一薬を飲んで第二薬を飲む間だと思いますがその点判然としません。」

●渡辺俊雄（支店長）「それは薬を飲んだ後ではなかったかと思いますが判然としません。」

●倉田佳子（渡辺と同様の証言）［文献Ⅰ（1）］

以上だが、支店長の渡辺は、事件後間もなくの社内報『即報』には「巡査が来てから薬の説明があり、服用した。」と右証言とは正反対の談話を載せている。したがってこれらの話を総合すれば、結論は自ずと「巡査が来た後」とならなければおかしい。ところが、控訴審である東京高裁の第二審となると、これらの証言は驚くべき変貌を遂げた。なんと「巡査が来た後」という証言すべてが、忽然と姿を消してしまったのである。この件について、二審判決書にある小林圭介の証言をみてみよう。

当審証人の小林圭介の当公判廷における証言は、

「私は昭和二十年十月から昭和二十三年六月まで、安田銀行荏原支店の小使をしていたが、昭和二十二年十月十四日午後三時半頃、荏原支店の小使室にいると、東京都の防疫官という腕章をつけた見知らぬ男が、裏の通用口から入ってきて、集団赤痢が発生し、もう十五分たつと消毒班が来るから、支店長に話してもらいたいと言って名刺を差し出した。それには厚生技官松井なんとかとあった。私はその名刺を持って、その男を小使室に待たせた侭、支店長の処に行き、こういう人がこれこれの用件で見えたが、どうするかというと通してくれということであったから、その男を支店長の席へ連れて行き、小使室へ帰った。それからその男は支店長となにかを話していたようだったが、薬を飲むということで、給仕が茶碗をお盆に入れて事務室へ行った。銀行では誰か、裏の人も薬を飲むのだから、部屋に来てくれと言って来た。それで私も事務室へ行くと、支店長の前の机と脇の丸卓の上に、先の茶碗があって、付近に豪が二〜三本のっかっていた。私はその男が茶碗に薬を注ぐ時は見なかった。その男は支店長の方を向いて、丸卓の傍らに座り、ほかの人は皆各自の机の前に立ったりしていたが、私は事務室に入って右手にある金庫から数え、三つ目位の机の前辺りに立っていると、お盆に入れた茶碗が廻ってきたので受け取った。茶碗には薄い色の液が杯に半分位の量入っていた。その薬は赤痢の予防薬で歯を痛めると聞いたが、その飲み方を教えたところは見なかった。それで皆は大体一緒に薬を飲んだが、私は飲む気になれなかったので、皆のするように飲む真似をして茶碗の中の液を手に注ぎ背後に廻して拭いてしまい、小使室に帰った。それから一応お巡りさんに聞いてみようと思い、近くの交番に行き、こういう人が集団赤痢が出たと言って来たかと確かめると、お巡りさんは、こちらでは聞いていないとのことで、銀行へ行って聞こうと言って、私のうしろからついて銀行に来て中に入り、その男と何か話をして帰った。その後間もなくその男は小使室の前を通って出て行った。その男は後から消毒に来ると言っていたが、来なかったので、騒ぎになった。その男のつけていた腕章は白い

布地に東京都防疫班とか防疫官とあったように思う。年は私より上で五十前後と思った。」〔文献Ⅰ（1）〕

以上は二審公判廷での小林圭介の証言ではなく、一審での証言の要旨をまとめたものであるが、なぜここでは、行員たちが犯人から「薬」を飲まされたのが「巡査が来る前」になってしまったのか。確かに、警察官がいつまた戻ってくるやも知れぬ状況下で、犯人が「青酸カリ」を行員たちに飲ませるなどという話は、冗談でもあり得ない。だが、この時の犯人が第一薬と称した液体を、「青酸カリ」とするからあり得ないので、これが人畜無害のものであったなら満更あり得ない話でもない。これなら、犯行途中で警察官が来ようがどうということはなく、警官を追い返した後でも堂々と「犯行」を続けることは可能である。これは、前節で取り上げた「薬」の量が極端に少量で、各自の分量もまちまちでいい加減だった理由でもある。

（5）控訴審での証言改ざん

一審判決では、安田銀行荏原支店の事件の犯人を躊躇なく平沢（貞通）と断じているが、これを反証するため、二つの疑問点を抽出して検証する。

まず一つは、犯人の腕時計のはめ方についてである。男の場合、腕時計は左手首に文字盤を手背側、つまり「外側」にしてはめるのが普通である。ところが平沢（貞通）の場合はそうではなく、文字盤を手掌側、すなわち「内側」にしてはめている。このような変わったはめ方は、荏原支店事件と帝銀事件では犯人が自分の腕時計を見ながら行員たちに「薬」を飲ませる時間を計っていることから、犯人の目立った特徴とも言える。ところが不思議なことに、帝銀事件の生存者四名中、吉田武次郎支店長代理と阿久沢芳子の二名は犯人が腕時計を「内側」にしていたと証言しているが、荏原支店事件関係では「内側」とした証人は一人もいなかったのである。この件で「内側」ではなく「外側」としたのは、渡辺支店長はじめ高坂、市川、小沢（隆治）、佐藤、富永、木船、若林、神津の九名で、鈴木、高山、小沢（明子）、武田、倉田、富士の六名は、犯人が腕時計をどのようにはめていたのか記憶していない。倉田と富士は、時計が腕時計か懐中時計だったのかもはっきり覚えていない。犯人の腕時計そのものに気付かなかったのが、富田と用務員の小林であった。

以上の証言から言えることは、犯人が平沢（貞通）なら、この日に限って腕時計を普段とは違うはめ方をしていたことになる。腕時計を「内側」にすると目立つから犯行時には「外側」にしていたとも言えようが、それではなぜ平沢（貞通）は帝銀事件でも同じようにしなかったのか。このような当然の疑問を解消するには、証言そのものを証人の「思い違い」としてしまうのが一番てっとり早い方法で、実際、その通りになったのである。以下に、この件に関する荏原支店事件の証人たちの証言が、一審と二審の判決でどのように変化したかを示す。

渡辺俊雄

（一審）左腕外側の腕時計を見て……。

（二審）男は時計を見ながら……時間を見て……。

市川澄

（一審）左腕外側にはめた腕時計を見て……。
（二審）その茶碗を配ってから皆同時に飲んだが、それは第二薬を飲む関係から……。

高坂鉄二郎

（一審）左腕の外側にはめた自分の腕時計を見て……。
（二審）時計で時間を見て……。

神津安子

（一審）自分の腕時計を見て……外側だと思います。
（二審）時計で時間を見て……。［文献Ⅰ（1）］

さすがに「外側」を「内側」には変えられなかったのか、その代わりに腕時計そのものが忽然と姿を消してしまった。これが何を意味するのかは改めて説明する必要はないと思うが、この事件では不審な証言がもう一つ。犯人の人相風体に関する目撃証言である。これについて、安田銀行荏原支店事件の証言を要約すると次のとおりである。

「犯人は年齢四十五～六歳、背丈は五尺三寸（約一メートル六〇センチ）位の中肉中背、丸顔で左頬の下の顎に近いところに腫れ物の治療痕らしき傷があり、髪は五分刈り（丸刈り）の少し伸び

た白髪まじり。」〔文献Ⅰ(1)〕

実際のところ、この犯人と平沢（貞通）はどの位似ていたのか。事件当時の平沢（貞通）は五七歳だったが、見た目にはそれより一〇歳くらい若く見えたという。したがって、証言の年齢との食い違いはさして問題にはならない。左頬の傷痕というのも、その頃の平沢（貞通）にも同様の傷があった事実と合致し、目鼻だちも良く似ていたようだ。となると、人相からは両者が同一人である可能性は低くない。だが、そうとばかりも言えないのである。というのも、人の顔を記憶しているというのは、特別特徴的でなければ目・鼻・口・耳などの細部ではなく、顔全体をイメージとして覚えているからだ。試しに自分の近親者の顔を思い出してみればそれがよくわかる。顔の細部については、意外と不確かな記憶に驚くことだろう。それでも身近な人間なら、余程のことがない限り顔を忘れてしまうことはない。顔全体の印象をしっかりと覚えているからだ。では、これが初対面の人間ならどうだろうか。しかも、会ってから一〇ヵ月も経ってからである。安田銀行荏原支店事件の渡辺支店長は、平沢（貞通）が逮捕された直後の面通しで次のように述べている。

「平沢貞通を見たときは似ているがどこか違う、確信が持てない。大体間違いないと思う。しかしまだ違うところがある。どこというわけではないが。」〔文献Ⅰ(1)〕

要するに、全体のイメージが合わないということだろう。しかし、これが一審公判廷での証言では様相が一変する。

「同一人だと思います。白髪の具合、瞼、目、鼻筋の通ったところ、それから当時気をつけて見ておりましたが、手のすんなりした具合や立って歩く時の背の高さ、それから声も記憶と合っております。」〔文献Ⅰ(1)〕

さらに、これが二審の判決文では。

「その男と平沢貞通とは頭の毛の色や、顔の皮膚の色、目で見た高さの感じが、薬を注いで廻った時の感じと同じで、また平沢貞通の声を聞いたりして、同一人物だと断言する。」〔文献Ⅰ(1)〕

支店長としての責任感が、渡辺をして右のような証言をさせたのだろうが、法廷で平沢（貞通）の声を聞いて同一人物と断定したというのは本当なのだろうか。

この裁判の様子を撮影した当時の映像を見る限り、平沢（貞通）の声は弱々しくどちらかと言えばカン高く聞こえる。これは、緊張の余り多少声がうわずったとも考えられるが、そうなら二十人もの人間を毒殺しようとした安田銀行荏原支店事件でも、同様に緊張していたはずである。即ち、安田銀行荏原支店事件の犯人の声と法廷での平沢（貞通）の声の調子はほぼ同じということになる。渡辺支店長はこれが同じだと証言しているわけだが、他の証人たちはどうであろうか。

左は一審公判廷での証言。

●**佐藤正夫**「似ていません。その時来た男の声はコーラスのバスの様な重々しい声でしたが、平沢貞通の声は弱々しいです。」

●**小沢明子**「銀行に来た男は平沢貞通よりもっと低い感じがしました。」

●**富士富栄**「声は少し違うようです。」〔文献Ⅰ(1)〕

このように、安田銀行荏原支店事件の犯人と平沢(貞通)の声はやはり違うようだが、声の調子は状況によって変化することはあるので、これだけでは両者を別人と決めつけることはできない。しかし、顔の形も違うとなるとどうだろう。平沢(貞通)の顔で特徴をあげれば、下顎の輪郭がいわゆる〝えらの張った〟ところである。

渡辺支店長の証言には犯人の顔の輪郭についての記述はないが、交番に連絡した用務員の小林圭介は、「大体丸顔だと思っていたのですが、被告人の顔は丸顔ではないのです。」と一審で証言している。小林圭介と同様の証言は、武田操子の「銀行に来た男は平沢(貞通)よりももっと面長であったと思います。……ほお骨が出て、角張っているところは違いますが、それ以外は似ていると思います。」や、神津安子の「角張ってはおりませんでした。」がある。

声や顔の輪郭の違いが決定的な反証になることはなさそうだが、それでもこれらは平沢(貞通)にとって有利な証言とはなり得る。

本来、近代法に裏打ちされた裁判の本領は真実の解明にあり、裁判官の職業倫理に基づく「良心」がそれを保証する。そこでは有罪の証拠ばかりでなく、無罪の証しとなりそうな事柄にも細心の注意を傾ける必要が当然のごとく生じる。ところがこの事件の控訴審は、有罪の反証となり得る証言や不合理性をことごとく無視するか書き替える、といった恐怖裁判の様相を呈していたのである。

二審の判決書では、「原審●●回公判調書中、証人××の供述として」と断った上で、一審の証言を引用している例が少なくないのだが、ここでは平沢（貞通）の有罪をもっともらしくするため、意図的な改竄が行われている。

一審で鈴木利雄は、「ほぼ似ております。非常に似ているとは言えません。体つきの印象が主として似ております。……しいて言えば銀行に来た男は鋭い感じはありません。……一応というよりもっと弱い感じです。」と証言しているのだが、これが二審の判決書では「その男と平沢（貞通）とは、時間が経っているので断定的なことはいえないが、大体の感じとしてはほぼ似ている。」となる。このように否定的な部分はすべて削除し、肯定的なところだけになっている。また、一審での小沢明子の「唯その時来た男はもっと目が鋭く淋しい感じがしましたが、被告人はやさしい感じがします。」や、犯人の声のことでも「銀行に来た男は平沢（貞通）のよりもっと低い感じがしました。」と否定的な証言は、二審の判決文ではすべて姿を消してしまった。そして極めつけは、小林圭介の「第一印象はハッと思う程良く似ているのですが、段々見ている中に、新聞等で見ているのでこれが本当の人だろうか、違うだろうかと言う様に思われて来たのです。」とある一審の証言が、二審の判決では「第一印象はハッと思う程良く似ているのだが、段々見ているうちに、新聞を見ているため、平沢（貞通）

が犯人だろうか迷うようになった。」と証言の改竄が行われたことだ。

前述の「声」や「顔」の輪郭の違いといった、平沢（貞通）と安田銀行荏原支店事件の犯人が同一人物であることに否定的な証言も、当然のごとく二審判決書のどこにも見ることはできない。これでは平沢（貞通）有罪ありきの裁判とのそしりは免れないと思うが、平沢（貞通）弁護団の一人、向山義雄弁護人も、判決の違法性を二審判決書の三五九ページで次のように指摘している。

「判決書に被告人が非犯人と目されるべきことを、特に除外して犯人らしくしていること、偽造変造された調書を判決中に証拠として採用していることは、いずれも憲法第七七条違反であり……。」〔文献Ｉ(5)〕

向山弁護士の言う「偽造変造された調書」とは、第一章（七）で取り上げた検事聴取書のことだが、この指摘に対して二審の近藤隆蔵裁判長は、裁判官として根本的な資質が問われる答弁を二審判決書の三六六ページで行っている。

「有罪の判決には罪となるべき事実と証拠により、これを認める理由を要するのであるから、証拠を取捨選択して有罪と認めるべき証拠を判決に挙示することは当然である。」〔文献Ｉ(5)〕

答えに窮して開き直った揚句の発言と思われるが、無罪の反証になりそうなものは全て無視し、有罪の立証に役立つものばかりを集めて判決を下してははばからない。このような裁判官の鉄面皮ぶりはいったいどこからくるものなのか。

帝銀事件の初公判からわずか一ヶ月足らずの後、新しい刑事訴訟法が施行された。刑事訴訟法の新・旧の違いについては第九章で詳しく述べるが、一口にいえば、旧法下での裁判の方が被告人にとっては圧倒的に不利ということだ。それは帝銀事件の裁判で裁判官や検察官の言葉遣いからも察せられる。要するに、彼らの口調は時代劇の「お白砂」裁きを彷彿させるもので。ここでは取調べる側と被告人との上下関係がはっきりわかる。

事件当時の占領下の日本ではGHQによるさまざまな政治的干渉が、日本の民主改革の旗印のもとで行われたことは紛れもない事実である。にもかかわらず、日本中が注目した前代未聞の大量毒殺事件の裁判が、旧刑事訴訟法下で行われたのはなぜか。わずか一ヶ月の時間差であれば新法下での裁判は可能だったはずであるにも拘わらず、GHQが新法の適用を促す動きをみせることはなかった。もっとも、旧法下での裁判の方が彼らにとっては都合が良かったなら、怪しむべきことは何もない。

（６）不可解な詐欺事件――払戻金の横領

銀行強盗はアメリカなど西欧諸国で多く見られるもので、戦後の混乱期にあっても日本では稀な犯罪だった。さらに、そこに大量毒殺という猟奇性が加わったことで、新聞報道は連日のトップ記事をこの事件で扱い、有力な情報提供者には賞金を出すという熱の入れようであった。一方、一般市民の間でもにわか探偵が続出し、或る者は大量のヒロポン（覚醒剤の一種で、この頃は違法ではなかった）を自ら腕に注入しながら、不眠不休で犯人捜しに奔走する、といった異様な事態にも発展した。〔文献Ⅳ（3）〕

前代未聞の大事件に、警察も全国の警察官を動員して一大捜査となった。彼らは総力をあげて犯人検挙に躍起となったが、前例のない凶悪事件に捜査は難航した。普通の銀行強盗のパターンは、凶器で脅かして現金を強奪するというものだが、いきなり多人数を皆殺しの上で金を奪う、しかも手の込んだ方法で毒を盛ってとなると、世界的にも類例を見ない極めて残虐で特異な犯行である。

強盗犯にとって金品強奪だけが目的なら殺人は不本意で割に合わないばかりか、危険を伴う犯罪を犯すことになる。金品強奪以外に本来の目的ではない「殺人」行為がこの事件ではなぜ必要とされたのか。これを「死人に口なし」、すなわち証拠隠滅のためであるとするなら、見当違いもはなはだしい。なぜなら犯人はすでに二件の未遂事件で、大勢の行員にその素顔をさらしているからだ。目撃者をなくす意味でなら、帝銀事件では全員の息の根を完全に止めるべきであった。しかし結果的には、四人もの目撃者を残すことになった。そしてさらに得心がいかないのは、奪われた現金の他にも、犯行現場にはすぐ見つかるところに多額の現金が放置されていたことだ。にもかかわらず犯人は、普通なら手をつけるはずない小切手一枚を持ち帰り、それを何と翌日になって銀行で換金している。これでは犯行の目的は毒殺そのもので現金強奪は毒殺の意図をカモフラージュするためのついでの犯行という推理も成立しないわけではない。犯行の動機の解明は事件の真相解明にも繋がるが、平沢（貞通）に有罪の判決を下すからには、この犯行の動機を是非ともはっきりさせるべきであった。しかし、検事も裁判官も、平沢（貞通）が大金を持っていたにも拘わらず、金に困った揚げ句の犯行と簡単に片付けてしまったのである。

帝銀事件当時の平沢（貞通）がその日の生活費に事欠く有様だったことは事実だが、だからといって借金で首が回らなかったわけでもない。また、子ども達の稼ぎもそれなりにあり、それほど切羽詰まっていたとも思われない。この頃はまだ敗戦から間もなく、平沢（貞通）程度の生活困窮者は巷にあふれかえっていた。しかしそんな中でも、強盗殺人のような凶悪犯罪は意外と多くはなかった。帝銀事件が一躍注目を集めたのはこうした事情にもよるだろうが、この事件の蔭に隠れて見落とされがちな重要な事件が、これから取り上げる一連の詐欺事件である。

平沢（貞通）は、検事の取調では帝銀事件と二件の未遂事件を含むすべての犯行を認めているが、裁判では一転して帝銀事件と二件の未遂事件の無罪を主張し続けた。ところが、これら事件のキッカケになったと思われる一連の詐欺事件の方は否定していない。これらすべてが平沢（貞通）の犯行とはいえないにもかかわらず、全部自分一人でやったという供述は取り消そうとしなかったのである。

事件の発端は、安田銀行荏原支店事件から一ヵ月余り後で、帝銀事件より二ヵ月前の一一月二五日に始まる。

この日、永田製作所事務員の真島昇子は、同族会社の重役の長谷川慶二郎から丸の内の三菱銀行丸ビル支店で現金一万円を引き出してくるよう頼まれた。長谷川慶二郎名義の預金通帳と印鑑を受け取った真島は、すぐに丸ビル支店へ払い戻しの手続きに向かった。ところが、彼女が銀行待合室で呼び出しを待つ間、払い戻された現金一万円と通帳・印鑑が何者かにより持ち去られてしまった。この事件について、二審判決では次のように断じている。

「被告人は、昭和二十二年十一月二十五日頃、東京都千代田区丸の内二丁目二番地株式会社三菱銀行丸ビル支店において、小切手の払い戻しを受けるため客待ち椅子に腰掛けて待っているうち、偶々(たまたま)自分のすぐ近くの椅子の上に、同支店の他の番号札が落ちていたので、これを拾ってその落とし主を探している際、同支店係員がその番号札の番号を呼び出したが、それは株式会社永田製作所事務員真島昇子が、同社取締役長谷川慶二郎から頼まれ、同人名義の同支店普通預金通帳(前同押号の七十七)及び印章(前同押号の七十八)と金額一万円の払戻請求書を同支店係員に提出して受取った番号札の番号の呼出であったのに、同女がその時間支店内の応接室で友人と雑談していたため、その呼出があったことに気付かず、払戻窓口に行かなかったので、被告人はその呼出に応じて払戻窓口に近づき、その窓口に右預金通帳と現金一万円の札束が置いてあるのを見て、急に右の拾った番号札を利用して、行員を欺いて、金員を騙取(へんしゅ)しようと考え、自分が正当な払戻請求者であるように装い、右番号札を同係員に提出し、係員をその旨誤信させ因って即時同所で係員から預金払戻名義の下に、現金一万円長谷川慶二郎名義の普通預金通帳一通、長谷川の印章一個を受取り騙取し、」〔文献Ⅰ(5)〕

右二審の判決文には明らかに事実誤認がある。それは、長谷川慶二郎は、株式会社永田製作所の取締役ではなく、同族会社の北樺太工業の重役である。さらに、平沢（貞通）が拾ったとする番号札についてだが、「同支店係員がその番号札の番号を呼び出した」というところは、以下の一審公判記録の証言を完全に無視したものである。

●**江里口裁判長**「証人は番号札で呼んだのではないか。」
●**田辺証人**「名前で呼びました。人に依っては名が判らない時は番号札で呼ぶこともありますが、私はそういうことをしたことはありません。」
●**江里口裁判長**「被告人は九十一番で金を受け取ったと言っているがどうか。」
●**田辺証人**「それは違います。九十一番の合札は二枚なかったのですから、他の合札で誤魔化されたと思います。」
●**江里口裁判長**「被告人は番号札を拾ったので見ていたらその番号札を呼んだので行ってみたら、幾らですかと聞かれたので札束を見たら一万円束だったので、一万円と言って受け取ったと言っているがどうか。」
●**田辺証人**「そのような事は考えられません。」
●**江里口裁判長**「九十一番の番号札が二組あったのではないのか。」
●**田辺証人**「その日に店にある番号札を全部集めて調べてみましたら、同じ番号札のものが二組ありましたが九十一番の番号札は一組しかありませんでした。ですから違った番号札ですり換えられたのだと思います。」［文献Ⅰ（1）］

このように、田辺証人は番号で呼んだことはないとハッキリ証言している。また、平沢（貞通）が騙し取ったとされる払戻金一万円の合札の番号は、九十一番である。ということは、平沢（貞通）が銀行内で拾った合札も同じ番号でなければおかしい。ところが、そうではなかったのである。

●**江里口裁判長**「行員は被告人の拾った番号札と違う番号を呼んだのではないか。」
●**平沢貞通**「左様ではありません。違う番号を呼んだのであるなら、私が出て行く筈がありません。」
●**江里口裁判長**「真島昇子という二十歳の女が長谷川の代わりに行ったのであるが、被告人は気がつかなかったか。――中略――同人は九十一番の札を持っていて呼ばれるのを待っていたが、何時まで待っても支払いしてくれないので行員に聞いたところが、それは先刻誰かが受け取って行ったと言われて、そこで大変だというので問題になったのであるがどうか。」
●**平沢貞通**「左様ですか。同じ札が二枚ある筈はありませんから、九十七番に読み間違えたのかもしれませんネ。呼ばれた番号は私が拾った札の番号に相違ありませんでした。」［文献Ⅰ（1）］

このように真島昇子は九十一番の合札を落としていなかった。ということは、これと同じ番号札は一組しかなかったわけだから、平沢（貞通）が拾った札が九十一番でありようはずはない。平沢（貞通）は、行員が「イチバン」を「ヒチバン」と読み違えたのではというようにも言っているが、それなら平沢（貞通）が拾った札は九十七番になろう。だが、「同じ番号が二組ありました」という田辺証人の証言からは、それが何番なのかはわからない。ただ言えることは、この時余分にあった札が九十七番なら偽造された公算が大で、事件は、そんな単純なものではなかった。前掲の「甲斐文助捜査手記」には、次のような興味深い記述がある。

「長谷川慶二郎、そこの店員真島勝治が頼まれた。長谷川が永田製作所の事務員真島昇子に頼んだ。昇子は持って来て頼んで、そこへ三階四葉商事の阿部悦子が来たので同女と話込んでいた。まだですとの事で行ったらまだ呼ばぬ、変に思って聞いたら、既に持って行った。銀行へ来た人間の顔は近所から来ていたものは無いか聞いたが気付かぬ。」〔文献Ⅱ(8)〕

ここで着目すべきは、「真島勝治」なる人物が預金引き出しに関与していたことである。文面では、長谷川が真島勝治と真島昇子の両人に引き出しを頼んだようであるが、これは恐らく書き間違いだろう。というのも、長谷川（慶二郎）は真島昇子が勤める永田製作所ではなく、そことは同族会社の北樺太工業の重役だからだ。したがって、長谷川が頼んだのは真島昇子ではなくて真島勝治の方だったのではないか。そうして、勝治は昇子に九十一番の合札だけ渡し、彼女に現金等の受取を依頼した。

こんなことが実際可能かどうかは、「甲斐文助捜査手記」の続きを見ればわかる。

「実際銀行へ行って見た。頼んでおいて受取りに来ないものは盆の上へ金を入れ、更に通帳をのせておくので通帳に氏名があるので判る。この名前が見える。いくら払戻したのか又番号札を出してくれ、どうしてないかと聞いて渡すことになっているが、実際は間違いがおきた。この関係からは犯人はでそうにない。」［文献Ⅱ(8)］

ここからわかることは、客が合札を紛失、あるいは行員の手違いで渡されなかった場合、通帳の氏名と払戻金額を言えば、この銀行では現金と通帳・印鑑を受け取ることができたようだ。むろん真島勝治は、この質問に即答できた。

前掲二審判決では、真島昇子が店内応接室で友人と雑談していたため、番号札の番号の呼び出しに気付かなかったとなっている［文献Ⅰ(5)］。

しかし、それは本当のことだろうか。というのも、この銀行の応接室は支払窓口とは正反対の隅に位置し、直線距離では一五メートル以上も離れているからだ。しかも、待合室とは隔絶した密室で、賓客でもない彼女たちが雑談を交わすような場所でもないはずだ。

この件については、平沢（貞通）が逮捕拘留された翌々日の八月二七日、捜査一課長の堀崎宛に次のごとく報告されている。

「真島昇子は、三菱銀行丸ビル支店の客溜りで友人と雑談しながら呼び出しを待っていた。」［文献Ⅰ(1)］

つまり、彼女たちは応接室ではなく、普通の待合室にいたということである。ところがそれから一週間後、九月三日付の司法警察官聴取になると、彼女たちは応接室にいたことになる。やはり真島昇子が、支払窓口から遠く離れた応接室で友人といる間に払戻金を横取りされた、ということでないと納得のいく説明ができない犯行なのである。

こうまでして辻褄合わせをしなければならないこの事件の本当の怖さは、実は、この次に起こる二件の詐欺未遂事件にある。

前記「甲斐文助捜査手記」には、帝銀事件の容疑者を旧日本軍関係者に絞った調査結果が書かれており、平沢（貞通）が逮捕されるまでは平沢（貞通）については一度も触れていない。ところが平沢（貞通）の逮捕からわずか四日後、高木一検事の第六回聴取では、三菱銀行丸ビル支店で奪われた長谷川慶二郎の預金通帳を使った詐欺未遂事件の話が、高木一検事の口からいきなり飛び出したのである。

●高木一検事「突然で驚くかも知れないが、銀座の日本堂を知らないか。」
●平沢貞通「知りませんなあ。日本堂と言って何処ですか、行けば知っているかもしれませぬ。」
●高木一検事「それなら場所は何処でもよいが、銀座の宝石商で他人の二十万円の小切手を作って、品物を買おうとして逃げたことはないか。」
●平沢貞通「いやそんな事はありませぬ。」
●高木一検事「あったと言って置いた方がよいよ。」
●平沢貞通「あれば申上げますが、人相でも似ているのですね。——暫く黙したる上——松野さんの手紙が来ないのは怪しいですね。」

●高木一検事「もう一度よく考えて見ないか。」
●平沢貞通「いえ考える余地はありませぬ。全然記憶にも何もないことですから。」〔文献Ⅰ(2)〕

この日本堂での詐欺未遂事件とは、先の三菱銀行丸ビル支店で奪った長谷川慶二郎の預金通帳の残高を改竄し、金融業者から額面二〇万円の小切手をだまし取って高級腕時計を得ようとしたものである。この事件は、本命の帝銀事件や安田銀行荏原支店事件、三菱銀行中井支店事件の二件の未遂事件とも直接関係がないもので、普通に考えれば平沢（貞通）がこの日本堂詐欺未遂事件に関与していることが高木一検事にわかるはずはない。平沢は次回第七回の聴取でも、高木一検事から「日本堂のことは憶えていないか。確証が上がって居るよ。」と再度聞かれても、「そう言われても私には全然憶えのない事です。確証があったら言って下さい。」と平然としている。ところがこの態度は、第八回聴取では一変することになった。

●高木一検事「何もかも有りの侭に言ったら叶うか。少しは恥を知らなければならない。お前の言う事は大事な事が殆ど嘘だ。然も作った嘘だ。日本堂に付いてもあれ程昨夜弁護士さんが言っても判らないか。」
●平沢貞通「いえ、私は何もやって居りませぬ。日本堂も何も知りませぬ。」
●高木一検事「お前は昨年十一月に三菱銀行で銀行の窓口から一万円と預金通帳を持って逃げて、大森の金貸しへ行って其の預金通帳の預入高を偽造して増して持って行き、二十万円の小切手を取って行って其の小切手で日本堂へ行き、時計等を買い損って逃げて居るのではないか。」

●平沢貞通「そんなことは知りません。全然知らないのです。」

●高木一検事「お前はそう言うが、其の預金通帳の偽造した部分に行員の判として押してある判が平沢貞通・鎌田・山口の判で、お前の持って居る色々の書類の中から同じ印影のものが出て来て居り、筆跡も一致して居るとの事だがどうか。少しは嘘を吐くのは恥に思わないか。帝銀（事件）についてもそうだ。」

この時、被疑者は二十数分間黙して答えず。

●平沢貞通「唯、帝銀（事件）の事だけは私は決してやって居りませぬ。その為に私はこれをやったのです。」

●高木一検事「然らば日本堂はやったが帝銀（事件）はやらぬと言うのか。」

●平沢貞通「どうか自殺させて下さい。日本堂のことでとても生きて居られませぬから。今迄何もかも嘘を言って申し訳ありませぬ。実際自分でお目に掛かるのも辛い位です。唯、帝銀（事件）だけは一点も私に関係がありませぬから、どうか自殺させて下さい。」〔文献Ⅰ(2)〕

第七回聴取までは、確証があるなら出してみろとばかりに平然としていた平沢（貞通）も、高木一検事から「動かぬ証拠を突きつけられて」一遍に参ってしまった。一連の詐欺事件へのかかわりなど、露呈するはずはないと高をくくっていた平沢（貞通）が衝撃を受けたのはわかるが、これで絶望して自殺する程のことでもない。帝銀事件と比べれば比較にならない些細な事件だ。ところがそういうわけには行かなかった。一連の詐欺事件すべてを平沢（貞通）の単独犯行とするにはかなりの無理があるが、そうしないと平沢（貞通）が帝銀事件の犯人と同一犯であるという確証となり得ない。しかも高木一検事が帝銀事件のカラクリをすべて知っているとなると、それはまさしく平沢（貞通）にとって逃れようがない必殺の一撃だったのである。

（7）被害者のいない詐欺事件

●高木一検事「とに角、日本堂に付いての告白を聞こう。」

●平沢貞通「十二月になって新聞を見たら、金融するということが書いた広告がありましたので、その預金通帳を利用して金を借りようと思い、中野の家の四帖半で家に在ったゴム印で日付を出鱈目に入れ、金額は払出も預入も万年筆で出鱈目に書き、銀行員の判の押してある処へ、当時持ち合わせて居った鎌田から預かって居た鎌田の判と、丸ビルか何処かの判コ屋で既製品を買って来て置いた山口の判と私の平沢の判とを押して、預金高を二十二〜三万増して大森の金貸の処へ持って行ったのです。鎌田と山口の判は、今度札幌へ行ったときもう要らないと思って、南一条の橋の上から紙に包んだまま川へ放って来ました。大森へ行った最初の金貸の家では、洋服かなにかなら貸すが其う言うものでは貸せないと断られたので、その人から何処か貸す処はないかと聞いたら、入新井の白木屋の処に行って消防署の前に新しい人があると教えて呉れたのでその所へ行きました。そして主人にその預金通帳と判を出して、二〜三日でよいからこれを担保に二十万円貸してくれないかと言いましたら、利子を五千円出せば貸してやると言われてたので、それを承諾して二十万円の小切手を書いてもらって来たのです。」〔文献Ⅰ(2)〕

ここで平沢（貞通）のいう「大森の金貸」とは、高木茂之という大田区山王の金融業者だが、高木（茂之）に関する平沢（貞通）の供述はこれまた事実と異なる。

一審の詐欺事件の証人として出廷した高木（茂之）は、石崎陪席判事から「その時証人は大森に同業者がいるといって紹介したことはないか」と尋ねられると、「左様なことはありません」と平沢（貞通）の供述を否定している。また、「証人は洋服を担保にすれば貸してやるということは言わなかったか」の質問にも、高木（茂之）は「左様なことは言っておりません」とキッパリ否定している。

高木（茂之）のところで失敗した平沢（貞通）が次に向かったとされるのは、竹内孝雄という大田区馬込の同じく金融業者のところで、ここで平沢（貞通）は長谷川慶二郎名義の偽造通帳を使って額面二〇万円の小切手を騙し取ったことになっている。これが平沢（貞通）の仕業かどうかはともかく、こんなものは実際に事件とすることさえ大いに疑わしいのである。確かに、竹内（孝雄）は額面二〇万円の小切手を何者かに渡しているが、それが本当に騙された上でのことなのかは怪しいと言わざるを得ないからだ。以下は「甲斐文助捜査記録」八月一一日（平沢貞通逮捕の一〇日前）付の記述である。

「昨（昭和二三）年十二月二十八日の午後三時頃、だれかに聞いてきたといっていた。旧軍の払い下げのキャラコに手付金二十万円しなければならぬ。この通帳を担保に二十万円貸してくれ、明日の午前十時三菱銀行丸の内支店へ通帳を持ってきてくれれば返済する。私も先方へ十時に行くから、もし代わりの人がきてわからなければ、白いハンカチを持っているといって図面を書いてよこした。竹内（孝雄）は二十万円の小切手を切ったが、五〜六万円しか預金がなかったので翌朝八時四十分頃帝銀大森支店へ行き、支店長と話していると九時に開店になりその犯人がやってきた。三菱銀行丸の内支店へ行っているはずなのに本人が来たのは怪しいので、犯人に兄は三菱に行ったが結果がわからないというと、ああそう私も銀行へ行こう、といって出掛けてしまった。」〔文献Ⅱ(7)〕

この頃の二〇万円といえばかなりの大金（二〇〇〇年現在で約二七五万円）で、帝銀事件の被害額でも一六万円余りである。それを竹内（孝雄）は、初対面で素性の知れない男が持ち込んだ預金通帳で、その真偽も確かめずに二〇万円もの小切手を渡したなど、にわかには信じ難いことである。しかも、彼の口座には五〜六万円の預金しかなく、これでは一方的な被害者というわけにはいかない。竹内（孝雄）は封鎖預金（戦後の金融不安から取り付け騒ぎを防ぐため、一定額以上の預金引出しを一時的に制限した措置）で融資するという電柱広告を行ってはいたが、この一件以外でこの手の金融をした事実はないのである。

この詐欺事件に関する捜査報告書の中に峰岸警部補と杣（そま）巡査部長が八月二七日付で堀崎捜査一課長に宛てた報告の抜粋がある。

「竹内（孝雄）は、小切手を振り出したが、預金が不足しているので、兄池田作太郎を三菱銀行丸ビル支店へ約束に依って金を払戻の為に使いにやると同時に、帝国銀行大森支店に了解を得べく〇〇支店長代理と昨日の小切手の話や、約束して金を取りにいったのがいる話等をしているうちに開店となるや、早速前記小切手を持った男が金を受け取りに来たという知らせで、〇〇出て見ると昨日の男であったので竹内（孝雄）はすぐその男に会い、二人でカウンターに腰をかけ昨日の約束があるので兄を三菱銀行丸ビル支店にやったが貴男はいっては呉れないのですか、その金が受け取れなければ此の小切手の金は支払われませぬよと言うと、その男は『はい結構です。では、私も丸ビル支店の方へ行きましょう』と約十分位対談して出て行った事実も判明し……。」〔文献Ⅱ（7）〕

ここまでは前記の「甲斐文助捜査手記」と概略同じだが、この後が竹内（孝雄）を一方的な被害者と認められない決定的な証拠である。

「午前十一時頃、三菱銀行丸ビル支店より予て詐取された預金通帳でもって、預金を払戻そうとしている男が銀行にいるからとの訴えにより直ちに急行、その男を丸の内警察署に任意同行取り調べたところ……。」〔文献Ⅱ（7）〕

預金を引き出そうとした男とは竹内（孝雄）ではなく、竹内の義兄である池田作太郎である。このように、詐欺事件の共犯ともなりかねない竹内（孝雄）がどういうわけか、平沢（貞通）が逮捕される前から、一連の事件とはいえない出来事を積極的に事件化しようと動いていた謎めいた不可解な事実がある。

以下は、平沢貞通がこの詐欺事件で竹内（孝雄）のところへ行く前に立ち寄ったとされる、竹内（孝雄）と同業者の高木茂之による一審での証言である。

「私の友人に竹内孝雄というのがいて、それが私のところへ来て、私のところに来た人と同じ人に小切手を盗られたような話があったので、平沢貞通検挙前、丸の内署の人に竹内（孝雄）がそのことを話したので、刑事が私のところへ竹内（孝雄）と来ました。竹内（孝雄）とそのような話をしたのは帝銀事件後で、丸の内署から調べに来たのは平沢貞通検挙後で、被害届は平沢貞通検挙後警視庁へ呼び出されてから書きました。」［文献Ⅰ（1）］

不可解ともいうべきこのような竹内（孝雄）の振る舞いは、高木茂之に対してだけではなかった。竹内（孝雄）の小切手は、帝銀大森支店に持ち込まれた日の翌日、中央区銀座にある日本堂時計店に持ち込まれ、貴金属の詐取に使われようとした。以下は、「甲斐文助捜査手記」八月一六日付、日本堂社長の坂川からの聞き取りである。

「第一に日本堂へ行って見た。社長坂川に会って色々聞いたが先報のとおり。十二月二十九日、正午少し前に来た。宝石時計を出して十五万円位を買い込み、小切手はポケットから出した。その小切手は見付からぬ。その時の人相（妻がよく知っている）。五尺二、三寸・色白・五十歳前後。白毛交じり前五分刈より少し長い。一重瞼で切れ長の目、口並びキメ細かい。鳥打帽（白ッポイ）、白マスク。その時坂川が変に思い、帝銀銀座支店へ行き見せに行くので、逃さぬようにと言い置いて、鑑識の土田が店番してくれた。遂に逃げられた。鳩居堂、日本堂の間の路地を○○って裏へ逃げた。（未遂）銀行へ行くと出たので犯人がキズイタ。茶ッポイオーバーを着ていた。もう一人、犯人よりつれて来たのがあり、片方であれを出せと店員と話していた。これは相棒ではないかと言っている。（買わずに帰った）帝銀犯によく似ていることは、金融業竹内（孝雄）から電話がかかってきた。（あれが帝銀犯人に似ているではないかと言ったので、成程新聞に似ていたと……。」［文献Ⅱ(7)］

ここでも竹内（孝雄）は、帝銀犯とこの詐欺犯がよく似ていると電話しているわけだが、両者が本当に似ていたのかといえば、すくなくとも平沢（貞通）とは別人とすべきである。

以下は平沢（貞通）逮捕間もなくの八月二八日、警視庁で行われた詐欺事件関連の平沢（貞通）の面通しに関する記述である。

●**川細貞治（日本堂店員）**「男は平沢貞通より頬がコケていて青黒く、口の左脇に目立つホクロがあり、

平沢貞通より皺が多かった。平沢貞通とは違う。」〔文献Ⅱ(7)〕

●和田シゲ子「店に来たのと違う。目が違う。年齢が違う。平沢貞通が四十七歳位に見えるのに、犯人は五十四〜五歳に見えた。店に来た男は病気風だった。平沢貞通とは違う。」〔文献Ⅱ(7)〕

最初に偽造通帳が持ち込まれた金融業者の高木（茂之）も次のように述べている。

「通帳を持ってきた犯人と平沢貞通は違う。犯人の顔は平沢貞通より少し面長で、髪を左の方で一寸位分けてちぢれていた。犯人はインテリ風だったが、平沢貞通はそうではない。」〔文献Ⅱ(7)〕

このように、日本堂と高木（茂之）のところへ来た犯人と平沢（貞通）は別人であることがはっきりとわかる。しかも、日本堂の犯人は単独ではなく、「相棒」が一緒だった。これでも平沢（貞通）が、一連の詐欺事件すべてを自分一人でやったと言い続けたのはなぜか。確かに、これらの事件は強盗殺人の罪に比べれば微々たるものである。しかしこれら取るに足らないような詐欺事件が平沢（貞通）にとって致命的打撃を与えられる切り札となったことは間違いない。

容疑者逮捕の拘留期限は、騒乱罪など特別の場合を除けば最長二三日間である。この期限が切れる前に、検察は起訴か釈放のいずれかを決めなければならないが、起訴すれば改めて身柄の拘束を継続するための拘留請求ができる。この場合の期限は二ヵ月だが、その後は一ヵ月毎に更新が可能である。

要は、起訴すればほぼ無期限の拘束も可能ということだ。平沢（貞通）は強盗殺人の容疑で逮捕されたのであって、詐欺罪では逮捕されていない。ところが取調の途中で、平沢（貞通）は急遽詐欺罪で起訴されることになった。この起訴は平沢（貞通）逮捕から一〇日目の九月三日のことだが、この時点では強盗殺人事件の自白は得られていなかった。したがって、検察はこの起訴により、拘置期限の制約に神経を使う必要がなくなった。だがこれは、いわゆる別件逮捕の違法性が疑われるやり方である。

このことは、最高裁への弁護団の上告理由の一つでもあり、彼らはこれを不当拘留と断じ、その結果得られた平沢（貞通）の自供は無効であるとした。このような自白を証拠とする原判決は憲法第三十八条一項に違反する、という弁護団の訴えに対し、最高裁大法廷の田中耕太郎裁判長以下一四名の裁判官全員が、これを不当拘留とは認めなかった。その理由は、長谷川慶二郎の一万円と預金通帳を騙取したことに続けて、この通帳を利用した私文書偽造行使詐欺同未遂行為は、極めて悪質巧妙な犯罪だからというのである。

本当にそうだろうか。長谷川慶二郎の一万円以外の実害はなかったわけで、それに前述のように平沢（貞通）の犯行かどうかも疑わしい。金融業者の竹内（孝雄）に至っては、被害者というのには多分に問題がある。竹内（孝雄）は、長谷川慶二郎の偽装通帳がまともなものか確かめもせずに自分の口座残高の四倍もの額の不渡り小切手を切り、義兄を使って長谷川慶二郎の口座から預金を引き出そうとして通報されたというのは、共謀罪が成立してもおかしくないからだ。この事件を最高裁でいう「悪質巧妙な犯罪」という形容は、平沢（貞通）を抜き差しならぬ共犯関係に引き込むために仕組まれた、という意味でなら相応しい表現だろう。

長谷川慶二郎の偽造通帳に平沢（貞通）が使っていた複数の印が押されていたことから、通帳の偽造は平沢（貞通）の仕業に間違いなさそうだ。しかし、平沢（貞通）の犯行は恐らくここまでで、事件の全体像については知らなかったものと思われる。平沢（貞通）の供述と実際の犯行の状況が微妙に食い違っているのは、このためだとすれば説明がつくのである。しかしながら、それでも平沢（貞通）がこれら犯行のすべてを自分一人によるものだと言い張ったのはなぜか、という疑問は当然残る。これらの疑問を解くヒントは、帝銀事件の一週間前に発生した次章の未遂事件に隠されている。

第4章　平沢貞通と実行犯

（1）気弱な三菱銀行中井支店事件の犯人

一連の詐欺事件から一ヵ月もしない一月一九日、帝銀事件に連なるとされる第二の未遂事件が、新宿区下落合の三菱銀行中井支店で起こった。この日は月曜日ということもあって店内は多少混雑していたが、中井支店はいつも通りの午後三時には閉店となった。すると間もなく、腕に「消毒班」と書いた腕章をつけた中年の男が一人で店に入ってきた。少し長くなるが、この時の様子を小川泰三支店長の一審における証言から見てみよう。

「閉店後でした。その男が横手の通用口のところに来て、名刺を通じ支店長に面会したいということを、婦人事務員の久米雍子が通じてきました。名刺には、医学博士山口二郎厚生技官東京都防疫課と印刷してありましたので、私はその名刺をもって通用口のところまで出て行き、カウンター越しに用件を尋ねました。するとその男は、自分は区役所から来たのだが、この銀行の近くのイカ鉱業の会社の寮に集団赤痢が七名発生した。それでMPと共にジープで消毒に来て、消毒班は今現場で消毒しているが、家人に聞いたところ今日家人の一人がこの銀行に入金に来たということである。進駐軍は防疫にやかましく、発生した家の人が出入りした先は皆消毒することになっている。二十分後にはここに来ることになっているから、現金や帳簿はそのままにしておいてくれといって、それから現金輸送があったかどうか聞いたところ、無いということでしたから、その男にないといいました。それから私は、イカ鉱業とはどういう字を書くのかとその男に聞きました。すると男は井戸の井に中華の華だといいますから、それならセイカ鉱業だが、井華鉱業とは取引がないように思いましたので、何かの間違いではないかと思って、この坂の下に落合信用組合というのがあるがその間違いではないかといったら、いや確かに家人は、三菱銀行中井支店といった。寮の責任者は大谷という人だというので、名前は何というかと聞くとその人は答えられなかったようでした。そこで私は出納係に命じて出納帳を調べさせました。すると大谷徳馬名義で六百五十円の小為替の入金がありましたが、同人は学校の先生で私も知っており、左様な寮の責任者だとか監督になるような人ではないので、おかしいなあ、といいましたが、また当時のような一般の生活状態の時でしたから、内職としてやっていないこともないと考えなおして、それで一応納得しました。それから小切手一枚で左様な大きな消毒をするのは納得がいかないと思ったのでそのことをいうと、進駐軍はやかましくて小さいことでも一律に考えて仲々手加減してくれないということを申しておりました。そこで消毒というのは液体を噴霧器のようなものでかけるのかと聞くと、左様だといいました。それで私はその程度の消毒ならやむを得ないと思って腹を決め、奥のストーブのところに通して椅子をすすめました。男はストーブの西側に東を向いて座り、私は金庫寄りの方に金庫を背にして立っておりました。その時は丁度高田馬場支店長の戸谷桂蔵が事務引き継ぎの為に来ていて、私と並んで私の東側に立っておりましたので、その男を紹介したところ、二人は名刺を交換しました。私が赤痢にはどうしてなったのかと聞くと、烏賊の古いのを食べたらしいといっておりました。戸谷氏が何気なしにどこに住んでいるのかと聞くと、私も罹災して寮のようなところに住んでいるといって住所はいいませんでした。私がまた冗談半分に、入金を取り扱った人でも手をなめなければ良いでしょうねというと、そうですといいましたので、係の婦人事務員に後で良く洗ってくれといっておきました。それから座談的に伝染病の話をしたりしておりましたが、そのうちその日入金した為替を集計して、それは翌日の交換に出す為にすぐ本店に持っていくことになっていたのですが、その一番上に問題の大谷の為替をのせて手塚支店長代理を通じて、これはどうするのかといってきました。そこで私は、その男にすぐ本店に送らなければならないという事情を話して、伝染病はそう簡単に伝染するものではないだろうし、これ一枚で全部を消毒されたのでは困るから。何か簡単にできないかと頼みました。するとその男は、自分も貴男のように考えているが、進駐軍がうるさいのでということを申しておりましたが、ちょっと考えて、それではそれだけを消毒していこうというので、その小為替を渡しました。するとその男は、肩にかけていた白い布製の雑嚢（ざつのう）から小さなビンを取り出して右手に持ち、小為替を左手に持ってビンから直に小為替の裏面に万遍なくいとも丁寧に無色の液体を注ぎかけておりました。そしてこれで消毒したからといって私に寄越したので、私はそれをストーブで乾かし、これで本店に持って行っても良いのかと聞くと、良いというので手塚代理を通じて出納係に返しました。その時表に自動車の音がして、その男が来てから大体二十分位経っておりましたから、そら来たと誰か行員がいったら、その男があれはジープの音ではないと泰然としておりました。そしてその男は、これで良いと思うから消毒は済んだと現場へ行って報告するが、駄目だということであれば又来る。来なければこれで良いと思ってくれといって、入った口から立ち去りました。」〔文献Ⅰ(1)〕

同じ未遂とされた事件でも、前年一〇月に起きた安田銀行荏原支店事件とこの三菱銀行中井支店事件とでは、犯行内容に決定的な違いがある。それは、犯人が予防薬と称した二種類のビン入り液体の存在である。第三章(四)で述べたように、荏原支店事件の犯人は途中で警察官が入ってきたにもかかわらず、「第一薬」に続けて「第二薬」まで行員全員(用務員の小林圭介を除く)に飲ませている。ところが、中井支店事件の犯人は最初から何かを飲ませようとする素振りさえ見せていない。しかも、でたらめに言った大谷名義の小為替が偶然出てきても、それに消毒する真似事をしただけである。なぜその時、荏原事件の犯人と同様に断固として「青酸カリ」を飲ませようとしなかったのか。その理由を、平沢(貞通)は第五十二回検事聴取で次のように供述している。

「支店長の方はとも角。色々質問する他所の支店長の方がいかにも利れそうなテキパキした態度なので、こんな人に薬を飲めといっても、きっと私はそこの人間ではないし、ちょっと来ただけだからそんな必要はないといってはねつけられそうな気がしたので、これはダメだと思い機会をみて引き下がろうと決心しているところへ、行員がありましたといって小為替一枚を手に持ってきて支店長に渡したところ、支店長はこれが入っていた現金ではないかといったので、これは良い案配だと思い、それではこれだけ消毒しておけば良いでしょうと、その小為替を受取り、水のビンを鞄から出して小為替の端を押さえ、ビンの口から水をまわすようにして小為替の裏にたらし、紙を万遍なく浸み込ませ残りの水を振って落とし……。」〔文献Ⅰ(2)〕

他所の支店長とは事務引き継ぎで来ていた高田馬場支店長戸谷桂蔵のことだが、三菱銀行中井支店の犯人は荏原支店事件の犯人と比べていかにも弱気な態度である。自信満々な荏原支店事件の犯人とは余りにもイメージがかけ離れている。この事件は、このすぐ後でおこる帝銀事件がなければ、手の込んだ悪ふざけくらいでしかない出来事だろう。これなら、平沢（貞通）のような〝素人〟でも可能な犯行ともいえる。しかしそれではなぜ平沢（貞通）がそんな怪しげな犯行に手を染めなければならなかったのか、という素朴な疑問に答える必要があるだろう。そこで登場するのが先の一連の詐欺事件である。

この事件が起こった頃の平沢（貞通）は、友人から少額の借金を繰り返していたことから、預金通帳の偽造くらいしてもおかしくはない。だが、それだけでもその後に起きた詐欺事件にかかわったという動かぬ証拠として残ってしまった。さらにこのことが平沢（貞通）を次の事件に駆り立てる決め手になったと考えられるのである。その事件こそが三菱銀行中井支店事件である。ただし、この犯行が強盗殺人という大それた犯罪でないことは言うまでもない。

第五十二回検事聴取で、平沢（貞通）は小為替を消毒する真似事に「水」を使ったと述べているが、この聴取以前の第三十六回検事聴取では「為替の消毒だけしておきましょうといって、その時持ってきた薬はやはりこの時も稀塩酸でした。家にあったやつです。」といっている。だが、事実は、そのいずれでもなかった。警視庁鑑識課での鑑定結果は次のとおりである。

「被検物につきエーテル、アルコール及び水の各液を用いて処理した化学分析の結果は、アルコール性の液体を散布したものと認められる。他の薬品類は認められず。」［文献Ⅰ（3）］

平沢（貞通）の本業は画家だが、当時は副業として指圧治療なども行っており、アルコールは手指の消毒用にいつも持ち歩いていた。したがって、小為替にかけられた液体はアルコールで間違いないだろう。ということは、平沢（貞通）はアルコール入りのビンの他にも青酸カリ水溶液と水の入った二種類のビンを、中井支店の犯行現場に持ち込んだことになる。だが、そのような目撃証言はまったくないし、平沢（貞通）の供述にも見られない。

毒殺に手慣れた人間などそうざらにいるはずもないが、三菱銀行中井支店事件と違って安田銀行荏原支店事件と帝銀事件は、まさしくプロの仕業といえる。これらのプロの犯行を平沢貞通の犯行とするにはどう考えても無理がある。

安田銀行荏原支店事件の関係者の目撃証言は、前述のごとく平沢（貞通）が犯人であることに概ね否定的である。ところが三菱銀行中井支店の事件関係では、一審公判で次のとおりほとんどが肯定的な証言となっている。

●**小川泰三（支店長）**「その銀行に来た男は、背の高さ、白毛混じりの頭、目、鼻、口の感じ、顔だちが似ている。ただ、その男は被告人よりももっと太っていた。七～八分通り同一人だと思う。」

●**毛塚義雄（支店長代理）**「目尻のシワが大変良く似ている。それから顔の形、顔を上向き加減にしているところがそっくり。違う点は、その男は被告人より色が白かった。総体的にみて九分九厘同一人と思う。」

●**戸谷桂蔵（高田馬場支店長）**「非常に似ている。被告人は少し痩せているがもう少し肉をつけたらその男ではないかと思う。同一人だと断定は出来ないが、八～九分通り同一人に近い。」

●**関口徳郎（庶務係）**「初めて平沢貞通を見たときは良く似ていると思ったが、結論においては違うのではないかと思った。今日見たところでは非常に良く似ている。同一人だと思う。」

●**吉田真一（用務員）**「前の面通しのときさに瞬間的に見た感じでは似ていたが、今日見た感じは目から鼻にかけてやせている。」

●**大山滋子（預金係）**「非常に良く似ている。びっくりする位よく似ている。違う点は左頬の傷痕の位置がちょっと違う。大体同一人だと思う。」

●**大久保忠孝（預金係）**「平沢貞通容疑者を見せられて、その中では一番似ているが、私の印象に残っているその男の面影と被告人の間には、まだピンとこないところがある。」

●**大竹美智子（計算係）**「大体似ている。背の高さ。身体つき、眉毛、目等似ている。八～九分通り似ている。」

●萩野虎次郎（為替係）「総体的には似ているが、銀行に来た男は被告人よりもっと肉づきや血色が良く、やつれていなかった。」

●日野てつ子（出納係）「鼻筋の通っているところから、口許のあたり、顔の輪郭も非常に良く似ている。同一人物であるとはハッキリいえない。」

●高田美佐子（出納係）「顔の肌の色や声が似ている。よく似ている。全体から見た感じが似ている。良く似ている程度しかいえない。」

●幸坂みさ子（為替係）「具体的にどこが似ているとはいえないが、全体として似ている。」

●津田沼太郎（庶務係）「正面からは瞬間的に見ただけで、印象に残っていない。」

●宮田金雄（出納係）「銀行に来た男は顔がもっとふっくらして、顎から頬にかけて丸くふくらんでいた。全体としては似ている感じがする。」

●亀里ツユ子（普通預金係）「ほとんど記憶にないので、似ているとか似ていないとかはいえない。」

［文献Ⅰ（1）］

以上、一五名の証人のうち、五名が犯人は平沢（貞通）よりも太っていたと証言しているが、実際、この時の平沢（貞通）は逮捕以前に比べると四～五キロも痩せていた。津田の「印象に残っていない」や亀里の「ほとんど記憶にない」というのは、三菱銀行中井支店では安田銀行荏原支店の時と違って全員が何かを飲まされることがなかったことから、直接対峙した行員以外は犯人に対する注目度が低かった結果だろう。

平沢（貞通）には日記をつける習慣があったが、中井支店事件当日の記載を見ると、中段あたりに色違いのインクで明らかに後から書き直した痕跡がある。これはアリバイ工作を思わせるが、以下は第四回検事聴取書からの抜粋である。

●高木一検事「交歓展は二十二日からだが、十九日に搬入と書いてあるのはどういうわけか。」

●平沢貞通「確かに十九日と思います。その当時も私はそう思い込んでいたため、間違って書いたのではないでしょうか。」

●高木一検事「しかしなんといってもこの記載は、従来の経験に徴し後日記載したように思うが、どうか。」

●平沢貞通「そんなことはありません。何だか頭がボーッとしてきました。気違いになるような気がしてます。」

●高木一検事「昨夜は眠れたか。」

●平沢貞通「大変なことをみつけました。頭が割れそうですな。帝銀事件なんかチッポケなものです。私は高橋是清と犬養毅をやっつけております。まあ死刑になるでしょう。」［文献Ⅰ（2）］

余程返答に窮したとみえ、平沢（貞通）は正気を失った振りをしている。しかし本人は気づかなかったかも知れないが、これがアリバイ工作なら、なぜ荏原支店事件と帝銀事件の発生日でも同じように改竄しなかったのか。中井支店事件などは、本番の帝銀事件に比べればそれこそ「チッポケ」なものだろう。中井支店事件の犯行は私ですが、他の二件は絶対にやっていませんと言ってもよさそうだが、そうは問屋が卸さなかったのである。

平沢貞通にとって、それだけは口が裂けても言うことができない禁句だった。

なぜなら、荏原支店事件では、平沢（貞通）に良く似た男が平沢（貞通）がもっていた松井蔚名刺と同じものを使い、同じく帝銀事件でも、平沢（貞通）によく似た男が中井支店事件で使った同じ名刺を使って犯行に及んでいるからである。どう言い訳しても、言い逃れることは不可能のように思われた。

こうなると、たとえ中井支店事件の犯行内容が他の二件と異なっていても、三件すべてが同一犯と見倣されるのは、捜査当局の立場からすればむしろ自然の成り行きとも言える。つまり、中井支店事件の犯行だけを認めて他の二件の犯行を否定することは決定的な証拠でもないかぎり通用しないばかりか、そのようなことを口走れば、すべての犯行を自ら認める事になりかねないのである。

本当のことを言えばますます窮地に追い込まれ、蟻地獄に落ちるような罠にはまってしまったら、どうやって無実を訴えたらよいのだろうか。しかも高木一検事は、平沢（貞通）がこのような窮地に追い込まれた事の真相をはじめから承知していたようだとすれば、平沢（貞通）に唯一できることは、決定的言質を取られないようにデタラメな供述で追及をかわしていく以外に生き残る方法はなかった。そうした視点から検事聴取書を紐解いてゆけば、平沢（貞通）と高木一検事とのやりとりには、そう思わせる場面が少なからず透視できる。こうした傾向は、裁判が始まってからも変わらなかったのである。

（2）ＧＨＱ公衆衛生課の不可解な行動

帝銀事件には、ＧＨＱ黒幕説が巷で早い時期から浮上してきていたが、平沢貞通の供述の中にもそれが示唆されるところがあった。まずは、第一審公判記録の帝銀事件に関する記述を見てみよう。

「三菱銀行中井支店でもその目的を果たすことができなかったので、更にその頃、帝国銀行椎名町支店を下検分した結果、支店を襲うことに決め、右の腕章に有難みをつけるため墨で消毒班と書き加え、又三菱銀行中井支店へ持っていった水のビンの中身を詰め替えてその用意をした。次いで同月二十六日、これらと右の青酸カリの溶液を入れたビンと山口二郎の名刺とを持って自宅を出たが、帝国銀行椎名町支店近くで相田小太郎という表札が出ているのを見たので、この家を患者が発生した家に仕立てることとし、同日三時二十分頃同豊島区長崎一丁目三十二番地の同支店へ行き、自分が厚生技官医学博士山口二郎であるかのように装って山口二郎の名刺を出し、支店長代理吉田武次郎に会った。そうして同人に対して、相田方に集団赤痢が発生し、その家の者が今日この銀行へ預金にきたから銀行を消毒するがそれに先だって全行員に予防薬を飲んでもらわなければならない、といって吉田武次郎他十五名の全員を自分の周囲に集まらせた。そこで、被告人は、青酸カリの溶液を取り出して行員各自の茶碗へ四ccから五cc位を配り、自分の茶碗へはこっそり水をつぎ、この薬は飲み方がむずかしいから皆一度に飲まなければならない。自分が飲んで見せるから、といって青酸カリの溶液を残務整理している吉田武次郎外、後に書く十五名の全行員等に一せいに青酸カリの溶液を飲ませ、更に中和剤だといって右の水を飲ませた。その結果青酸の中毒で、同日右行員のうち渡辺義康（当時四十九歳）、西村英彦（同三十九歳）、白井正一（同二十九歳）、秋山みや子（同二十三歳）、内田秀子（同十九歳）、加藤照子（同十六歳）、竹内捨次郎（同四十九歳）、滝沢リュウ（同四十九歳）、滝沢タカ子（同十九歳）、滝沢吉弘（同八歳）は同支店内で、沢田芳夫（同二十二歳）と滝沢辰雄（同四十九歳）は、新宿区下落合二丁目六七〇番地の国際聖母病院でいずれも死亡し、吉田武次郎（同四十三歳）、阿久沢芳子（同十九歳）、田中徳和（同二十歳）と村田正子（同二十二歳）は、いずれも瀕死の重態に陥っただけで死亡しなかったが、被告人は、そのすきに同支店営業室内にあった銀行所有の現金計十六万四千四百十円位と振出人森越治、支配人、安田銀行板橋支店、金額一万七千四百五十円の一覧払の小切手一通を盗んだ。」〔文献Ⅰ（1）〕

右の判決では、帝国銀行椎名町支店に向かう途中で見かけた相田方の表札からそこを伝染病の発生の患家に仕立てたとあるが、その家は左図を見てわかるように銀行へ行く途中にあったわけではない。平沢（貞通）の供述では、池袋の方から徒歩で帝国銀行椎名町支店に向かったとなっているが、電車を利用して椎名町駅で下車して現場に行ったとしても、相田方の前を通るには銀行を通り過ぎ、さらに五〇〇メートル近くも遠回りしなければならない。帝銀事件の犯人が平沢（貞通）だとすれば、なぜ平沢（貞通）はそのような行動をとったのか、その理由をはっきりさせるべきであった。このことについて当の平沢貞通は、高木一検事には次のように答えている。

「時間のくるまでその辺を歩いていた時丁度その家を見て、そこへ進駐軍が来て停まって何やらゴチャゴチャやっていたので、この家を使えばよいなあと思い、所と名前を表札で見て憶えていきました。丁度銀行へ入る瞬間にその進駐軍のジープがガーっと通って行きましたので、私はあれと一緒に来たんだが、派遣されてここへ来ました。進駐軍は矢釜しいので伝染病患者の出た家の人間がここへ入金に来ているので消毒せねばならないといいましたら、偶然にもそれがあったような風でした。」［文献Ⅰ（2）］

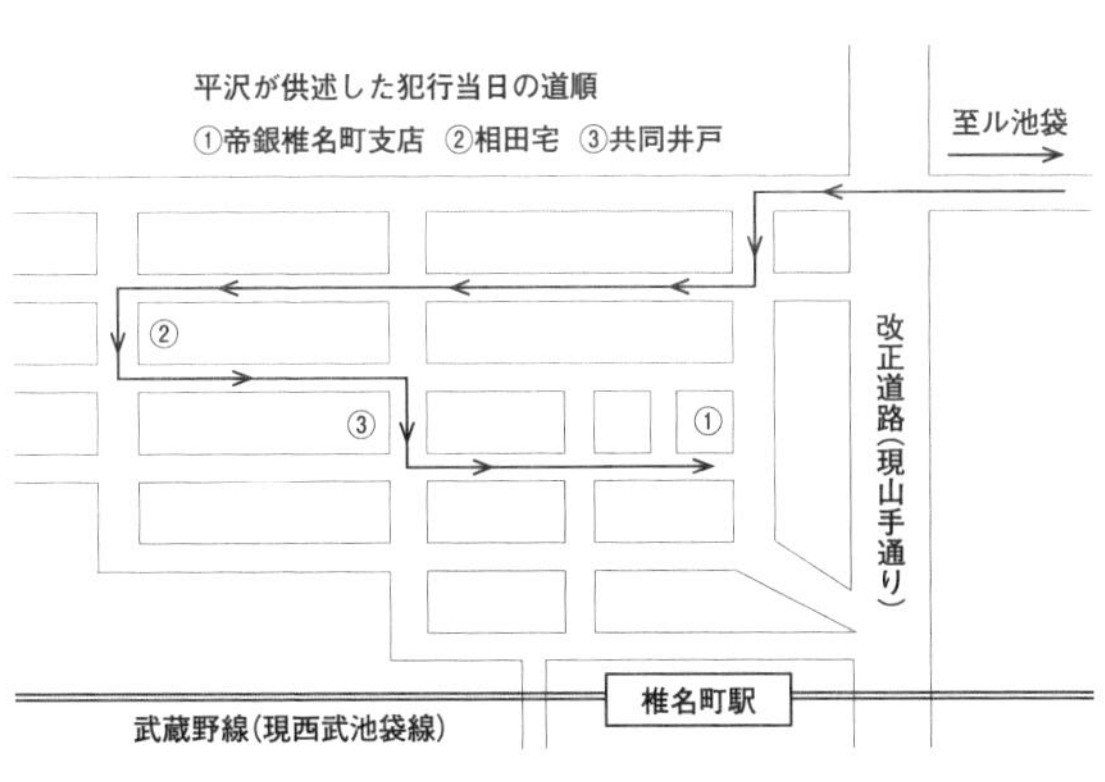

（第一審判公判記録をもとに作成）

これではわざわざ遠回りした理由にはならないが、「偶然にもそれがあった」というのは、恐らく三菱銀行中井支店での大谷名義の小為替と混同しているのだろう。なぜなら帝国銀行椎名町支店では、伝染病患家の相田名義では何も出てこなかったからだ。それと、平沢（貞通）が偶然歩いて相田方の表札を利用したというのは出来過ぎである。その頃、実際に相田方では伝染病が発生していたからだ。平沢（貞通）が見たという進駐軍のジープは、その立ち入り検査にやって来たもので、果たして平沢（貞通）は右の供述に続けて次のごとく述べている。

「丁度ジープがいたので、私はあれを見ろという知らせだなと思って側に行ってみたら、進駐軍が一人、日本人が二人玄関に入って何かみておりました。」［文献Ⅰ（2）］

「進駐軍が一人、日本人が二人」というのはその通りだが、「あれを見ろという知らせだな」とはいったいどういう意味なのだろうか。その日の平沢（貞通）は、誰かの指示で相田宅近くまで行かされたということなのか。だとすると、俄然話の辻褄が合ってくる。つまりこういうことだ。

たとえば真犯人が平沢（貞通）からスリ取った名刺と同じ名刺を安田銀行荏原支店事件で使い、三菱銀行中井支店事件の犯行を平沢（貞通）になすりつけたとしても、肝心の帝銀事件当日のアリバイが成立すればすべての計画は台無しである。平沢（貞通）を事件当日の犯行時間帯に犯行現場付近に行かせたのはそうならないためで、これなら平沢（貞通）のアリバイはほぼ間違いなく成立することはない。平沢（貞通）が問わず語りに呟いた「時間のくるまでその辺りを歩いていた時丁度その家を見て、そこへ進駐軍が来て」というのは、まさしくこの謀略のためだったのだろう。恐らく平沢（貞通）は、銀行が閉まるのを待つために現場付近をうろついていたわけではなく、ＧＨＱのジープが相田方へやってくるのを待っていたに違いない。

事件当日、ＧＨＱの査察が相田方で行われるというのは、ＧＨＱ関係者以外では知る者はいなかった。犯行当日に平沢（貞通）をそこに差し向けた者がいたとすると、その人物は少なくともＧＨＱの内部事情に相当詳しくなければならない。となると、「真犯人」は相田方の伝染病を犯行に利用したとも思えるのだが、実は、そもそも相田方における伝染病という喧伝が事実ではなかった。〔文献Ⅰ（1）〕

事の発端は、帝銀事件の一〇日前、一月一六日、この日に相田方の戸主相田小太郎に急に熱が出たことに始まる。それから五日後の二一日、豊島区役所衛生課の英速雄医師が突然相田の診療に家族を訪れた。その結果、相田小太郎は疑似発疹チフスと診断され、豊島病院に緊急入院させられた。検疫と防疫が専門の英は、さっそく同日夕から翌日にかけて付近一帯の住民約五〇〇名に対し、予防注射を敢行した。

さらに英は、技師一〇名を引き連れて患家を中心とする半径一〇〇メートルの区域にＤＤＴを散布した上で、患家には立ち入り禁止の張り紙と縄張りをしておいた。そうして一月二六日、すなわち帝銀事件当日の午後二時過ぎ、豊島区役所の衛生課に第八軍公衆衛生課からアーレンという軍属が日系米人の通訳を連れ突然現れた。来所の目的は伝染病が発生した患家の査察を行うことで、英がアーレンのジープに同乗して相田方へ向かった。彼らは午後二時半頃現場に到着したが、アーレンは通訳を介して相田方の家族や隣接する二〜三軒から消毒のことなど簡単に聞いただけで、午後三時少し前には豊島区役所に戻った。

この直後に帝銀事件が起こったわけだが、ここで不可解なのは、相田方で伝染病が発生したことをアーレンはどうして知ったのかということである。というのも、当時は伝染病が発生した場合、すぐそれを連合国軍細菌研究所へ報告する義務が日本側にあったにもかかわらず、相田小太郎の疑似発疹チフスの件は何らの報告もなされていなかったからである。

ということは、アーレンは事件当日になって英から直接連絡を受けたことになるが、それでもおかしいことに変わりはない。なぜなら、相田は疑似発疹チフスなどではなかったからである。相田の病気は大腸カタル、わかり易くいえば、単なる下痢ということが相田の入院後間もなくわかったからである。

ところが、誤診と判明したにもかかわらず、なぜか相田は入院先の豊島病院からすぐには退院できなかったのである。結局、相田は一月二一日から三一日までの一〇日間も、ただの下痢だけで入院させられたことになる。

豊島区内ではこの一月中に相田方の他にも伝染病の発生が一件あったが、こちらの方では患家の査察が行われたという事実はない。それではなぜ、相田小太郎のところだけ伝染病でもないのにGHQによる査察が帝銀事件の起こった時間帯に行われたのか。そのこと自体が謎をますます深めてしまったように思えるが、逆に考えれば、帝銀事件の真相を覆い隠そうとして自ずからその答えを暴露してしまったとも言えるのではないだろうか。

前述の安田銀行荏原支店事件の犯人は、犯行に際してデタラメの患家を語ったわけだが、この犯人には毒殺はもとより現金強奪の意図が最初からなかったのであれば、犯行の途中で警察官がきてもビクつくことはないだろう。したがって、荏原支店事件では事前に患家を用意するなどといった工作など必要とされていない。しかしこれが本番の帝銀事件での犯行となれば、そういうわけには行かない。

荏原支店事件の教訓からも帝銀事件では犯人が言うとおりの伝染病発生の「事実」がなければならないのである。

(3) 犯行当日、平沢貞通の奇妙な行動とアリバイ

帝銀事件の当日、平沢（貞通）が相田方の近くまで出掛けて行ったことはほぼ間違いないと思う。だが、その足で帝国銀行椎名町支店に押し入ったとするのは、平沢（貞通）の供述からは理解し難いところがある。以下は第四十五回検事聴取書からの抜粋である。

「その日は午前中に家を出ましたが、弁当はもたず、例の茶の格子の服を着、レインコートを着て靴をはき、中折をかぶって出掛けました。先にもうしあげましたように、どうもすぐ山口の船舶運営会社へ行き山口に会い、一服喫って月曜で忙しいといわれて、そこで時間潰しも出来まいと思い、じきに出て上野へ行き、永富士で何か飲んでお昼をどこかの支那料理屋で食い、まだ時間があって、松坂屋の食堂で窓際の席で何かお腹のできるものと思って食べながら、時間のくるのを待っておりましたら、二時二十分かとにかく半ちょっと前になったので御徒町の駅へ行き、その切符を買ってホームへあがったらホームの時計が二時半二～三分前でしたので、丁度よいなあと思ってすぐ来た電車に乗り池袋へ着いたら、ホームの電気時計は三時十分くらいでした。それで少し遅いなあと思い、少し急いで真っ直ぐに陸橋の横から交番の前を通って改正道路に出て、

これを横断して細い道を入り右へ曲がって少し行き、銀行の手前の通を左に曲がり一丁程行って右を見るとジープがいました。」〔文献Ⅰ(2)〕

事件当日の朝、平沢(貞通)が自宅を出て最初に向かったのは娘婿山口の勤務先だった。だが、これから行員を毒殺して銀行強盗しようとする人間が果たしてそんなところで時間潰しなどして犯行を考えるものだろうか。しかも、この後の平沢(貞通)の行動と毒殺という当該犯行とは、普通の感覚ではとても結びつかない。

平沢(貞通)は山口のところで時間潰しができなかったので、その足で上野に向かったというが、そこは犯行現場の帝国銀行椎名町支店とは反対の方向でかなり離れている。平沢(貞通)は食にうるさい方で、この時はうまいものを食べに上野まで出掛けたと思われるが、そこではまず喫茶店で何か飲み、次いで中華料理の昼食を済ませた後でさらに食堂で何か食べたとなると、これは常人の神経の持ち主ではない。これが本当なら、平沢(貞通)にとって殺人など単なる朝飯前の腹ごなしくらいでしかないということになる。これはこの手の犯罪に手慣れた人間でなくては理解不能な行動というべきで、どちらかといえばか細い神経の平沢(貞通)には、まったくあてはまらない話である。このように平沢(貞通)の供述には、帝銀事件の犯人像とするには首を傾げたくなるところが少なくない。

だが、彼のアリバイについてはどうだろう。

平沢(貞通)の供述によると、帝国銀行椎名町支店の犯行の後に東中野の自宅に戻ったのは夕方五時頃ということだが、これはかなり際どい時間である。犯行後まっすぐ帰宅すれば十分間に合う時間だが、平沢（貞通）は途中で日暮里に住む次女曄子のところを訪ねている。そこで燃料のタドンを受け取るために立ち寄ったもので、これもおかしな行動と言えるが、曄子はこの時のことを次のように証言している。

「二十六日に夫が会社の宴会で留守のとき訪ねてきました。時間は四時ころだったと思います。今日は主人はいないし夕食の支度をしなくてもよいとのんびりしていた時で、まだ明るいうちでした。そして父は上に上がらず、縁側に腰掛けてお茶を飲んでタドンを持って帰りました。」〔文献Ⅰ(2)〕

このとおりであれば、平沢（貞通）は曄子のところを四時少し過ぎに出たことになるから、東中野の自宅には五時頃には何とか帰れただろう。しかし、犯行後に平沢（貞通）が曄子のところに立ち寄ったのが午後四時頃、というのには多少問題がある。帝銀事件生存者の証言では、犯人が銀行に来たのは閉店直後の午後三時一〇分から三〇分の間となっており、犯人が銀行を出たのは早くても三時半頃で、遅ければ四時前後ということになる。だが、そうなると、日暮里に四時というのは不可能ではないにしてもかなり際どい時間である。そこで、日暮里の時間をもっと遅くしてみたらどうかというと、これでは曄子のいう「まだ明るいうちでした」というのとは合わないし、五時までに東中野の自宅に戻るのは無理だろう。要するに、平沢（貞通）が犯行後に日暮里の曄子の家を廻って自宅に戻るまでの時間が、一時間か一時間半だけではあまりに忙し過ぎるということだ。もっとも、平沢（貞通）

が相田方でジープを見ただけですぐに帰ったのなら、この時間に不足はない。ところで、事件当日に平沢（貞通）が帰宅した時間が五時頃ということの真偽はどうだろう。平沢（貞通）の妻マサは、事件当日に平沢（貞通）が帰宅した時の様子を、一審公判廷で次のように証言している。

「一月二十六日平沢貞通が帰宅したとき、米国人のエリーがいました。彼はいつも二時頃来て十時頃帰りますが、この日平沢貞通は五時頃帰り私はこのとき勝手に居り、平沢貞通は只今といって帰りタドンを持ってきて台所のところに置き、間もなくして瞭が帰り、エリーが持ってきたものと思って開けようとすると、誰かがそれはタドンだよ、といったら、なんだーと足でけったように思います。瞭が帰ったのは食事中で六時頃だと思います。食事後皆でトランプ遊びをしたり、その後平沢貞通も一緒に話をしたりして、エリーが帰ってから皆ですぐ寝ました。平沢貞通はラジオを聴きながら四畳半で寝ましたが、別に変わったところは見受けられませんでした。」［文献Ⅰ（1）］

三女宛子の証言

「一月か二月の二日続きの休暇の日で、月曜日だったと思います。彼が遊びに来ていたときで、午後五時頃だったと思います。父が山口のところへ行ってきたといって、ボストンバックにタドンを入れて持ってきたので、私はそれを友人に見られるのが嫌でそのまま台所の方へやっておいたら、次兄の瞭が帰ってきて、おみやげ、といって開け、なんだタドンかといったので覚えています。彼の名前はウエイン・エリーといって軍曹で今はアメリカに帰っていますが、昨年八月～九月頃、自分の休暇は月曜日で、その日は一月最後の月曜日だといっていましたから一月二十六日だと思います。そうとしか考えられないと私にいいました。」［文献Ｉ（1）］

このように彼女たちの証言は具体的で臨場感があり、平沢（貞通）の帰宅が五時頃というのも本当だろう。とはいうものの、親族の証言では証拠としての価値は高くない。だが、これが米軍人エリーの証言となれば話は別である。平沢貞通の弁護団としても、エリーに法廷で証言してもらいたいのは当然で、現に彼らは一審の東京地裁にエリーの証人申請を提出した。ところがどういうわけか、この申請の最中に当のエリーは任期を残して突然本国に召還されてしまった。

佐伯省によると、平沢（貞通）は事件当日に娘婿の山口の勤務先に立ち寄った後、山口の生家へも訪れていたということである。そこで平沢（貞通）はタドンを購入した（ということは、平沢（貞通）はタドン入りのボストンバックを持って帝銀椎名町支店に向かったことになる）。そしてそれを日暮里の曄子のところに届け、それから自宅にも持ち帰ったわけだが、この時平沢（貞通）はびっくりしそうな話を山口の母親にしている。近いうちに大金が手に入ると。彼女はその話を台帳に記入しておいたのだが、平沢（貞通）が逮捕されるとそれは不利な証拠になると思い、すぐに焼却処分したということである。この話が銀行強盗を意味するとは冗談にもならないが、この時平沢（貞通）が漏らした大金についてては第六章で詳しく説明する。

(4) 犯人の人相・素顔丸出しの怪

目出し帽に覆面というのは銀行強盗の必須アイテムだが、平沢(貞通)が帝銀事件の犯人なら、彼は自分の顔から犯行がバレることをまったく気にかけなかったことになる。これは安田銀行荏原支店事件と三菱銀行中井支店事件のところでも指摘したことだが、これほどの犯行をまったく変装もせずに、それも三回とも素顔丸出しというのはほとんど現実味のない話である。荏原支店事件関係の証言はすでに取り上げたが、帝銀事件での生存者四名は、犯人を平沢(貞通)と同一人とすることについてどう感じたのか。ますは第一審での証言を見てみよう。

●吉田武次郎(支店長代理)「被告人の左隣に立ち、被告人に立ってもらうと背丈体格もピンときます。それに横顔をしげしげとみると、髪の白毛混じりの生え際の具合、口唇も私の思った通りで、目鼻立ちもよく左にアザもあるのだけれど、耳が小さく特徴のある耳だったので、それが気になりどうしてあのとき気がつかなかったのかと思い、最初に見たときは犯人と断定できませんでしたが、今日は半年振りに見るのですが、私は犯人だと確信をもっていえます。」

●田中徳和(出納係)「被告人が上野(駅)に着いたとき見ましたが、こいつだと思いました。私は被告人を犯人だと思います。」

●阿久沢芳子(出納係)「非常によく似ているが、どこと特徴を取り上げていうことはできません。唯、態度が犯人の方が落ち着いているようでした。上野（駅）で見たときも似ているが犯人とは違うと思いました。警視庁で見たときも同じで、犯人とは思えませんでした。今日ここで見ても非常に似ているが、犯人と断定することはできません。」

●村田正子（出納係）「私には犯人と同一人物とは思われません。見たところ犯人よりも老けていますが、体つき全体も犯人より弱々しく見えます。」［文献Ⅰ（1）］

右のごとく一審では男性二人と女性二人の証言が真逆になっているわけだが、最初から平沢（貞通）を犯人と決めつけているのは田中徳和だけである。平沢（貞通）が逮捕後に警視庁へ移送された直後に行われた面通しでは、田中を除く全員が平沢（貞通）は犯人に似ているが別人だとした。とりわけ村田正子は、その後も一貫してその主張を変えていない。私は事件後四〇年以上してから彼女の自宅を訪ねたことがあるが、その時の印象は意思が強く聡明な女性というものだった。

支店長代理の吉田についていえば、四回もの面通しをさせられた揚げ句、平沢（貞通）を犯人と断定するに至ったという経緯がある。彼の場合は支店長が不在での事件ということで、立場上そうなるのは珍しいことではないだろう。ところが、最初から平沢（貞通）を犯人だと断定した田中の場合、他の三名とはまったく様子が異なる。これについては後で検証するとして、証人たちが目にした犯人と平沢（貞通）はどれ位似ていたのかを、次頁の逮捕直後の平沢（貞通）本人の写真と手配用の似顔絵とを見比べていただきたい。

次頁の決定版の似顔絵は捜査員の間でΛ版と呼ばれ、この他にもC版といわれる手配似顔絵が作ら

起訴された平沢貞通の写真（読売新聞昭和23年9月4日付）

A版「丈は5尺3-4寸 犯人の人相修正」（読売新聞昭和23年2月2日付）

C版「最後の未発表手配似顔絵B級」（毎日新聞昭和23年10月17日付）

「帝銀毒殺犯人」「こんな人相に決まりました」として当局より発表されたと報道。（朝日新聞昭和23年5月5日付）

「自宅歯科医院の待合室のO（オー）」（昭和29年）

れた。A版は、全国の警察署に配布され、各新聞紙上にも決定版として掲載されたものだが、このA版は見ての通り平沢貞通にはまったく似ていない。これは帝銀事件生存者四名中の三名が特に犯人に似ているというので、全国に公開されたものである。事件発生直後に作られた中段右側の似顔絵は、実をいうと実行犯と目されるO（オー）の写真に良く似ている。［文献Ⅰ③b］

C版についていえば、こちらは事件発生から三ヵ月もしてから作られたもので、この二枚は出来上がるとすぐに現場の捜査員にA版と一緒に携行させた。しかしなぜか、C版は全国各警察署には配られず、平沢（貞通）が逮捕されるまでは報道機関にも公開されなかったのである。

このことについて元捜査一課第二係長の安達梅蔵は、一審公判で山田弁護人の「C版が外部に出ていないのはなぜか」との質問に「帝銀関係の三人がA版に似ているといったからで、いずれも大差ない」と答えている。しかし、A版とC版とでは本当に大差ないのかというと、前掲似顔絵を見てのとおり、まともな鑑定眼をもっていれば、まったく否である。それは、毎日新聞一〇月一四日付の居木井元警部補の談話からもわかる。以下はその記事からの抜粋である。

「あれは一般にA級B級（C版）と申しますが、私はA級はもちろんB級（C版）も持って行きました。そして平沢先生に会ったときに、余りに良くB級（C版）に似ているのです。そこで私はおかしいと思いました。これに名刺の線がぶつかって、いわゆるその写真と名刺の線の三角点の焦点に達したときが、これはやってみようという気になったので、先程課長は居木井の勘というふうにおっしゃったけれども、それは違うのです。実際は写真が私の感じより先なんです。私としてもあの写真がなかったならば、彼に疑いを抱くことはなかったと思います。その写真の完成には安達係長殿が非常にお骨折りになったのです。」［文献Ⅳ（2）］

ここで居木井のいうB級というのはC版のことで、これは写真ではなくて似顔絵なのだが、このC版がいかに平沢（貞通）に似ていたかは、次の居木井の一審での証言からも明らかである。

「小樽署に行って前に平沢貞通を調べた坂本部長を呼んで、B級（C版）の人相書を見せて、平沢貞通に似ていることを話すと、成程これは似ている。我々が調べた頃はこの人相書はなく、新聞の切り抜き写真を見ていたのでわからなかった。この人相書があれば我々ももっと別の観点から平沢貞通を見ていたと申しておりました。」［文献Ⅰ(1)］

平沢貞通逮捕の六ヵ月前、小樽署の坂本部長は捜査本部の指示でその頃小樽の両親宅に滞在していた平沢（貞通）を訪ねた。安田銀行荏原支店事件で使われた松井蔚の名刺の交換先の一人として任意で事情聴取を行うためだったが、当時の平沢（貞通）について坂本は三月三〇日付で捜査本部に次のごとく報告している。

「平沢貞通の顔は角張っていて人相が違う。また平沢貞通が松井博士からもらった名刺の裏には、同氏から鉛筆で住所を書いてもらったということで、荏原支店で犯人が使った名刺は新しいものなので、平沢貞通は犯人とは思われない。」［文献Ⅰ(2)］

新聞報道と全国指名手配のために使われたA版と平沢（貞通）そっくりのC版にこれほどの違いがあるのは、前者は帝銀事件生存者の意見をもとに作られたものだが、後者は三菱銀行中井支店の小川支店長の答申で作られたところに、その理由がある。このことは本章（一）で述べた。平沢貞通は帝銀事件の犯人ではないが、三菱銀行中井支店事件には関与している、という仮説が満更的外れでないことを示している。

平沢（貞通）そっくりのC版作成に深くかかわった前述の安達梅蔵元捜査一課第二係長の「A版とC版は大差ない」というデタラメな答えは、明らかに事実に反する無責任な発言というより仕方がないが、彼はなぜそのような「嘘」をつく必要があったのか。そのあたりの事情は、C版をデカ根性丸出しの居木井警部補に持たせたところにありそうだ。はっきり言えば、そもそもC版は事件発生から三ヵ月も経ってから作られたこともあり、平沢（貞通）逮捕に合わせて作られたものではないのかということだ。だが、これが事実だったとしても、これだけで疑問が解消されるわけではない。というのは、居木井警部補がC版酷似の平沢（貞通）を犯人と確信して捜査本部に報告した時点で、なぜ平沢（貞通）の逮捕を決めなかったのか、という疑問が残るからだ。平沢（貞通）逮捕は、これより二ヵ月後に突然決まったわけだが、それまでの本部の幹部たちは、居木井警部補の主張に耳を貸して平沢（貞通）の捜査に本腰をいれたのかといえば、そのような気配は微塵もなかった。平沢（貞通）の逮捕を藤田刑事部長が決定する直前まで、捜査の主流は専ら旧軍関係だったからだ。

平沢（貞通）逮捕の決定理由を、藤田刑事部長は、「居木井警部補の平沢（貞通）に対する執念に動かされ、居木井にやらせてみよう、その結果シロくなれば軍関係の捜査を再開すればよい」と言っているが、実際にはこの決定は、担当検事の高木一が平沢（貞通）の逮捕を藤田に強く勧めたことによる。つまり、本来なら躊躇したくなるような理由で平沢（貞通）の逮捕を強行させたのは、他ならぬ高木一検事だということなのだ。

第一章（一）で述べたように、高木一検事は帝銀事件発生当日に犯行現場に出向いているが、所轄の刑事が徹夜してでも徹底的に現場検証すると主張したにもかかわらず、その必要なしとして故意に現場検証を放棄し、翌日に延ばして犯人を取り逃がすという驚愕すべき事実がある。高木一検事の背後には刑事警察機構をも左右できる大きな力が働いていたと考えられるのだが、こうしたことにより帝銀事件では、現金と一緒に奪われた小切手が、犯行翌日に換金されることになったものと思われる。

しかも小切手盗難の事実が判明しても捜査陣はすぐには動かず、払出銀行への手配はさらにその翌日になった。これは単なる失態では済まされるものではなく、犯人をわざと逃がしたとしか思えない。警視庁というよりも日本の刑事警察機構の根幹がGHQによって支配されていることと決して無縁ではないことを白日下に晒した大失態であった。

何度も繰り返すようだが、当初の捜査の主流は平沢（貞通）のようなズブの素人ではなく、毒殺のプロ集団、すなわち旧日本軍の特殊部隊関係者であったことは間違いない。この方面の捜査は特命捜査班が専ら行っており、容疑者はここで絞り込まれるはずであった。したがって、平沢（貞通）が犯人に相違ないなどと居木井警部補がいくら声高に訴えたところで、上司が取り合うはずもなかったのである。ところがそのわずか二ヵ月後には、降って湧いたような平沢（貞通）の逮捕を高木一検事の意をうけた藤田刑事部長が決めたというわけだ。このような不自然な動きが意味するのは、この二ヵ月間は平沢（貞通）を捕まえたくないという思惑があったからである。その理由については第十章で取り上げるとして、次に帝銀事件で奪われた小切手について改めて検証する。

（5）盗難小切手の謎

犯行後の帝銀椎名町支店内には、多額の現金が手つかずのまま残されていた。事務室出窓の木箱内には帯封した三六万円、棚の上と竹籠の中に五万円、事務室の隣室には施錠していない大型金庫があったが、この中には三五万円あり、合計七六万円もの現金がそのまま放置されていた。現在の金額に換算すればおよそ一三・七三倍の一〇四三万四八〇〇円である。ところが犯人が奪ったのは、一六万円の現金と額面一万七〇〇〇円余の小切手だけである。しかもこの犯人は、行員から現金の所在を聞き出そうとせず、最初から全員の毒殺を企てた。これでは犯行は現金よりも毒殺が目的なのかとも思えるが、それにしては犯人には説明がつかない行動が見られた。犯人は銀行で現金と一緒に奪った小切手を、犯行翌日になって換金に出掛けたのである。しかもその行動は開店早々ではなくて午後の二時過ぎになってからである。現金に対する犯人の貪欲さは、銀行内に多額の現金が残されていたこととも明らかに矛盾する。犯行目的は現金でも毒殺でもないとなるといったい何が目的なのかとなるが、小切手換金についていえば、やはりこれは別人とすべきだろう。ところで、奪われた現金と小切手は銀行内のどこにあったのか。

「後藤豊次入金分八万九千百十円、高橋定治入金分一万四千円、当店在高不足分六万一千百九十五円三十五銭、合計十六万四千四百五円三十五銭、その他小切手一葉・後藤豊次入金分一万七千

四百五十円、総計十八万一千八百五十五円三十五銭。」〔文献Ⅰ(1)〕

右は被害者始末書にある帝銀椎名町支店の被害額で、このうち、「後藤豊次入金分」とある八万九千円余の現金と額面一万七千円余の小切手は、事件直前に持ち込まれたものである。この入金を取り扱ったのは生存者の一人の田中徳和で、田中はこれについて一審公判廷で次のように証言している。

「南側の出窓の処にある四角な木箱には一万円に満たない小銭を入れておくのでありますが、その中にも少しは入っておりました。その横の直径二十糎位の大型カルトンには、その日後藤豊次の入金した百円札ばかりの八万いくらと一万七千円の小切手を入れておりましたし、それから食糧公団から来た現金九万いくらも未整理の儘机の下に置いてありました。その外に私の近所には現金はありませんでした。」〔文献Ⅰ(1)〕

カルトンとは釣り銭などを乗せる盆のことで、犯人はここにあった現金と小切手を奪ったことになるが、実際には奇妙な話である。一審の証言では、田中徳和は小切手をどのように置いていたか述べていないが、二審の証言では次のとおりである。

「後で現金十六万円と一万何千円かの小切手を盗られたことがわかりましたが、その現金のうち

十万円は私の席の側にあったボテにあったもので、この札の間に小切手が挟んでありました。」〔文献Ｉ(5)〕

小切手が現金の札束の間に挟んであるのに犯人は気付かなかった、やはりこうでなくてはおかしいということだ。ちょっと探せば見つかる大金には目もくれず、面倒な小切手を持ち帰ったなどはどう考えても不自然だからだ。だが、それでもにわかには信じ難い話である。現金を扱うプロの銀行員が現金と小切手をまぜこぜにしておくなど、そんな紛らわしいことは普通しないはずだからだ。しかも田中徳和は、小切手の盗難を後でわかったといっているが、それも事実とは異なる。事件直後、彼は現場にかけつけた捜査員に現金と一緒に小切手も盗られたことを伝えていたからである。帝銀事件の犯人が奪った小切手と現金のほとんどがこの田中徳和の周辺からで、その他の現金には手をつけなかったわけだが、これを単なる偶然とするのは余りに突飛な見解である。やはり小切手には何らかの目的があったとすべきだが、平沢（貞通）はこの小切手の換金について以下の通り供述している。

●高木一検事「二十七日の行動は思い出せたか。」

●平沢貞通「思い出せました。十時一寸過ぎにあの古い鳥打帽を冠って眼鏡はオーバーのポケットに入れ家を出ました。省線で神田で降りて山の手線の回数券を買い、三越の展覧会場に行って小山周次に会い、明日搬出に来られないからと断りまして、ああ、そりゃいいよ何時もの通り美術部へ預けておくから、と言ったので其処から出て、三越食堂へ行きましたが満員で入れぬので出ました。」

●高木一検事「どうして二十八日に来れないと断ったか」

●平沢貞通「何か思い出せませぬ」

●高木一検事「日記には『十一時銀座』と書いてあるが思い出せないか。」

●平沢貞通「何かの会があったのでしょうか思い出せませぬ。三越の食堂を出てから八重洲ビルの裏の古川の会社へ行って、西村さんに会おうとしたら玄関の受付の女が知っているものですから、今日は来られませぬよ、と言いましたので、その侭出て銀座へ歩いて行き、地下鉄の食堂でお美味しいお菓子を食べさせる支那料理屋へ入り支那料理を食べ、確か三百円位払ってお腹が出来たものですから外へ出て、服部の横まで歩き自動車を拾って秋葉原へ行って降り、自動車賃百五十円か二百円払って駅の電話受付で其処にあった鉛筆で来信紙に書いて、清水からの偽電報を打ちそれから初めて神田で買った回数券で巣鴨に行き、降りて都電車庫まで歩き板橋行の都電に後部から乗り、後口の車掌に板橋の安田銀行のことを聞いたらお教えしますよと言ってくれましたので、傍らに立っていましたら其の中に此処を降りて少し行くと、左側ですよと言ってくれたので降りて、其の通り歩いて行きながらメガネを掛け銀行へ入り、銀行の皆の客の書く机の上で其処のペンとインクを借りて、小切手の裏書きの先に名前を書いて判を押してあったので右肩へ出鱈目に住所を書いたのです。」［文献Ⅰ(2)］

以上の供述で、本当に平沢貞通が帝銀事件の犯人なら、どうして真っ先に小切手の換金に向かわなかったのだろうか。第三章（六）で取り上げた一連の詐欺事件のときは、犯人は銀行の開店と同時に騙し取った小切手の換金を行っている。帝銀事件翌日の平沢(貞通)は最初に安田銀行板橋支店へは向かわず、反対方向の神田や銀座に行き、秋葉原経由で板橋支店に着いたのは閉店間際の午後二時過ぎである。平沢(貞通)を帝銀事件の犯人とするなら、この信じ難い行動は何を意味するのかといえば、平沢(貞通)が小切手の本当の出所を知らなかったということ以外にないということだ。

ただし、この時の平沢(貞通)が普段はしないメガネをかけて(実際の犯人はオーバーの襟を立てて帽子を目深にかぶり、色付きのメガネをかけて)銀行に現れたということは、この小切手がまともなものでないことを承知していたからだろう。

帝銀事件の一ヵ月前に起こった一連の詐欺事件で、平沢(貞通)の犯行と確実視できるのは通帳の偽造だけというのは記述のとおりだが、この小切手は通帳偽造の報酬として平沢(貞通)に支払うためのものだったかもしれない。

そうであれば、高木一検事の「日記には十一時銀座とあるが思い出せないか」という質問も、これが平沢(貞通)に小切手を渡す時刻なら辻褄が合う。

ところで、平沢(貞通)の先の供述で、「小切手の裏書きの先に名前が書いてあって判が押してあったので、出鱈目に住所を書いたのです」とあるが、この小切手には平沢(貞通)もうっかりするような「細工」が施されていた。小切手を現金化するには小切手の裏側に振出人本人の実印の押印、いわゆる裏判が必要だが、これがなくても代りに住所と氏名の記載があれば換金できる。

ところが、この小切手には、振出人以外の氏名の記載はあるものの住所はなく、その代わりに不必要な振出人以外の印が押してあった。平沢(貞通)は画の代金を小切手で貰うことが多かったので扱いには慣れていたはずだが、こんな紛らわしい小切手では騙されてもおかしくないだろう。実際に私は、知り合いの銀行員に同様のデタラメを自信満々に言ってみたところ、やはり騙される可能性があることがわかった。

「振出人本人の裏判がある場合は、裏書き人の名前や住所はいりません。発行人以外の人が金を受け取るときは名前だけでなく住所もいります。」［文献Ⅰ（2）］

これは一連の詐欺事件で高木一検事が取調中、平沢（貞通）が突然言い出したことである。しかし、右のごとく明確な知識が平沢（貞通）にあったのなら、銀行窓口で行員から住所の記入漏れを指摘されるまで気付かなかったのはおかしい。しかも、その場で咄嗟に書いた住所が「板橋区三の三三六」で、これは平沢（貞通）の以前の住所「板橋区三の二六一」と余り違わないし、筆跡も平沢（貞通）のものと酷似している。その鑑定結果は次の通りである。

「（一）警視庁科学捜査研究所の遠藤恒儀・警視庁鑑識課係長の高村巌ならびに北大路肩次郎、以上の三名は平沢貞通の筆跡と同一と鑑定。

（二）京都大学の中村直勝、東京大学の宝月圭吾、高橋隆三ならびに竜粛、立命館大学の林屋辰三郎、以上五名は酷似しているが同一人とは断定できないと鑑定。

（三）慶応大学の伊木幸一は、平沢貞通とは別人と鑑定。」［文献Ⅰ（2）］

小切手の換金人が平沢（貞通）だということは、即ち平沢（貞通）は帝銀事件の真犯人ではないということを示唆している。捜査本部でも、当初は小切手の換金は「別人」とする見方があり、犯行は複数犯によるという意見が大半であった。しかもそうした見方は、帝銀事件で奪われた小切手そのものにも疑惑の目を向けていたのである。

前掲の「甲斐文助捜査手記」によると、事件発生から一ヵ月後の二月二五日、宮原、佐藤の両刑事が小切手の裏書人である後藤豊次の内偵と身辺捜査を行っている。帝銀事件当時の後藤豊次は豊島区果実組合の支部長をしていたが、後藤が捜査の対象となったのは小切手をめぐる動きが余りに不自然だったからだろう。

後藤豊次が帝銀事件に一枚噛んでいたとすれば、小切手の裏書きの紛らわしさや、閉店間際に帝銀椎名町支店に持ち込まれた約九万円の現金が、帝銀事件の真犯人にそっくり持ち去られたことなどすべての不自然さがうまく繋がる。さらに言えば、帝銀事件の真犯人がそれらを確実に手にするには、もう一つの工夫が必要となる。事件当日、後藤豊次の使いの者が持ち込んだ小切手と現金を扱ったのは、出納係で生存者の一人でもある田中徳和なのだ。小切手と現金を目に付きやすい盆の上に載せて置いたと一審公判廷で証言した。だが二審では、田中徳和は小切手は現金の間に挟んで置いたと証言を変えたことは前述のとおりである。

小切手が平沢（貞通）を犯人に仕立てる小道具の一つとすれば、この策謀を成功させるには田中徳和の協力が不可欠となろう。軍部の謀略のプロなら、若い田中徳和を騙して、結果として事件に荷担させることなど、そう難しいことではなかったはずだ。平沢（貞通）を最初から犯人に間違いないと断言し続けた田中徳和にとって、真犯人の実行犯が捕まるというのは悪夢でしかなかったはずである。

（6）犯人がすぐに捕まらなかった理由

一月二六日、所轄の警察から帝銀事件発生の一報を受けた東京地検の高木一検事は、当夜七時半頃に検察事務官一名を伴い、出射義夫検事と共に現場入りした。先行していた所轄の警察官は、事件の早期解決には徹夜してでも徹底した現場検証をすべきと主張したのは、この種の犯罪捜査の常識で、夜を徹した捜査が行われていれば、翌日には犯人逮捕も可能だったかもしれない。

ところがなぜか、高木一検事はその日の現場検証をわずか二時間足らずで切り上げ、被害品の検証などは故意に翌日に延ばしてしまった。午後九時二〇分頃犯行現場を出た高木一検事は、その足で被害者が搬送された新宿の聖母病院に向かった。そこで高木一検事は、比較的元気な吉田支店長代理と出納係の田中徳和から聞き取り調査を行った。

その事件から二日後に高木一検事は、二名の検察事務官を連れて再度現場入りした。この日は、事件当日は腹痛で早退していた支店長の牛山仙次と本店出納係の市川盛一が被害検証に立ち合うため朝八時から現場で待機していた。だが、牛山支店長らは二階で二時間以上待たされ、階下の高木一検事から呼ばれて検証に立ち合うことになったのは昼近くであった。

この検証の結果、田中徳和の机上のカルトンからは一冊の入金伝票が見つかった。カルトンの一番上にあった伝票には、「青果商後藤豊次からの現金八万九千百十円と額面一万七千四百五十円の小切手一通」と書かれており、これらが紛失していることが午後二時頃になってようやくわかった。本来ならここですぐに紛失小切手の手配がなされたはずだが、高木一検事はここでも小切手の確認作業を翌日に延ばしてしまった。この小切手が安田銀行板橋支店で換金されたのは、この日の午後二時半から三時の間であった。［文献Ⅰ(3) b］

何とも間の抜けた捜査だが、結局、その小切手が森越治振出の安田銀行板橋支店発行B‐9211と判明したのは、さらにその翌朝になってからだった。しかも、その小切手を帝銀椎名町支店に持ち込んだ後藤豊次に確認し、本店経由で板橋支店に連絡が入ったのは、何と、事件発生から二日も経った一月二八日、午前一〇時のことである。まるで犯人にどうぞ逃げて下さいと言わんばかりの悠長さだが、捜査当局の弁明はそのことを裏付けている。

捜査本部は、小切手の手配が遅れた理由を二つ挙げている。一つは、指紋採取等現場保存のために現金や帳簿の調査ができなかったこと。もう一つは、生存者が意識の明瞭を欠いていたというものである。

しかしこの言い訳は、都合の悪いことを隠蔽するためによく使われる言い逃れのための質の悪い常套句という他はない。

第一の理由だが、そもそも帝銀事件では最初から現場保存ができていなかった。事件勃発当初は、集団食中毒なのか事件なのか大勢の野次馬が犯行現場に立ち入ってしまい、犯行現場に残された銀行強盗犯の指紋は、帳簿類はともかく、現金についた指紋をどうやって犯人のものと特定できるのか、笑い話にもならない。

第二として「生存者が意識の明瞭性を欠いていた」とはデタラメ以外の何ものでもない。事件当時、所轄の捜査官をしていた大西金蔵の一審公判廷での証言は次のとおりである。

「田中は苦悶の様子はなく、意識もうろうとしていた状態で腰掛けていたが、言葉が通じるようでしたので、とりあえず聞いたところ田中がいうには、午後三時半頃区役所の防疫課の者だという白い腕章をつけた男が、付近に伝染病がでたから消毒しなければならない、消毒薬を飲んでくれと飲まされた。そしたら皆苦しみだしたということだったので、私はこれは中毒ではないと直感して大原部長に命じて署に電話させる一方、田中からの聴取を基本にして手配書を書き……。」〔文献Ⅰ（1）〕

田中徳和が中毒死を免れた理由として考えられるのは、飲まされた毒物が致死量スレスレ、あるいは毒を飲まなかったかのいずれかだろう。同じ生存者の村田正子は苦悶と失神を繰り返したのに、田中には苦悶の様子すらなかったことから、毒物を飲まなかった可能性が高い。彼は「意識朦朧」ではなく、単にボーッとしていたように振る舞っただけだろう。だから田中だけが、その場での事情聴取が可能だったのではないか。

本来なら前述のごとく盗難小切手の手配の遅れは、うっかりミスの類で済まされる話ではない。しかしこのことが新聞ネタになったのは、事件発生から八ヵ月もしてからだった。しかも、これを記事にしたのは読売新聞一社のみで、以下は九月二八日付の記事からの再録である。

「本庁の幹部は、当時大きな捜査上の失敗をしていた。それは被害者の一人田中徳和が苦しい息で、盗まれた金の間に一枚の小切手が入っていたことを告げたにもかかわらず、当局はその手配を怠り、翌二十七日犯人が安田銀行板橋支店でまんまと小切手を現金にかえるのを見逃し、犯人逮捕の最大のチャンスを逸した。」〔文献Ⅳ(3)〕

本来ならスクープとなる記事だが、平沢（貞通）はこの時にはすでに逮捕されており、犯行の自供も済んだ後だった。これでは折角の特ダネも台無しだが、ガッカリしてばかりもいられない。

帝銀事件で、警察の総力を結集して行われた全国規模での捜査は、高木一検事による初動捜査の不手際がなければまったく不要だったことは間違いない。ところが高木一検事はこの事件で責任を問われることなく、平沢（貞通）逮捕後の取調もほぼ一人に任された。何とも奇妙な話である。もっとはっきり言えば、検察当局としては、事件翌日には犯人を捕まえたくなかった。つまり犯人逮捕を遅らせることで全国規模の捜査を可能にする、これが目的ではなかったのかということだ。これは犯行目的が現金強奪でも毒殺でもないとなると、本当の動機はいったい何だったのか、という疑問にも繋がるが、これについては第八章で改めて検証したいと思う。

(7)特異な犯人像

帝銀事件発生から平沢貞通の逮捕が決定するまで、捜査の主流は軍関係者が対象だったとは既に言及したが、これは以下の六項目に及ぶ捜査要綱が当時各警察署に通達されたことでも明らかである。

「(一)犯人は行員十六名を殺害するのに、使用毒物である青酸化合物を、僅か百二十cc入り小児用投薬ビン一本に準備してきて、これを二cc入りピペットスポイトで二回を少量当て、正確に計り出し各自の茶碗に注いだ点を勘案すると、薬の量と効果に対する犯人の深い自信がなければ、もっと濃度を高めるとか量を増やすとかして、そこに素人臭い何等かの破綻を見せるべきであったろうから、これを軽く偶然の一致と看過する訳にはいかない。

(二)犯人は毒薬の時間的効果に対し、深い自信をもっていたと認められる点。

(三)毒薬の飲ませ方が飲みづらい薬液を確実に嚥下せしめる方法を自ら実演して教えた。

(四)犯人も同じ薬を飲んだが異常がなかった。

(五)犯人の所持品が例えば軍医が使用していた小児外科用のケースと同様であったり、毒液を注ぎ分けたスポイトが、軍の特殊部隊員が毒液を正確に計るために用いた、駒込型ピペットに形状が酷似しているなど、一般人には手に入りにくい特殊なものであった。

(六)犯人のこの種の犯行に慣れていると思わせる、落ち着いた態度。」[文献Ⅰ(3)b]

以上により捜査本部は、「容疑者は旧軍関係者が最適」としてこの方面の徹底した洗い出しを行った。「この種の犯行に慣れた」人間などそう滅多にあるものではないから、最初から的を絞った捜査が行われた。

旧軍関係者といっても捜査の対象は自ずと限られ、「特務機関」というスパイ組織の関係者がそれである。この組織の要員は諜報や破壊工作などの任務に加え、要人暗殺も手掛けていた。殺しのプロとも言える彼らは、当然、毒物の扱いにも精通していた。だが、毒殺のプロと呼ぶにふさわしい人物は他にもいたのである。

戦時下の中国東北部で大勢の中国人捕虜や囚人（ここには少数のロシア人も含まれる）を「マルタ」と称して細菌兵器開発のための生体実験に供していた。かの悪名高き「731部隊」とその関連部隊でも、幅広い毒物の人体実験が行われていた。そこには日本の陸軍化学研究所から技術者が派遣され、あらゆる毒物の人体実験が繰り返し行われていた。したがって、この方面の関係者すべてが捜査の対象となった。しかしここから逮捕に繋がる容疑者は浮上してこなかったわけだが、問題は犯人の驚くべき無神経さである。犯行の手口といい、使用した器具といい、これらはすべて旧軍の特殊要員の犯行を示唆するものばかりで、これでは捕まえてくれといわんばかりの痕跡を残していたのである。［文献Ⅱ⑹⑺］

だが、これは同時にこれまで述べてきた「平沢貞通は騙されて犯人に仕立てられた」とする仮説に反する多くの事実に出くわすことでもあった。平沢（貞通）は毒殺はもとより、毒物に関してもまったくの素人だから、平沢（貞通）に濡れ衣を着せることなどできるわけがなかった。しかも犯人は、帝銀事件の目撃証人をまったく意に介していないのである。結局、旧日本軍の特殊部隊関係者に捜査の目が向くように仕組まれたとすべきで、旧軍方面の捜査が平沢貞通逮捕まで極秘裏に行われていたことと無関係ではない。

高木一検事が初動捜査でわざと犯人を取り逃がすように意図的に「ミス」を犯したのも、こうした見方をすれば分かり易いが、詳しくは第十章でまとめて言及する。

(8) 奇怪な別件逮捕と平沢貞通の証拠のない逮捕

平沢貞通逮捕を決めたのは、捜査を指揮した藤田刑事部長であったことは既に述べたが、この決定にはかなりの無理があった。第一章（五）で示したように、平沢（貞通）を起訴できる決め手となる証拠は何一つなかったにもかかわらず、別件逮捕に踏み切ったからである。

旧軍関係者に的を絞った捜査が行われていた中で、それまでまったく注目されていなかった平沢貞通を藤田刑事部長の一存で逮捕するとなると、恐らく捜査本部の混乱と反発は必定だったろう。ところが、それをうまく回避できそうな事件が絶妙のタイミングで勃発したのである。

平沢貞通逮捕の三週間前の七月一七日、茨城県水戸市在住の御子柴兼男（みこしばかねお）という中年の男が医師法違反と詐欺容疑で突然逮捕された。この男の逮捕に水戸地検は、何と三〇名もの係官を差し向けて御子柴の自宅に踏み込んだのだった。この程度の容疑では仰々しい限りだが、それもそのはず。御子柴は帝銀事件の容疑で逮捕されたのである。いわゆる別件逮捕である。

御子柴は検察官の取調に対し、帝銀事件当日は檜山某と一日中花札をしていたというアリバイを主張したが、檜山がそれを否定したため連日厳しい取調が行われ、遂に御子柴はやってもいない犯行を自供した。ところが、その後、御子柴の自宅で安田銀行荏原支店事件で使われた松井蔚（しげる）の名刺が発見されたのである。さらに、御子柴が行きつけの床屋が「御子柴は十二年前から髭をはやしている」と話したことで、御子柴は逮捕から五日後に、医師法違反も詐欺罪も一切不問になり、あっさり釈放されたのである。この事件について、翌日の「朝日新聞」は次のように報道している。

「御子柴は無関係。その理由として、御子柴宅から発見された松井博士の名刺は、荏原事件で使われたものと同じで、それには松井博士の自筆とみられる「東北地区駐在員宮城県衛生部予防課付」とペン書きがある。（一）御子柴の持っている松井名刺は一枚きりで、しかも本物である。（二）人相も違う。御子柴の写真の四種類を、被害者全員が否定した。以上の二点で帝銀事件には無関係。」〔文献Ⅳ（1）〕

何ともお粗末だが、もちろんこれだけでは済まない。なぜなら、水戸地検の三〇名の係官による御子柴逮捕前の家宅捜索で、松井蔚の名刺がその時点で見付からなかったのはいかにも不自然であり、松井蔚本人は、御子柴とはまったく面識がないと証言しているから、御子柴が松井蔚（しげる）の名刺をもっていたのは、平沢（貞通）が掏られた松井蔚の名刺ではないだろうか。ところが、松井蔚が平沢（貞通）に渡した名刺にはペンではなく、鉛筆で自分の住所を書いたという。この経緯について「朝日新聞」の続きを見てみよう。

「去る三月、一度本部が手をつけて見放した御子柴が、再び水戸地検に検挙され、しかも事件解明のカギともいうべき〝松井名刺〟を発見。御子柴の容疑は消えたが、本部もつかみ得なかった新事実を探し出した。このことは、捜査本部のこれまでのやり方に深刻な批判を投げるもので、すでに本部が無関係と決定した容疑者三千数百名も再捜査が必要とみられるに至り、さらに御子柴事件で水戸地検を困らせたのは、一つとして容疑者に対する決め手がなかったという事実で……。」〔文献Ⅳ（1）〕

捜査本部の「これまでのやり方」というのは、旧軍関係の捜査を指したものだろうが、そこから急遽平沢貞通逮捕に方向転換するには何らかの証拠と口実が必要とされるが、そこで登場したのがこの御子柴事件だろう。

御子柴と同じように決め手となる証拠が皆無の平沢貞通を逮捕するため、この御子柴の別件逮捕が準備されたと見るべきだろう。これは捜査を指揮する藤田刑事部長の「平沢貞通がシロくなれば軍関係の捜査を再開すればいい」という何とも無責任で無方針な発言からも覗いしれよう。御子柴事件は、誤認逮捕ではなく、あきらかに捜査本部によって仕組まれた捏造事件による別件逮捕であると言うべきである。

それにしても滑稽なのは、事情をしらずに連日過酷な取調で御子柴がやってもいない犯行を認めたことである。これに慌てた藤田刑事部長がその後で松井蔚の名刺を御子柴の自宅に忍ばせたとすれば、御子柴の自宅から松井蔚名刺が突然出てきたことも頷ける。

ところで、帝銀事件の発生から平沢貞通が帰省中の小樽で逮捕される八月二一日までの七ヵ月間、平沢（貞通）は捜査の蚊帳の外にいたのかというと、実はそうではなかった。帝銀事件で奪われた小切手の裏に書かれていた住所の「板橋区三の三三六」は、平沢（貞通）の以前の住所「板橋区三の二六一」を彷彿させるが、この筆跡鑑定を行った警視庁鑑識課の高村係長は、平沢貞通の筆跡との類似について一審公判廷で左のとおり証言している。

「これらの文字は別に無理して書いたようなところはなく、比較的調べやすく容疑者七百数十名のうちで、特にはじめから注意をひいた四～五人の一人でした。」〔文献Ⅰ⑴〕

このように、平沢貞通は、筆跡で早い時期から有力な容疑者の一人だったことがわかる。ところがなぜか、この当初の鑑定は、この後の再鑑定ではアッサリとシロの判定に変更されている。しかも、平沢（貞通）の筆跡鑑定がシロと判定されたのはこの時だけではない。

北海道に帰省中の平沢（貞通）が手配用の似顔絵のC版とそっくりだったことから、前出の居木井警部補が本部の上司に自ら撮影した平沢（貞通）の写真を見せた。だが、それは平沢（貞通）がわざと表情を変えたものばかりで、似顔絵とは似ても似つかない写真に居木井警部補の主張は無視された。そこで居木井警部補は、苦心して平沢（貞通）の筆跡を手に入れて警視庁に持ち込んだが、これも犯人のものとは異なると判定されている。

ところが、この時からわずか二ヵ月後、藤田刑事部長は何らの確証もないまま居木井警部補の主張を受け入れ、平沢貞通の逮捕に踏み切ったというわけである。

以上のことから、もっともらしい一つの推論は、事件発生から平沢貞通逮捕までの七ヵ月間は旧軍関係捜査に必要な期間で、それまでは平沢貞通を逮捕しないというものである。

だが、それにしても、そうまでして捜査当局がしなければならなかった旧軍関係の捜査とは、いったい何だったのか。これについては次章と第十章で解明してみようと思う。

第5章　黒幕と実行犯

(1) 元秘密部隊員との裏取引

連合国総司令部（GHQ）は、帝銀事件発生当初からこの事件に並々ならぬ関心を寄せていた。三月一一日、警察係主席監督官のバイロン・エンゲルとGHQ公安課（PSD）の調査官を交えた会議の席上、警視庁の藤田刑事部長は、「犯行の状況からして犯人は旧日本陸軍の化学研究所に関係する人物にほぼ間違いない」と報告している。さらにここで藤田は、「新聞記者による捜査の妨害を防ぐため、この方面の捜査内容については秘密にすべき」とも主張したとされる。[文献Ⅴ(7)]

バイロン・エンゲルは、さっそくその旨を新聞出版主任将校のインボーデン少佐に伝えた。これを受けたインボーデンは、GHQ民間検閲支隊（CCD）の検閲官に対し、新聞記事が旧軍関連に触れるようなものは、すべて差し止めるよう「依頼」した。さらに、一九四五（昭和二〇）年九月一九日、GHQが日本政府に対して「公共の安寧を妨げる報道を禁止する」として発令した十項目にわたる新聞規則、いわゆるプレスコードに基づき、帝銀事件に関する記事はすべて「事前検閲」で厳重に管理すると明言した。このプレスコードとは、特に占領政策に支障が生じる恐れのある情報をすべて報道から排除するためのもので、事実上の言論統制であった。

帝銀事件が重大な凶悪事件であるのは間違いないが、この報道をGHQが直接規制したのは、この事件そのものが彼らにとって重要な意味を持つものだったことに他ならない。

事件発生から六日後の二月一日、警視庁捜査二課で旧軍関係の専従捜査にあたった成智英雄元特命捜査主任は、藤田刑事部長に呼び出されて次のような話を聞かされた。

「実は戦時中、中国大陸で生きた人間を細菌や毒物の実験材料にしていた秘密部隊があったが、米軍はその事実を知っていて、元隊員を戦犯にしないという条件と引き替えに、彼らに詳細なデータを書かせている。ソ連軍は関係者の身柄引き渡しを強く要求しており、もし隊員が犯人として浮上し、秘密部隊の事実がわかると恐るべき影響がある。したがって、入手した情報はすべて私に報告するように、決して他に漏らしてはならない。」〔文献Ⅲ(53)〕

秘密部隊とは既述の七三一部隊を筆頭とする細菌戦部隊のことだが、米軍とこれら元部隊員との裏取引の事実を、この時期に藤田刑事部長が承知していたというのは見過ごせないキーポイントである。

帝銀事件に関する報道がすべて事前検閲になったのは、右のような事情があったからだが、それなら特別に専従班を設けて旧軍関係の捜査を行う必要はなかったはずだ。なぜなら、たとえ成智英雄ら特命捜査員が秘密部隊関係者の中から犯人を割り出しても、決して捕まえることはできなかったからだ。つまり、旧軍関係者の捜査は、犯人捜しのために行われたのではなかった。それでは一体何のための捜査だったのかは、帝銀事件の犯行の動機そのものに関わってくる。

当時、細菌兵器は核兵器に次ぐ強力な武器と考えられていた。そこで米軍は、旧日本軍が中国大陸で生身の人間を使った実験で得た細菌兵器の情報を対立する旧ソ連に先駆けて何としてでも入手する必要があった。旧軍関係者の捜索が済むまで平沢貞通が逮捕されなかったのは、こういう事情からだとすれば腑に落ちるだろうが、詳しくはこの後の第八章〜十章で改めて検証する。

(2) 実行犯と指紋のない男

平沢貞通とは旧知の間柄で、平沢(貞通)に良く似た得体の知れない中年男がいた。『疑惑』の著者・佐伯省は、この男について次のような驚くべき話を私にしてくれた。

「平沢貞通が所属していた日本水彩画会会員にO(オー)という歯科医がおります。同人が会員となったのは昭和四年ですから、さらに古い大正時代からの会員である平沢貞通とは、事件当時すでに二十年の知り合いということになります。平沢貞通は昭和の始め頃から水彩画会の会員となっていますが、昭和十一年から十二年にかけて計画・陳列・監査・整理等の各委員を歴任して以後、委員に選出されていないのは、彼が色々の問題を起こして会員の信望を失ったためとみられます。

一方、O(オー)の方は次第に頭角を現し、昭和十六年に国産資材関係の委員となってから、二十年に戦災を受けるまで連続して委員に選出されています。画家はルーズなので戦争中自分が絵の材料の配給等の事務をやっていた、とOは言っていたそうですが、戦時中物資窮乏の時代に配給の手配をしていたことは、会員の間に相当の信望と勢力を持っていた証拠です。

当初Oは東京牛込で開業していましたが、昭和二〇年に二度の戦災を受けて焼け出されたままの姿で新潟県湯沢に近い中里村に疎開し、八年後の昭和二九年一月に東京世田谷区の某所に家を新築し、歯科医院を開業しました。

当時私は、従来診てもらっていた歯科医が死亡して困っていた時でしたので、Oが開業すると間もなく治療を受けるようになり、治療の合間には世間話などするようになりましたが、昭和三十年代のはじめにかけて日本経済の底は浅く、今では想像もつかないくらい景気がわるかったのです。

忘れもしません。昭和三三年十二月、私は、食事をしながら皆に話をしていると口の中でなにかカチッと噛み、はじめ石でも入っているのかと思って取り出してみると、上の小臼歯に詰めてあった金がとれていたのです。この金は二年程前にOにかぶせてもらったもので、その時この歯は虫歯ではなかったのです。ただ私は、以前K大学の歯科で抜歯を受けた時、二人の歯医者と看護婦がかかりきりになるという大変なことになり、医者が新米のせいもあったのでしょうが、危うく命取りになるといったひどい目にあいました。幸いサルファ剤がはじめて開発されて珍しかった頃で、それを使ってやっと助かったのですが、この時あまりにひどい目にあったので以後は用心のため歯は虫歯にならないうちに手当することにしていました。

この上の小臼歯も、Oに診てもらったとき、この歯を治療するのですか、と彼は不思議そうに言ったほどでしたが、私は構わず、舌が歯に触れると少し欠けている感じがするから、といって金を詰めてもらったのでした。丁度師走に入って忙しかったし、虫歯でもなくもちろん痛みもしないので暫くそのままにしておいたのですが、二十三日頃になってOに診てもらうことにしました。

仕事が終わって夜になってしまいましたが、予め電話で予約しておいたので出掛けて行きました。玄関を入ると治療室のドアが開いていて、Oがなにやら作業をしていて上目遣いに私を見ました。私が挨拶をして治療室に入ると、Oはただ黙って私を治療台に座らせました。その時私は、前はこうではなかった。この男はもっと愛想がよかった。二年程行かないうちにこの男は少し変わったな、と感じましたが、考えてみれば、当時は不景気で私同様に歯を診てもらっていた妻の話では、Oのところは患者も少ないということでしたので、私はつい、「先生、景気はどうですか」などと話かけてしまったのです。するとOは、口の中で押し殺したような声で、「私らの仕事には景気は別に影響ないですよ」と答えましたので、私は成る程我ながら詰まらぬ問いを掛けてしまったものだと思ったりしました。Oは私の歯を診て、本格的な治療は春になってからにして、今は仮にゴムを詰めておくから、年末に詰め治しに来て下さい、といって治療を終えてしまったのです。

ところがそれから年末にかけて、私はどうしたことか胃の調子がものすごく悪くなって激しい胸焼けが続き、食事を摂るのが辛くなってしまったのです。それは今まで経験したことのない異常な胸焼けでした。私は、毎日続く胸焼けで歯の治療どころではなくなり、なんとかしようと運動したり消化剤を飲んだりしましたが、駄目でした。そんなわけで、年末にゴムを詰め替えに行くことなどすっかり忘れ、正月にはお節料理もぜんぜん食べられなくなる始末でした。

一月八日には詰めてあったゴムもすっかりなくなり、私は歯のことを思い出して再びO(オー)のところへ出掛けたのです。するとO(オー)は、ちょっと診ただけで、「この歯はどういうことになっていたのですか」と私に聞くのです。私が「先生、暮れにゴムを詰め替えてから本格的には春から治療すると言われていたのですが」と返事をすると、O(オー)は暫く準備室の方へ行って何やら見ている気配で、私はカルテでも見ているのかと思いながらポカンと口を開けたまま、さてこの口は開けておいたものか閉じたものかなどと馬鹿なことを考えていました。すると、O(オー)が突然私の背後に来て、「神経を抜こうか抜くまいか」などとひとり言をいっているのです。私は、痛くもないのにどうして神経を抜くのかなどと考えていると、急にO(オー)が勢い込んで、「神経をぬきましょう」と決然と言ったのです。それはまさに何か重大事を決断したという感じで、思わずビックリする程の語調でした。私は、それまでに何度もいろんな歯科医に歯の神経を抜いてもらったことがありますが、神経を抜くのにこれほど深刻になった歯科医は一人もいなかったのです。何と大げさなという思いと同時にちょっと異様な感じもしたのです。

そしてO(オー)は、神経を殺す薬を入れたから二日後に必ず来てくれ、と言いました。私は夜道を帰りながら、あの歯科医は何ともおかしな人だなと内心呟いているうちに、ハッと思い出したことがあったのです。それはまさに電撃のように私の胸を突き刺しました。私は、仕事が忙しかったということもあって忘れていたのですが、実は以前O(オー)にある疑惑を抱いたのです。それをこのときはっきりと思い出したのです。そしてその晩、私ははじめて妻にそのことを話したのです。俺は不思議で仕様がないが、Oが帝銀事件の真犯人じゃないかという気がしてならない、と。

確か、最高裁で帝銀事件の被告人平沢貞通の死刑が確定した時のことでした。私は、廊下の椅子に座ってその新聞を見ていたのです。すると庭先に人の気配がするので、見ると、Oが木戸から入ってきたのです。Oとは互いに行き来するような間柄ではなかったので、ちょっと意外でしたが、Oが気安く庭から入ってきたので廊下に上げて話をはじめたのでした。

といっても別にこれといった話題があるではなし、丁度見たばかりだった帝銀事件の判決のことを思い出して、「今朝の新聞は大変でしたね」と言うと、Oは、「えっ何ですか」と言うので、「いや帝銀事件のことですよ」と言うと、ああそうですか、というだけで話が続かないのです。私はまあ、あまり愉快な話ではないから興味がないのだろうと思って、別の話をはじめました。

趣味の話から絵の話になると、Oが、私は絵が好きで水彩画をやっています、日水会の役員もしています、とひょいと言ったのです。私は、平沢貞通が日水会の会員であることを良く知っていたので、「おやっ、犯人の平沢貞通も日水会の会員だし、知ってるはずじゃないですか」とちょっと詰問調に言ったのです。するとOは、「知っています」と言い、さらに驚いたことに、「証人にも出ました」とも言ったのです。今新聞で事件のことを読んだばかりのところに、犯人の平沢貞通を知っているばかりか証人にもなったなどという人が来るとは、私もビックリして「平沢貞通という人はどんな男ですか」と聞くと、Oは「まあ、ああいったような人です」と言ったきりで、多くを話したがらない様子でした。

陽が蔭ってきたので、Oを応接間に招じて、それまで私が漠然と感じていた帝銀事件についての感想を、Oに話してみたのです。私は、「平沢貞通は帝銀事件の犯人ではないように思う。精神的に変な人だというから、誰かに利用されたのではないか。荏原の未遂事件はなんとも間の抜けた事件だから、平沢貞通のやったことかもしれないが、帝銀事件は凄すぎる。犯人は、沈着冷静に多くの人を毒殺しながら証拠一つ残さず逃げた。平沢貞通は、ただ誰かに利用されたのではないのか」と。

私はこの時、帝銀事件について特に関心を持っていたわけではなく、ただこんな大事件の証人になったという人が偶然来合わせたことに些か刺激されて。素人の率直な感想を述べたに過ぎなかったのです。

応接室には私とOしか居りませんでした。私はOと相対して座り、彼の顔を直視してまことに素人っぽい感想を述べたのです。この時Oは、ちょっと間を置いて、「そうかも知れない」とぽつんと言っただけでした。私はOの表情に一瞬不審の念を抱いたのですが、構わずに、僅かな金のために馬鹿なことをする奴だとか、多くの若い人たちを残酷無比な殺し方をして、天人ともに許さない鬼畜のような男ですね、などとOの顔をまじまじと見つめながら話したのです。

Oは顔を少しうつ向き加減にして、私の視線を外したまま黙っていました。Oのなにやら言葉の出ない様子に、私は、平沢貞通を知っていて証人にも出たというこの男が真犯人ではないだろうか、という漠然とした疑念から思わずまじまじとOを見つめてしまったのです。しかし、それでもOは、相変わらずうつ向き加減にしていました。

帝銀事件の犯人は目鼻立ちの通った好男子といわれているが、この男も同様で、私はいったいこの男は何者なのだろうかなどと考えていると、お互いしばらくの間沈黙が続いて思わず座がしらけてしまい、何とも異様な雰囲気になってしまいました。しかし、私はすぐに気を取り直しました。まさか、最高裁で平沢貞通の有罪が確定したからには、この男が犯人だなんてそんな偶然があるはずがないと。

私は話題を変えてOはしばらくして帰って行きました。この時のショックはかなり強烈なもので、二日後にまたOが私を訪ねて来た時幸い義父が居りましたので、私はOと話すのが嫌で思わず中座してしまったくらいです。

それから二～三日してまたOが訪ねてきたそうで、妻が、何であの人は今まで来たこともないのにこの頃やたら訪ねてくるのかしら、といぶかったのですが、私は、きっと暇なんだろうくらいにお茶を濁して、私がOに抱いた疑惑については妻にも話さなかったのです。しかし後になって考えてみると、Oは私に怪しまれたことを悟って、二日後に様子を見に来たものと思われます。ところが、私がろくに話もせずに中座したので、さらに不安になってまた二～三日後に訪ねてみたのでしょう。その後の私は会社の経営に忙殺され、日が経つとともにOのことなどすっかり忘れ、妻や子供もOのところへ治療にやり、私自身も例の歯にゴムを詰めてもらいに行ったのでした。そしてその直後から例の強烈な胸焼けに連日悩まされたというわけです。

妻も私からこれらの経緯を聞いて、自分もやはりOを怪しく思うし気味が悪いので、もう治療に行ってくれるなと再三言うのです。私としても、どうしてもOの治療を受けなくてはならないというわけではないし、第一本当に帝銀事件の犯人だったらと思うと恐ろしい気がして、別の歯科医にかかることにしたのです。

そこで私は、昨夜神経を殺す薬を詰める治療を受けたことを話し、いよいよその詰めてあるゴムを取り除く段になると、その別の歯科医が歯の中の薬を取り出して、神経を殺す薬にこんなものはない。第一この歯は虫歯ではないから、神経など抜かなくても型を取って詰めれば二〜三日で治療が終わる。良く洗浄しておいたから大丈夫です、と言って他の治療にかかったのです。この歯科医が言った、何の薬だかわからない、という言葉にはドキッとさせられましたが、案の定、それから二日程してこの歯がうずき出したのです。歯科医がそんなはずはないとドリルで穴をあけ神経を出してみると、何と神経が腐蝕していたのです。」［文献Ｖ（２）］

ここまでは佐伯省が帝銀事件の実行犯と目されるＯ(オー)と出会った経緯と、なぜＯ(オー)に疑念を抱くようになったのかについてだが、この後の話ではその疑惑が確信になっていったことがよくわかる。

「私の専門は化学で、以前毒薬についてある書物に書いてあったことですが、歯科医が怪しまれずに人を殺す方法として、ある種の毒薬を患者の歯に詰めておくと、その薬が神経を極めて徐々に侵して数十日が経つと脳神経が侵され、遂に死に至るということを読んだことがあります。私はこの時、てっきりこの方法でやられたと思いました。しかし、私はすぐにこれは違うと気づきました。なぜなら、最初にＯ(オー)のところで上顎の小臼歯の治療を受けたときにも激しい胸焼けが起こり、その時妻に、歯の治療をすると胃が悪くなるね、と言ったことと、その時特有のゲップが出たことを思い出したからです。

私はまったく呑気なことに、前にも同じ方法でやられたことに気づかなかったのです。症状からして、砒素の関係した中毒だということが予想されましたので、当時東大公衆衛生課の西川助教授に、私の腎臓症状が砒素の中毒に該当するかどうか尋ねました。その結果、それは砒化水素（アルシン）の中毒症状ということでした。これは猛毒で、胃壁を激しく刺激するため凄い胸焼けがすることと、アルシンには特有のニラ臭があるため特有のゲップが出ることがわかりました。これらは私を苦しめた症状と見事に一致するものでした。

しかし、どうやって有毒ガスのアルシンを胃の中で発生させたのかというと、例えば、歯を治療する途中で、仮に詰めておくゴムに砒素の重金属化合物の粉末を混ぜておくと、咀嚼（そしゃく）する度にこれが少量ずつ胃の中に送り込まれて胃酸によって分解され、砒化水素が発生するというわけです。これが胃粘膜を刺激すると胸焼けが甚だしくなり、食欲がなくなるため、砒素中毒を起して死に至るのです。砒化水素は即効性ですが、歯の充填剤などに混ぜて使う場合は、怪しまれないようにするため初回に致死量をもちいることはをせず、二度、三度と充填剤を詰め替えて、歯の治療から大分経ってから死亡するようにするはずです。私が暮れの二十三日に治療に行った時、本来なら型を取って二～三日中、つまり年内には十分治せるものを、O（オー）は充填剤を詰め替える必要上、本格的な治療は来春からにしようなどと言ったのはそのためだったのです。

一月八日になって、私がO（オー）のところへ行った時、おそらくO（オー）は、その時私がゴムの細工に気がついていたかどうか確かめるため、この歯はどういう状態になっていたか、などと聞いたのでしょう。そして私が気付いていないことを確認すると、Oは再び年末と同じものを神経を殺すと称して詰めたのです。私のひどい胸焼けが砒素によるものなら、その砒素が爪や髪の毛に残留していることを私は文献で知っていましたので、自分の髪の毛をサンプルとして採ることにしました。その方法は推定中毒期の髪の毛と、その時から正月にかけて伸びた髪の毛と、さらに詰めたゴムがすっかりなくなってしまった正月過ぎの短い毛の三種類を採りました。そうしてこの三種類の髪の毛について西川助教授に分析を依頼したところ、何と推定中毒期の髪の毛だけに、普通の十倍量もの砒素が含まれていることが判明したのです。」［文献Ⅴ（2）］

こうなると歴とした犯罪だが、話はこれで終わりではない。この後も佐伯省は、Oについてかなり突っ込んだ調査を行っている。

「昭和三十八年二月二十日、当時共同通信社会部の記者をしていたS氏は、Oの指紋を採取すべくOをとあるマンションクラブに連れ出してコップ等についた指紋を採ろうとしたが、失敗した。S氏がその際私に話したところによると、朝日新聞の記者に指紋の話をしたら、帝銀事件でOはすでに重要参考人として調べられているので、当然その時指紋は照合されているはずだから、今更Oの指紋を採っても無駄だ、と言われたということであった。私はOが重要参考人として高木一検事に調べられていたことを、この時はじめて知った。

そこでY弁護士にそのことを話したところ、Y弁護士は、司法修習生の頃高木一検事が講師をしていたので、聞いてみるとのことであった。その結果、Oは、重要参考人として高木一検事が調べたことは事実であることがはっきりした。ただし、私との面会要請は、当時行われていた〝森川らの偽証事件〟が終わったら会うということであった。

　その後私は、高木一検事は、弁護士となって毎日新聞記者西山太吉の外務省機密漏洩事件の弁護団にいることを知り、Y弁護士に高木弁護士に面会できるように依頼した。私はY弁護士とともに、銀座松屋裏の新聞会館の中にある高木弁護士の事務所を訪ねた。

　元検事であった高木弁護士は思いの外スマートな人だった。まず、私は高木弁護士に、『Oが重要参考人として検挙されたのはなぜか』と容疑を確認した。そして次に『どういう容疑であったのか』と聞くと、高木弁護士は、『警視庁からあがってきたので、容疑は知らない』という。私は、およそ容疑がわからずに調べるはずはあるまいと思ったが、では『警視庁に当時の記録はあるか』と聞くと、高木弁護士は、『ないでしょう』と返事をした。そこで私は『なんで釈放したのか、理由をお聞きしたい』と言うと、『Oにはトチカンはあったが、シキカンがなかったので釈放した』と高木弁護士は言った。そこで私が、『シキカンとは何ですか』と聞くと、高木弁護士は、『銀行内部の様子のことだ』と答えた。私はこんな幼稚な答えでは満足出来なかった。しかも、私がその際、高木弁護士に提出した書類に対し、高木弁護士は、『重大なことだから書面でお答えする』と言いながら、結局何も答えてこなかった。ちなみに、Oが捕まったのは平沢貞通より先だったという。」〔文献Ⅴ（2）〕

右の〝森川らの偽証事件〞とは、一九六五（昭和四〇）年三月一八日に、その頃行われていた平沢貞通の第十、十一、十二次再審請求の証人野村晴通と、平沢貞通を救う会事務局長の森川哲郎ら五名が偽証罪で逮捕された事件である。

東京地検は、この事件で野村を偽証罪、森川を偽証教唆罪でそれぞれを起訴した。この事件を審理した東京地裁は、両名に対して懲役一年六ヵ月執行猶予三年の刑を言い渡した。この後、野村は控訴しなかったため刑が確定したが、森川は有罪を不服として控訴した。すると、二審の東京高裁は森川の執行猶予付判決を破棄し、懲役一年六ヵ月の実刑判決を下したのである。森川はこの判決を不服として最高裁に上告したが、この訴えは棄却されて実刑が確定した。

この事件の発端は、平沢貞通が裁判で無罪になれば、絵の値段が上がると見込んだ野村が、平沢貞通の絵を大量に買い込んだことに始まる。しかし結局は、平沢貞通が無罪になることはなかった。

二束三文となった大量の絵を抱えて困った野村は、そこでとんでもないアイディアを思いついた。平沢貞通有罪の決め手は、平沢貞通が事件後手にした帝銀事件の被害額にほぼ見合った十数万円の出所を、明らかにできなかったことである。野村は、これを自分が絵の代金として平沢貞通に支払ったものとすることで、平沢貞通の有罪をひっくり返そうとしたのであった。これは明らかに犯罪行為だが、この馬鹿げた画策は、丁度その頃行われていた森川ら「救う会」による平沢貞通の再審請求に利用された。しかもこのようなデタラメを、森川は佐伯省の忠告を聞かずに真に受けてしまったのである。

野村のようないい加減な男に騙された森川の迂闊さは否めないが、その野村に絵を売った覚えがあるなどと口裏を合わせた平沢貞通にも少なからず責任がある。このように、平沢貞通の無実を信じて尽力してくれる森川を、平気で騙してしまうようなところが平沢貞通の食えないところでもある。

この佐伯省の話の冒頭に、「共同通信社会部の記者をしていたS氏は、コップについたOの指紋を採ろうとしたが失敗した」とあるが、佐伯省も探偵を使ってOの指紋採取を試みたことがある。だが、これも、結局のところうまくいかなかった。Oが確かに掴んだエナメル製のハンドバックを、佐伯省は知人を介して警視庁の鑑識課に持ち込んで調べさせた。ところが、バックには指の跡がはっきり残っていたにもかかわらず、やはりそこでも指紋は検出されなかったのである。これはいったいどういうことか、Oには指紋がなかったのだろうか。

職業によっては指紋が摩滅したり、ある種の薬品を使うことでも、指紋が消えてしまうことは稀にあるようだ。しかし、Oのような歯科医ではまずあり得ない。ということは、Oは意図的に自分の指紋を消していたということだろう。

そういえば、地下鉄サリン事件に関与したオウム真理教の幹部で、やはり自らの指紋を削り取って逃走していた者がいた。

因みに、指紋を消す方法としては、オウム真理教の信者がやったように外科的に皮膚を切除する方法があり、この他にも苛性ソーダやピクリン酸、あるいは硝酸などの薬品を用いる方法がある。

帝銀事件の犯行現場には、身元不明の指紋が付着した湯飲み茶碗が一つ残されていた。この指紋がOのものかどうかはわからないが、指紋がない人間などはそう滅多にいるものではない。Oが高木一検事の取調を受けたときにOの指紋がなかったとしたら、それは重大な嫌疑となり得る。だが、「シキカン」がなかったので放免したとなると、それに合わせて指紋を消したとも考えられる。Oとはいったい何者なのか。

O(オー)は、一九〇五(明治三八)年六月二〇日生まれで、帝銀事件当時は四四歳。彼の父親は警視庁特別高等警察官、いわゆる共産主義など特定の思想信条を取り締まる、思想弾圧のための特殊警察官であった。だが、一九二八(昭和三)年に日本医科医専を卒業したO(オー)は、父親とは違う歯科医の道を選んだ。その翌年、O(オー)は文部省歯科病院研究科を卒業。この年に日本水彩画会に入会(この時平沢貞通は会の役員をしていた)した。一年後、東京高等歯科医学校(現東京医科歯科大学)の教官に任じられたが、その六年後には突然免官になり、その後は三年の間プッツリと消息を絶っている。ところが一九三九(昭和一四)年になると都内新宿区横寺町に歯科医院を開設した。六年後には東京大空襲で焼け出され、焼け跡に残った僅かばかりの荷物を持って上越線の中里へ引っ越した。駅から歩いて一〜二分のところに古い二階家を見つけると、そこを借りて出張治療を始めた。

その後のO(オー)は、新潟県南魚沼郡歯科医師会副会長をはじめ、歯科医師会審議会委員、学校衛生会理事など歴任し、帝銀事件から五年後の一九五三(昭和二八)年一二月には東京世田谷区に転居した。翌年一月、同所で歯科医院を開業し、四年後には、妻Kと入籍して以降、米寿で鬼籍に入るまでその地で歯科の診療を行っていた。[文献V(2)]

以上がO(オー)の略歴だが、この中で一つだけ気になるところがある。それは東京高等歯科医学校の教官を免官になってから三年間の空白期間だ。この時O(オー)はどこで何をしていたのだろうか。

かつての旧日本陸軍には、軍事調査部という参謀本部直轄の特殊機関があった。ここには各方面から、多種多様な職種の人材が集められ、彼らを筋金入りのスパイに養成するための教育が行われていた。彼らは二年の養成機関を終えると、中国大陸の南京にあった特務機関へと派遣された。

後にこの部隊は組織を拡充し、一九三九（昭和一四）年には第三十三部隊として発足した。この部隊が日本の敗戦後も三〇年以上にわたり、フィリピンのミンダナオ島のジャングルでゲリラ戦を続けた、小野田元陸軍少尉を輩出した陸軍中野学校である。

中野学校は教育と研究を主とした本部衛生隊と、実務的な実験隊とに大別された。実験隊は第一〜第五まであり、第一班では潜行謀略（敵地に潜入して毒物や細菌等を用いた活動）用人材の育成が行われていた。第二班では、偽装術（変装）、第三班は宣伝、第四班は破壊、第五班では通信教育がそれぞれ行われていた。学生は、甲・乙・丙の三種に分けられ、甲種は現役将校、乙種は召集将校他で、丙種は下士官を入学させていた。だが、この中で乙種学生の対象は一風変わっていた。乙種は召集将校に加え、学者や新聞記者、あるいは専門職の技術者の他にも、僧侶や無職の遊び人までさまざまな分野から人材が集められていた。この理由は、スパイには一般人の方が都合が良い場合もあるからだ。

中野学校の学生は、親兄弟にも行方を知らせず召集され、厳重な守秘義務があったことからも、当然のことながらO（オー）がここでスパイ教育を受けた証拠はない。だが、彼が三年間ぷっつりと消息を絶っていたことや、帝銀事件の重要参考人として取調を受けたことがある事実からは、怪しい以上の何かが窺われよう。

前掲の『甲斐文助捜査手記』には、左記のような中野学校実験隊元隊長の話が記録されている。

「中野学校では諜報宣伝潜行の他、偽変術も教えた。カツラなどは半白、四分六、七分三分の白髪のものもあり、これらは精巧なもので、これらのカツラをつけていても教官がみればわかるが、一般人が見たのでは絶対にわからない。」［文献Ⅱ（5）］

本書一七八頁上段右の平沢貞通の写真は、上段左の「C版」を除く上段中央と下段右の手配用の犯人の似顔絵とではまるで別人のようだが、下段左のOの写真とは雰囲気が良く似ている。

平沢貞通とOは、絵の展覧会場で新米の警備員が取り違えるくらい似ていたようだが、両者の顔には決定的に異なるところがある。それは平沢貞通の顔の輪郭が下顎の張った角型なのに対し、Oの顔は丸型の卵型というところである。この点は安田銀行荏原支店事件での目撃証言とも合致する。犯人を不審に思って交番から巡査を連れてきた用務員の小林圭介は、犯人は「大体丸顔だと思っていたが、被告人（平沢貞通）の顔は丸顔ではない」と一審公判廷で証言している。また、武田操子は「銀行に来た男は平沢（貞通）よりももっと面長、角張っているところは違う」と証言している。神津安子の犯人像は、「角張っていなかった」という証言からも、両者の違いがよくわかる。

帝銀事件当時の平沢貞通とOで、決定的に違うところがもう一つある。平沢貞通は、事件当時はメガネをかけていなかったが、Oは普段もメガネをかけていたという。事件から三年後のOの写真を見ると、確かにメガネをかけている。ところが、それから三年後（この翌年の五月、最高裁で平沢貞通の上告が棄却されて死刑が確定）以降の写真にはメガネは見当たらない。ただし、晩年はメガネをかけている。

ところで、事件から一二日後の朝日新聞では、犯行直後の現場近くで犯人らしき男の目撃談が記事になっているが、この男はメガネをかけていたとある。また、O（オー）の近隣住民の話では事件前のO（オー）はメガネをかけていて鼻下左には目立つホクロがあったということだ。しかし、事件後のO（オー）にはそのようなホクロなどない。O（オー）が帝銀事件の実行犯なら、普段かけていたメガネをはずし、目立つホクロは取り除いて犯行に及んだということである。〔文献Ｖ（２）〕

誰でも変装するときに、メガネや付け髭はすぐに思いつくだろうが、普段メガネをかけている者がそれをはずして犯行に及ぶのは意外と盲点になる。後で変装することを想定して、普段から必要でもないメガネをかけたり髭を生やしておくというのは、意表を突くスパイの変装術の一つである。

アメリカ人ジャーナリストで、帝銀事件を題材にした『帝銀事件の真実（竹の花の咲くとき）』（講談社）の著者ウイリアム・トリプレットは、ワシントン郊外のメリーランド州にある現代軍事部門室で帝銀事件に関する秘密文書を閲覧中、ファイルの中に「ヒロシ」とだけ書かれた謎の人物名を見つけた。その時の彼はそれが何者なのかわからなかったが、実をいうと、O（オー）の名前も同じく「ヒロシ」である。

第6章　平沢貞通の嘘と真実

（1）コルサコフ症

帝銀事件後間もなく、平沢貞通は約一三万円の現金を実際に手にしている。銀行員の初任給が五〇〇〇円程度という当時ではかなりの大金だが、平沢（貞通）はこの金の出所を明らかにすることができなかった。帝銀椎名町支店で奪われた約一六万円に匹敵する現金の入手先がわからない、などという言い訳が通用するわけもなく、これが平沢貞通有罪の決め手となったといっても過言ではない。

ところが、家が一軒建つほどの大金の出所を忘れてしまう出来事が平沢の身に起こった、と主張する人たちが後に現れた。それは、平沢（貞通）の第十九次再審請求を準備していた弁護団である。平沢（貞通）が大金の出所を思い出せなかったり、供述に嘘とデタラメが多いのは、すべて平沢（貞通）が過去に罹った「コルサコフ症」という精神疾患の後遺症のせいだというのである。

一九二五（大正一四）年の頃、平沢（貞通）の飼い犬が狂犬病に罹ったのだが、平沢（貞通）はその病犬を木刀で撲殺してしまった。ところが彼は愛犬を手に掛けたことをひどく気に病み、「ポチがポチが……」と嘆くうちに精神攪乱状態になってしまった。それで平沢（貞通）は狂犬病ワクチンを接種されたが、その直後から意識不明に陥り、以後三ヶ月間は意識が朦朧として自我喪失の状態が続いた。この時の平沢（貞通）を診察した森田正馬（まさたけ）博士（森田療法の考案者で日本精神医学会の重鎮）の診断によると、平沢貞通の診断結果は左記のとおりである。

「最初は診断がつかなかったが、二度目の診察では父親に立ち合わせて実験した結果、五分ほど前に聞いたその日の日付さえ答えられなかった平沢貞通を見て、これは世にも珍しいコルサコフ症という日本では九人目の病気で、治す注射もなにもない。早くて二～三ヶ月、遅ければ半年でおしまい。」［文献Ⅰ（1）］

ところが平沢（貞通）の病状は、森田博士の見立てに反して次第に回復の兆しを見せるようになり、遂には日常生活になんらの支障もない程度にまで回復した。その後の平沢（貞通）は、妻マサの証言によると多少の嘘つきの傾向はあったものの、特に異常は認められなかったということである。ということは、コルサコフ症の発症から二十数年もしてから、逮捕拘留を機にいきなり後遺症が発現したということなのか。

コルサコフ症とは、この病名が示すように、アルコール度の強いウオッカなどを大量に飲酒するロシア人に多い脳疾患だが、同症候群については大月三郎著『精神医学　第三版』（文光堂、一九九一年）によると、以下のとおり。

「近時記憶、遠隔記憶の障害が著名で、即時記憶は保たれている。前向健忘、逆向健忘、失見当識がある。これに作話病態に対する病識欠如を伴うことが多い。記憶障害ではエピソード記憶がおかされ、意味記憶は正常に保たれる。慢性アルコール中毒、頭部外傷、その他の器質性脳障害により、障害部位としては間脳（乳糖体や視床背内側核の両側性障害）とされている。」

因みに、即時記憶とは、秒単位、近時記憶とは、分単位から数日、遠隔記憶は数日から数年を単位として測定される記憶。エピソード記憶は個人の過去における特定の出来事の記憶で、いつ起きたのかという時間的要素をもつ記憶。意味記憶は普遍的知識（事実、概念、語彙など）に関連した記憶。前向健忘は発症以後の記憶が障害される症状。逆向健忘とは発症以前に遡って一定期間のことを追想できないもの、となっている。

平沢（貞通）の場合、コルサコフ症発症の原因として狂犬病のワクチンの接種が指摘されたが、現在では両者の関連性は否定されている。ただし、ワクチン接種で脳炎を発症したという報告があり、平沢（貞通）が軽度の脳炎を発症した可能性は否定できない。だが、むろんこれとコルサコフ症とは全く別物である。

コルサコフ症とは右のように器質性脳障害、すなわち脳の一部が破壊されることにより発症するもので、医学的には不可逆性、つまり回復不能な疾病である。ところが、平沢（貞通）は短期間のうちにほぼ正常に快復しており、これが本物のコルサコフ症なら九五歳の長寿を全うすることは敵（かな）わない。

コルサコフ症の特徴とされるさまざまな記憶障害と作話、これこそが平沢（貞通）が大金の出所を忘れたことや嘘の供述の原因になっている、というのが平沢貞通弁護団の主張するところであった。しかし、ここでいう記憶障害や作話とは、顕著な健忘があるため記憶の空白を埋め合わせようと無意識に作話してしまうというもので、意識的に嘘をつくというのとは全く違う。ところが平沢（貞通）の場合、供述調書を精読すれば気づくことだが、嘘をつくのは自分にとって不利になりそうな事柄だけで、そうでないことについては細部まで実に良く覚えている。現に家族の証言も、平沢（貞通）の記憶力が決して悪くなかったことを示している。

（2）消えた男

平沢貞通が事件後に大金を手にしたのは、紛れもない事実である。高木一検事の取調でこの金の出所を追及された平沢（貞通）は、実にさまざまな嘘の供述を重ねた。デタラメな供述を繰り返す平沢（貞通）に、高木一検事が「お前の嘘は数え上げたらきりがないよ」というと、平沢（貞通）は、「それはそうですが」と自身も嘘の供述が多いことを認めている。だが、金の出所に関する供述はすべて嘘というのは本当だろうか。事実を述べたところは全くないのか。以下は、第二回検事聴取書における金の出所に関する平沢貞通の供述である。

「清水虎之助さんは、三越の今度の日米交歓展覧会より一回前の展覧会で、やはり、三越の本店で会った時私の画を見てくれて、初めて知り合いになった人で、その時平井の住所を書いた名刺を貰ってその後は懇意になり、始終往来するようになったのです。家は省線平井駅で降り、通称川沿通りと云ってる処で、昨日刑事さんに地図を書いて教えてあげた処です。此の清水さんが去年の秋、私の為に画会をして上げ様と云い出し、自分で二十人位は集めるから、色紙を二十枚で十万円集めてくれる約束が出来たのです。奥さんの清水ゆきさんも聞いて居って、よく知って居ります。

一週間か十日後清水さんの処へ行きましたら、申し込みは少しは来てるが、金が要るなら立替えて置いて上げるから持って行きなさいと云って、三万円百円札ばかりでくれました。奥さんはその時も側に居りました。その日直（じき）に奥さんに色紙を六枚届けて起（ママ）きました。

貰った三万円の金は、直ぐに清水さんが予約を願って置いて下さったと云って、妻に渡して置きました。この話は、確か十一月頃でした。その後、清水さんに何度も残額の請求をしましたが、豊橋から金が来たら来てくれと云って、埒が明きませんでした。

十二月二十五日頃です。明後日朝平井の帝国銀行へ来てくれ、其処で小切手を降ろして、その金の中から七万円渡すからと云われたので、その約束通り二十九日に帝国銀行に行きましたが、待っても来ないので清水さんの家に行って見たら奥さんが目を泣き腫らして居て、昨夜こんなぬるい湯に入れるかと云って、自分で表へ出て二、三分薪を割っていたら、ウンと声がしたから行って見たら脳溢血で駄目だったのですと話してくれましたので、勘定のことには触れず翌日香典を持って行き、翌々日葬式をしました。

奥さんにはもう少し勘定を待ってくれと向こうから云って居られましたので、黙って居たら一月半ばか末頃、二十日頃かも知れませぬ、電報で来てくれと云って来たので行ったら、奥さんは茶の間で焼香した後お茶を飲みながら、先生済みませんが画会の方はどうなっているか判りませんが、これは清水の頂くつもりの分ですから他の分はお許し願うとして、これだけ取って置いて下さい、と三万円を百円札で現金で渡してくれ、画の方は形見分けのつもりですからどうでもよいですよと云い添えてくれました。そしてさらに、仏の前に供えたいと思うから伊東の画を一枚書いて下さいませんでしょうか、これは旅費にも少ないかもしれませんがといって五千円をくれ、その他に形見に靴一足と着物二枚砂糖一貫五百匁程貰いました。その金や品物は全部家へ帰って直ぐその話を妻にして渡しました。」［文献Ⅰ(2)］

続けて第三回検事聴取書を見てみよう。

「清水さんの葬式は、親類の者五〜六人寄って自宅でしんみり内輪だけでやりました。豊橋の兄弟が二人、千葉から一人来て居りました。寝棺は、千の字か千の字のナンバーの自動車で出かけたのです。

家は昨日書いた図面の場所で、二階建ての二軒家の向かって左の家でした。二階には誰か男の人が住んで居たらしいです。その人も葬式に出て居りました。ゆきという奥さんは千葉市の本千葉へ行くと云って居り、行ったら住所を中野の家へ知らせる約束になって居りますが、私は出して頂いたら本千葉へ行って徹底的に探し、連れてきてご説明したいと思って居ります。清水さんは闇屋をやって居り、豊橋や北海道に多いらしく、私が行く様になってからでも二度程差押えを受けて居りました。」〔文献Ⅰ(2)〕

以上の供述にもとづき、平井署はさっそくこの「清水」なる人物の調査を始めた。ところが、供述通りのところにはその清水という人物の痕跡すらなく、江戸川区内全域でも、その年の一二月の死亡届に該当する者はいなかったのである。結局、この清水という男は、平沢(貞通)が金の出所を誤魔化すために作り出した架空の人物、ということになってしまった。しかしこの作話は満更出任せとばかりとはいえないのである。

平沢(貞通)は帝銀事件の四日後、清水からと言って形身の品と現金を妻マサに渡し、その二日後には妹の杉山キヨを訪れ、「金を受け取りに来てくれ」という清水からの電報を杉山キヨに見せたという。しかし検察側は、この電報はいかにも清水が実在する人物であるかのように見せかけるために、平沢(貞通)が自分宛に打電したものではないかという疑惑をぬぐえないでいた。しかし、この電報が事前工作のためだというなら、妹ではない赤の他人に見せるべきはずなのに、そうはしていない。それは一体なぜかということになる。

杉山キヨは、「金の貸し借りがあるわけでもないのに、どうして兄がそんな電報を見せたのか、皆目見当がつかない」と一審公判廷で証言している。しかも、清水からの電報は、これだけではない。この他にも四~五通が平沢(貞通)宛に届いているのだが、これらはすべて自分の家族を欺くための一人芝居で、これを犯行の一年前から続けていたというのである。だがこれが本当の話なら、平沢(貞通）にはこのことと矛盾する言動があったことになる。

戦後の平沢貞通には画家としての収入がほとんどなく、指圧の素人療法でかろうじて生計を賄っていた。帝銀事件前年の一〇月中頃、妻マサは、友人渡辺貞代のところへ五〇〇円の借金に訪れ、その日の午後には平沢貞通も「一生のお願い」と言って渡辺貞代から一〇〇〇円借りて行った。この金はその年の大晦日に返済されたが、この時平沢（貞通）は「一万円で年越しですよ。もっとも金が四〜五万円入るあてはあったけれど、もらう人が脳溢血で死んでしまい、お通夜で線香を上げてきました」などと渡辺貞代に話している。

脳溢血で死んだというのは清水のことだが、犯行を翌月に控えた平沢貞通が友人から当座の生活費を工面したり、せっかく捏造した清水という人物も死んだことにしたのでは、いったい何のための事前工作なのか訳がわからないだろう。

平沢（貞通）の当初の供述によると、清水は会社経営の他に闇屋などもやっていたようである。

その清水が平沢（貞通）のパトロンとなって画会を開催し、集客と集金までしてくれるというのだから、かなり羽振りが良く顔も広いといえよう。ところが、そんな人物が急死していざ葬式となると、出席したのが親族兄弟など五〜六人と平沢貞通だけというのは、いかにも不釣り合いな話である。

平沢貞通と清水は旧知の間柄ではなく、事件前年の展覧会会場で清水の方から初めて声をかけられ、名刺交換して付き合いが始まったものである。

その後すぐに清水は平沢貞通に儲け話を持ちかけ、その一週間か一〇日後には一万五〇〇〇円もの現金を（当時はかなりの金額になるが、これは妻マサの証言によるもので、平沢貞通は三万円と供述）をポンと渡している。これは平沢貞通と約束した金額の一部を立て替えたものということだが、それ以降はまだ金が集まらないとかなんとか言って、平沢貞通の再三の請求にもかかわらず残金は支払われなかった。

結局、残金の一部として三万五〇〇〇円が支払われたのは清水の死後で、これは帝銀事件の「後」であった。

平沢貞通は、当初の供述では、清水について能弁だったが、後には清水は架空の人物と決めつけた高木一検事に同調する供述に変わっている。

これはどういうことかと言うと、清水という男は自分を騙して帝銀事件の犯人に仕立てたグループの一員だということに、取調が進むにつれて平沢貞通が気づいたからであろう。しかも、平沢貞通はそのことを高木一検事はどうやら承知のうえだったということにも感づいたものと思われる。

第二十三回検事聴取で平沢貞通は、清水の未亡人から貰った着物や靴は自分で買ったもので、清水からの電報も平沢貞通自身が自分宛に打ったと言い出した。ところが、平沢貞通が着物や靴を買ったという店の店員を平沢貞通に面通しさせたところ、案の定、その店員は平沢貞通にはまったく見覚えがないといい、平沢貞通もはじめて見る顔だと言う。

なぜ平沢貞通がこのような嘘（清水という架空の人物を作話したこと）をついたのかといえば、やはり清水の「正体」が判ったからだろう。

つまり、この清水は、平沢貞通にとってむしろ不利な存在だということである。それは、次の第五十二回検事聴取での平沢貞通と高木一検事の遣り取りからも窺われる。

●高木一検事「それでは清水虎二というのはどうか。」
●平沢貞通「全然架空です。」
●高木一検事「清水長蔵という人を知っているか。」
●平沢貞通「知りませぬ。」
●高木一検事「その人がお前の言った家に住んでいた事があるのだよ。右の眼の悪い小太りの人だが。」
●平沢貞通「そうですか。そうするとその人は私知っています。その人のことを私は虎二だと思っていました。その人の奥さんが二号にゆきという人がおります。請負師をやっておりました。絵を買ってもらって二〜三回行ったことがあります。」［文献Ⅰ(2)］

第二回の検事聴取で平沢貞通が持ち出した「清水虎之助」もしくは「虎二」は、平井署の捜査員が徹底的に調べたが該当する人物は見つからなかった。だが、この時、彼らは清水長蔵という当時六一歳の建築請負師を見つけ出した。しかし、その人物が平沢貞通の言う平井二丁目に住んでいたのは事件の三年前で、その後は静岡県加茂郡に引っ越していて、明らかに時期的に合わない。しかも当初の供述にある清水は請負師などではなく、会社経営と闇商売人となっている。［文献Ⅱ(11)］

ここで高木一検事が清水長蔵という助け船を平沢貞通に差し向けたのは、平沢貞通の言う清水という男が架空の人物であることをもっともらしくさせるためで、これに平沢貞通がこれ幸いとばかりに飛びついたというところだろう。この平沢貞通の供述が本当かどうかなどは、清水長蔵と平沢貞通を直接対面させればすぐにわかることである。だが、そうはしなかった。その理由は次の第六十二回検事聴取における平沢貞通の証言からハッキリと読み取れる。

清水虎之助というのは架空の人間であります。ただ十四〜五年前、平井に清水長蔵という者がおり、細君か妾にユキという女がおりました。この清水は十数年前に死んでいますが、この清水のことを思い出して、この清水から金がくるような話を作る気になったのです。〔文献Ⅰ（2）〕

第六十〜六十二回まで三通の検事聴取書は偽造の疑いがある、とは第一章（七）で述べたとおりである。右の調書では、清水長蔵は十数年前に死んだことになっているが、前記のとおり、彼は引っ越しただけで死んではいなかった。要するに金の出所に関する平沢貞通の作り話の件は、検察官の作文に平沢貞通が協力することで、平沢貞通としても清水たちによる集団偽証を免れるといった、交換条件付きの供述ではなかったか、というものである。

（3）虎の金屛風

第二回検事聴取書での平沢貞通は、清水の作り話をする前に飯野海運社長の花田卯造からも入金があった旨を供述している。

それによると、平沢貞通と花田卯造は十年来の付き合いで、その間に花田卯造は一〇〇〇円程度の絵数枚を平沢貞通から買っていた。一九四四（昭和一九）年の夏頃、平沢貞通は花田から金屏風を描いて欲しいと頼まれ、二〇万円で引き受けることになっていたが、その話はそのままになっていた。ところが、翌年三月頃になると空襲が激しくなり、平沢貞通は愛人の鎌田リヨから、北海道に疎開するので現金が入り用だとせがまれた。そこで平沢貞通は、金屏風のことを思い出して、三菱十三号館の飯野海運社長室へ花田を訪ね、

「この前の屏風の話、今丁度金が要るのでどうかお願いできませんでしょうか」と頼み込んだ。

すると花田は、

「ちょうどあるんや、うん、やろか」と言ってデスクの横の小金庫の中から、百円札ばかりで二〇束、二〇万円を渡してくれたというのである。

それで平沢貞通は、半分の一〇万円をその日のうちに鎌田リヨに手切れ金として渡し、残りの一〇万円のうち、二～三万円は、花田卯造からとは言わずに、三菱重工会長の郷古潔からと言って妻マサに渡した。残りの七～八万円のうち一～三万円は生活費として使い、余った五万円は一九四五（昭和二〇）年の初めに鎌田リヨの娘の結婚費用に充てた。しかし、半分の二万五〇〇〇円はあとで返してもらう約束になっていて、その金は帝銀事件後の一月二九日か三〇日になって、鎌田リヨが約束通り平沢貞通宛に為替で郵送してきたという。

以上が、平沢貞通の供述の概略だが、当時は大手企業の社長でさえ、月給は一万円そこそこである。にもかかわらず、花田卯造の年収の倍近い現金を絵の前金としてポンと支払ったなど、にわかに信じられない話である。しかも平沢貞通は、それを貰っていながら金屏風の絵は描かず仕舞いというのだ

から、ほとんど冗談としか言いようがない。

それにしても、平沢貞通が妻のマサに渡した二～三万円は、どうして花田卯造からと言わずに会長の郷古潔からなどと嘘をついたのか。これについて平沢貞通は、その金は花田卯造の愛人がらみのものだから、内緒にしてくれと頼まれたという。だが、マサは花田卯造とはまったく面識がなかったのだから、これも嘘くさい話である。

帝銀事件前後に平沢貞通が手にした現金の入手先については、右の花田卯造や郷古潔の他にも興味深い人物が登場する。

「鎌田リヨからは金の着く二～三日前に葉書が来て、葉書の隅に「02523ヒユク」と暗号で二万五千円送ることを知らせてよこしたので、その二～三日は、毎日表へ出て妻に見つからぬ様に注意しており、金を自分で受け取ったのです。その金は画嚢（のう）の間に挟んで四～五日、玄関を上がった廊下の画紙入れの押入に入れて置きましたが、二月十日小樽へ発つ二～三日前の二月七～八日頃妻に渡しました。これは子供たちも知っているはずです。渡すときに見ていたかどうか記憶がありません。妻には椎熊から貰ったと言って渡したので……。」［文献Ⅰ(2)］

右の椎熊なる人物がどんな人物なのかは次章の㈢で取り上げるとして、そもそも金屏風の話そのものは本当だったのだろうか。『疑惑』の著者、佐伯省は、平沢貞通が「金泥の虎画」を実際に描いていたとして、その行方を捜していた。

（４）疑惑の兄弟と清水虎之助

佐伯省は偶然、「金泥の虎画」が新潟県湯沢町の岩原ロッジにあったことを知った。そこは帝銀事件の二年前からＧＨＱが接収していて、その絵はこのロッジの隊長室にあったというのである。［文献Ｖ（８）］

当時、ロッジの支配人は栗田誠一という五一歳の男だったが、所有者は姉の文子であった。ところが彼女は、接収翌年の一二月に夫婦で東京に引っ越している。佐伯省は、この文子を捜し出し、「金泥の虎画」のことを尋ねてみた。だが、彼女はそんなものは知らないと答えた。ロッジに居た間はいつも入口の帳場に座っていたので、もしそんなものが運び込まれれば直ぐに気づくはずだと証言した。

ところが、帝銀事件翌年の四月一日、この日はエイプリルフールで、ロッジの三代目の支配人がＧＨＱ隊長室にあった「金泥の虎画」を破いてしまったと嘘をつき、隊長のトルブシェンクをひどく慌てさせたというのである。この「金泥の虎画」がロッジに持ち込まれたのは文子夫婦が東京に引越した一二月以降、すなわち帝銀事件の前後だったと思われる。しかしこの画は、その後いつの間にかなくなってしまった。「金泥の虎画」なら、当時でもかなり高価なものだったに違いない。ところがロッジの元支配人である栗田誠一は、「この画を売っても代金を受け取る者はいなかった」と言っている。持ち主不明の高価な画がＧＨＱ隊長室に飾られていたわけだが、そんなことがあるのだろうか。

ＧＨＱが建物を接収する際に、彼らは日本政府からさまざまな備品を借り受け、それらはすべて目録に記載されていたので、たとえ茶碗が一つ紛失してもやかましかった。問題の「金泥の虎画」は、その目録に載っていなかったということである。目録に載らない謎の画がロッジにあったことは間違いなさそうだが、この画の素性について当時の支配人栗田誠一は何も知らなかったのだろうか。

平沢貞通の妻マサは、平沢貞通の死刑が確定した後も夫への面会と差入を続けた。事件から一四年後、平沢貞通のえん罪を確信する佐伯省は、マサを介して、拘置所内の平沢貞通に真相解明のための質問状を送った。しかし、平沢貞通からの返事は肝心のところがハッキリせず、期待していた佐伯省と平沢貞通の支援者たちをがっかりさせた。その後も佐伯省たちは、何度か同様の方法で平沢貞通と手紙のやりとりをしたが、平沢貞通の態度には何か重大な事を隠している様子が窺われた。

架空の人物ということになった清水虎之助(虎二)について、平沢貞通は右の手紙のやりとりの中で「清水には仲間がいて、彼らは平井の待合いをアジトにして利用していた」と言っている。そこで佐伯省は、さっそく平沢貞通の言う平井周辺の調査を始めた。その結果、当時の平井駅界隈には、待合は「まじま」と「おかつ」の二軒しかなかったことがわかった。その頃「おかつ」で働いていた女に、佐伯省がロッジの元支配人栗田誠一の弟の武夫の写真を見せると、その女は「この人を知っている」と言い、「この人は清水といってよくおかつに遊びに来ていた。鼻髭を生やしていたので、ヒゲさんという愛称で呼ばれていた。この清水という人は、店に通ってくるうちに店の若い娘と深い仲になってしまったのでよく覚えている」とビックリするような話をした。

栗田武夫は、兄の誠一とは九つ違いで、終戦の年の六月から神奈川県藤沢市片瀬西浜に夫婦でビーチハウスを営み、その他にも米軍払い下げの闇物資を扱い、米軍立川基地に頻繁に出入りしていた。

帝銀事件当時、「清水」と称していた栗田武夫が、米軍基地関係者と密接な繋がりがあったということは偶然ではないだろう。彼には三歳年下の照男という弟がいた。

帝銀事件当時、栗田武夫は平井界隈によく出没していたと言うが、照男もかつて平井に住んでいたことがある。戦時中、栗田照男は化学薬品を扱う会社に勤務し、戦後は独立して事業を始めたが何度か失敗したというのは、「清水さんは二度程差押さえを受けておりました」という平沢貞通の供述と符合する。しかも、栗田照男の妻の名が、「清水」の妻「ゆき」と一字違いの「ゆき子」である。

平沢貞通は、高木一検事の取調で、船底に牡蠣が付着するのを防ぐ特殊塗料の研究をしていたと得意気に述べているが、その頃の栗田照男も同様の研究をしていた。

佐伯省がそのことを栗田照男に話すと、

「自分は平沢貞通を知らないのだから、船底塗料の話は平沢貞通の方が兄の誠一から聞いたのだろう」

と答えた。だが、それが事実かどうかを確かめることはできなかった。

栗田誠一は、帝銀事件から六年後の一月、上越線湯檜曾駅構内で走行中の列車から転落し、轢死しているからだ。ただ、この時の栗田誠一の轢死体には、出血が殆ど見られなかったという。つまり、栗田誠一は、下山定則国鉄総裁の轢死体と同じように、事故死ではなく他殺の可能性があるということである。

ところで、平沢貞通の供述にある「清水」という男を当時の平井署が調べた結果、該当する人物は見つからなかったとは先述したとおりだが、後で佐伯省が現地調査すると、平沢貞通の供述どおりの場所に、平沢貞通のいう二軒続きの二階家が実際にあった。だが、そこは供述にある平井一丁目か二丁目ではなく、そこから少し外れた逆井(さかい)二丁目であった。当時、その辺りでは、二軒続きの二階家は赤沢という家しかなかった。

赤沢という人は、戦後直ぐに仲間数人で自宅の裏に製材所を建てたのだが、仕事はさっぱりで、帝銀事件当時は開店休業状態で、空き家となった製材所の管理は赤沢が一人でやっていた。その頃、赤沢のところによく出入りしていた関矢という油のブローカーをしていた男は、佐伯省が栗田武夫と照男の写真を見せると、

「彼らは当時、赤沢の裏の製材所に住んでいて見かけたことがある」と答えたという。

ところが、製材所の所有者の赤沢は、なぜか栗田武夫も照男も見たことがないと言い張り、揚げ句、「自分は記憶喪失で当時のことは何も思い出せない」と言い出した。

しかし、赤沢の別れた妻は、栗田武夫や照男の写真には見覚えがあるという。

(5) O(オー)と「金泥の虎画」

佐伯省が帝銀事件の実行犯に違いないとして追跡した歯科医師のO(オー)は、平沢貞通とは日本水彩画会の会員同士で旧知の間柄だったが、どうやらO(オー)は「金泥の虎画」にも関係していたようである。

佐伯省は、平沢貞通はO(オー)と単なる絵仲間以上の特別な関係にあったとみて、平沢貞通の分かれた妻、マサを通じて、そのことを平沢貞通の口から聞き出そうとした。

平沢貞通は、

「Ｏの名前は知っているけれど、彼はペイペイでほとんど付き合いはなく、宴会などで顔を合わせるくらい。絵の具の配給は金粉を少し文部省から貰った」

と、Ｏとの特別な関係を否定した。ところがこれは真っ赤な嘘だということが後で明らかになる。

一九六二（昭和三七）年一一月、平沢貞通はそれまで一四年間もいた東京拘置所から突然仙台拘置所に移送、収監された。その一週間後、面会に訪れたマサに対して平沢貞通は、

「金泥の虎画は二枚描いた。金粉を沢山使った」

と、いきなり言い出したのである。驚いたマサが、

「こんな時代によく金粉が手に入ったものですね」

と感心すると、何と平沢貞通は、

「金粉はＯからいくらでも手に入った」

と言うのであった。

このようにわずか三ヵ月足らずの間に、平沢貞通の心境には大きな変化がみられたのである。東京拘置所から仙台拘置所への移送は、「いよいよ死刑執行が近づいたのか」と平沢貞通には大いなる緊張を強いたのかもしれないが、完全にシロではない平沢貞通を追い詰めたことは間違いない。

折しも平沢貞通が東京拘置所から仙台拘置所に移送されたその年には、死刑確定囚の死刑執行が相次いで執行され、平沢貞通の死刑執行も間近だろうと噂が乱れ飛んでいた。と言うのも、それまで平沢貞通がいた東京拘置所には死刑執行のための死刑台がなく、東京拘置所に居る間は生命は保証され

ていたが、仙台拘置所では、そうはゆかなくなったからである。仙台拘置所には死刑台が完備されていて、そこで平沢貞通が絶望的状況に陥ったことは想像に難くない。だから絶対に知られたくないOとの関係を、この時マサに打ち明ける気になったのだろう。

事実、平沢貞通がOから金粉を手にいれて「金泥の虎画」を描いたのなら、これは無実の証明ともなり得るかもしれない。だが平沢貞通は、その生き証人でもあるOとの関係を、自分の死刑がにわかに現実味を帯びるまで一言も口外しなかったのである。これは自分が逮捕される前から、Oが帝銀事件の実行犯だと気づいていたからではないだろうか。

Oとの関係をマサに吐露したわずか一ヵ月後、死刑にはならない確証が得られたのか、平沢貞通の態度は再び一変した。

再び仙台拘置所にいる平沢貞通の面会に訪れたマサは、

「出所不明の大金はOからもらったのでしょう」

と、事件後平沢貞通が手にした大金の出所を問い糾した。すると平沢貞通は、

「いや、Oからは一文も貰っていない」

と否定したので、

「それじゃあ、この前の金泥の虎画の代金はどうしたのです？」

と、詰め寄ると、

「呑み代になってしまった。待合で皆で呑んでしまった。もしかすると赤塚某かもしれない」

などといい加減な返事をしている。

帝展（現、日展）無鑑査で日本画の大家とも言われた平沢貞通が描いた絵は、一説によると、それが「金泥の虎画」なら当時八〜一〇万円はしたと言われている。この額は、当時の物価で換算すると、平均的な大卒初任給の二〇〇倍もの金額である。そのような大金を一晩で呑んでしまったとしたら、その界隈では末代までの語り種になっていてもおかしくはない。待合での呑み代は、かなり豪遊してもせいぜい数千円どまりというのが当時の相場である。第一、その頃の平沢貞通にはそんなゆとりはまったくなかった。

当時の平沢貞通は、東中野に自宅を新築中だったが、資金が足りなくて建具や畳も入らない状態で、建築費の調達は専ら子ども達に頼っていた。しかも、夫婦で五〇〇円、一〇〇〇円と友人から生活費を借り廻っていたわけでだから、平沢貞通の言う「待合で呑んでしまった」などと言うのは、悪質な冗談としか言いようがない。平沢貞通が同じような嘘を繰り返した理由は、それから六年後、すなわち帝銀事件から二〇年も経ってからでないと、彼の口から出てくることはなかったのである。

　昭和四十三年四月二十二日保持先生差入書同年五月二十日拝受。

先ず第一に山海、此も不及御恩厚く御礼申し上げます。謙虚率直にお答え申し上げます。逐次遂行的御返答です。

先ず、金の出所の追及ですが、それは第一回保持先生回答書で御わかりの通り、十万円の台が違うことを御認識頂けたらと存じます。K、S、鎌田里代、O（オー）を一グループとする金銭関係も明記した通りです。即ち金屏風・絵具（金泥関係）等材料は一切O（オー）、Kが調達、平沢貞通がこれに虎二図を描き、Kが進駐軍ロッジに入れ、金はK、O(オー)、鎌田で受領、彼等で山分けし、一部を私に渡したものであります。

之が取引的(金銭関係)現象でしたのです。唯私は進駐軍関係が介在するので言えなかったので、それが「嘘つきとされた」一因なのであります。それに私は彼らのグループが自己擁護のために平沢貞通のお人好しを奸用して、偽証目的抜道の用意あることを見知りましたから、触れることを避けたのです。触れれば彼らの集団偽証で、犯人に「捏造」されることが明朗でしたから不触不言でした。

(3)項の荏原や中井事件等全然私は関知しておりませぬ。彼らの失敗を隠し通す位茶飯事の人物で第一、帝銀事件犯行計画等匂いも出さず、匂わしていれば私は止められていた事でしょう。十万や十五万の金で十何人の人名を絶断する罪悪等は、平沢貞通の仏心が許しませぬからです。よしんば百万でも人名断絶は平沢貞通は許しませぬ。――中略――御注意願いたいのは、これ等のグループは一切を平沢貞通の嘘として片付けている事実と、今日も此後も其線で堕罪して自己の罪を隠蔽し去る決意のもとに、言動している事実であります。

終りに山よりも高く海よりも深い御恩を一層肝銘し厚く御礼申し上げます。

一九六八年五月二九日

平沢貞通〔文献V(9)〕

右は佐伯省の依頼を受けた保持清弁護士が、獄中の平沢貞通に宛てた質問状への返書からの抜粋だが、「K」とは前出の栗田兄弟のことで、「S」は清水である。この六年前に平沢貞通は、面会に訪れたマサに「O（オー）からは一文も貰っていない」と否定しながら、やはりO（オー）から「金泥の虎画」の代金を受け取っていたのである。しかも、この金こそが平沢貞通を自白に追い込む決定的決め手になったものと思われるが、詳しくは次章（三）で述べることにする。

ところで、右の手紙で平沢貞通は、自分が嘘つきとされた一因は、進駐軍関係と、O（オー）たちグループから集団偽証されるのが明らかだったからだとしているが、本当にそれだけで真実を言えなかったのか、疑問である。

強盗殺人の未遂事件とされる安田銀行荏原支店事件や三菱銀行中井支店の事件には、全然かかわりがないと平沢貞通は言っているが、事件とまったく無関係なら、すべての真実を明らかにすればよいだけである。無関係であることをもって事実を暴露できない理由にするのはおかしい。しかも一審判決が死刑となった以上は尚更である。二審の控訴審では本当のことを洗いざらいぶちまけてもよさそうなものだが、そうはしなかった。なぜか。

それは既に述べたように、三菱銀行中井支店事件と帝銀事件で奪われた小切手の換金を「させられていた」からで、O（オー）たちの集団偽証が動かぬ証拠となるのは、まさしくこれ以外には考えられない。つまり、真実を暴露するということは、即ち自らの有罪に確実性を与えることにもなる。したがって死刑判決が必ずしも死刑執行を意味しないのは、まさに確実性と不確実性とのせめぎ合い如何なのである。

このように平沢貞通の嘘は、極限での駆け引きから苦し紛れに出たものとすべきだが、平沢貞通が本当のことを言えなかった理由はこれだけではなかった。

第7章　生贄

(1) 苦渋の選択

事件当時、警視庁刑事部捜査第二課主任の成智英雄は、藤田刑事部長の特命により、旧日本軍の特殊部隊関係者の徹底した洗い出しを行っていた。ところが、逮捕されたのは、軍とはおよそ無関係な平沢貞通であった。その頃から成智英雄は、本当に平沢貞通が犯人なのか漠然とした疑問を抱いていた。やがてその疑念は確信となり、警察を退官すると独自の調査を始めた。そして遂には、「平沢貞通を救う会」事務局長の森川哲郎との関係で「文藝春秋」「週刊現代」「新評」などの各誌に、平沢貞通の有罪を疑問視する自説を相次いで寄稿した。これらの内部告発ともいえる論説は、事件当時捜査の第一線で活躍した捜査員によるもので、反響が大きく当時の国会でも取り上げられた。しかし結局は、その内容が平沢貞通の有罪に重大な疑いを生じさせる程のものではなかったことから、それ以上の進展はみられなかった。

当初、成智英雄は「平沢貞通を救う会」及び平沢貞通の弁護団とは共同歩調をとっていたが、途中から彼らのやり方では再審の扉は開かれないとして、独自の再審資料を作ることにした。

ちょうどその頃、成智英雄は、佐伯省との交流を通してO（オー）のことや例の犯人グループと「金泥の虎画」について、興味深い情報を得た。そこで彼は、そのことを獄中の平沢貞通に直接確かめてみようと、便箋三一枚に及ぶ質問状を書き送った。面会に訪れたマサに初めてO（オー）と「金泥の虎画」について平沢貞通が話した翌年一九六三（昭和三八）年の四月のことであった。

何も知らない何の罪もない子や孫が、毒殺魔の子孫という蔑みに泣いて生きて来たことが、この屈辱感は子孫代々永久に続くであろうことを想像してみて下さい。老い先短い人生ですよ。この先獄死されるようなことになれば、あなたは二十世紀の大量毒殺犯人として未来永劫千載に汚名を残し、あなたの血の流れている子孫代々に就職・結婚等は勿論、自らコンプレックスに陥って、みじめな生活を余儀なくされる事になると云う現実を冷静によく考えて下さい。［文献Ｖ（9）］

この質問状には取調官が被疑者に自白を迫る口調を彷彿させるが、平沢貞通はこの質問に対してやや気色ばんだ答えを返している。

コンプレックスの件、インフィニティコンプレックス如何に正しい平沢と、証拠によって信じていても無限大で迫ってくる迫害から、逆に上越す侮辱による劣等感をもたらされることになります。『あきらめよ』といっても女子供は堪え切れますまい。まさに涙です。唯『嘆くをやめよ。自らを捧げて斯かる不幸を齎らす不正判官の撲滅に当たらむのみです。我が身内の受難が正者万民の禍の根を断絶の因たらしむる有るのみ』と拍手しております。クリストの難・日蓮の難皆倶（とも）にキリストを生かし、日蓮を大乗に徹せしめたではないか!!!［文献Ⅴ(9)］

何とも大仰でわかりにくい文章だが、要は、成智英雄が望むような「真実」などはそう簡単に平沢貞通が吐露するわけがないということだ。しかし、この手紙を注意深く読み解けば、意外と真実らしきものが見えてくる。

平沢貞通は自らをキリストや日蓮になぞらえ、我と我が身内の受難が不正判官の撲滅と正者万民の救済につながるとしているわけだが、ここでいう不正判官とは単なる言葉の綾ではない。捜査機関はもとより、裁判官までもがグルなら諦めるしかない、というメッセージとして受け取るべきだろう。平沢貞通の回答の意味は、供述調書や判決文まで自分たちの都合に合わせて改竄する、といったことだけでも余程鈍感でなければ気づくはずの内容である。しかも、話はそこで止まらない。

成智英雄は、右の手紙で、『血を分けた子や子孫を、暗くみじめで長かった（獄中の）生活から解放してあげて下さい』と平沢貞通の親心に訴えかけているが、これに対して平沢貞通は次のように答えた。

血を分けた肉親をみじめで長かった生活から解放してあげて下さい、とございますが、私はその身内を不幸にした輩につきまとって今尚身内を不幸にしているのですから、やはり贄（にえ）になって万民の不幸の因を除くのが、身内を救う道につながるのではございませんか。［文献Ⅴ(9)］

身内を不幸に陥れた輩とはむろんOたちグループのことで、平沢貞通が真実をどうしても話せないもう一つの理由が恐らくここにあった。となると、平沢貞通の沈黙が家族の安全をも保証するというのは、Oたちの背後に巨大な権力の存在を想定した発言に他ならない。

ところで平沢貞通は、検事の取調が行われてる間に二度の自殺騒ぎを起こしている。最初は取調が始まる日の明け方近くで、隠し持っていたガラスペンを噛み砕いて手首を切った。だが看守の発見が速かったこともあり、命に別状はなかった。この時死のうとした理由を平沢貞通は、「あのときは、今度の嫌疑は到底自分の力では晴らし得ないことなので、死んで証を立てるつもりでやった」としている。

死んで証しが立つわけはないが、この後にもう一度自殺騒ぎを起こしている。本格的な取調が始まる前、なぜ平沢貞通が「今度の嫌疑は到底自分の力では晴らし得ない」と絶望して死のうとしたのかと言えば、逮捕された時点ですでに事件のカラクリに気づいていたからだろう。

平沢貞通は死刑囚でありながら、獄中で四〇年近くも生きながらえ、九五歳の長寿を全うしている。ということは、有罪に確信をもてない法務省が、平沢貞通を死刑執行のリストに載せるのをためらったからだろう。実際、歴代法務大臣は平沢貞通の死刑執行指揮書に誰一人サインしなかったわけで、これはどう考えてもまともな態度とは言えない。死刑制度の是非はともかく、死刑囚をかくのごとき理由で選別するようなことがあれば、法の下での平等性が大きく揺らぐのは間違いない。

（2） 腹の探り合い

成智英雄元特命捜査員が前掲手紙の続きで、平沢貞通に対して帝銀事件への関与を追及したところ、平沢（貞通）は次のごとく興味深い話で答えてきた。

帝銀事件に無関係とはいえない、とは敬服しました。夫れに検事と裁判官の手伝があったからです。『犯行の薬もなく腕章もピペットも犯行の実態も不明で、自白せよとあっても不明で困ります』とは、何回かの調書にあった事を読みました。荏原・中井の件は、全然私は言った事はありません。［文献Ｖ（９）］

ここで平沢貞通は、荏原支店と中井支店の犯行を自白したことはないと言っているが、確かに自白当初は帝銀事件の犯行を認めながらも、なぜか未遂事件の方は否定している。普通ならこの逆だが、これは第四章（二）で述べたように、三菱銀行中井支店の犯行に手を染めた証左といえよう。帝銀事件の方は、犯行毒物はもとより、犯行に使われた腕章など松井名刺を除く物証も皆無となれば、一旦は自白しても後で否認することは可能と考えても不思議ではない。ところが、高木一検事はそれを許さない決定的な決め手を押さえていた（これについては次節（三）で解説する）。そこで平沢（貞通）はすべての犯行を認めざるを得なくなったが、裁判が始まると全面否認に転じたというわけである。高木一検事が事件の裏事情をすべて承知の上で取調に当たっていたというのは、つぎの平沢貞通による成智英雄への回答書、最後の記述からも窺われる。

真犯人は帝銀事件を作文した高木検事なのです。完成し殺人罪を完遂直前に至って居るのです。易者の指導で北海道に飛び、平沢貞通を逮捕した居木井と自白調書偽造に共謀共犯した安達を手下にしたのです。即ち高木こそ作文帝銀事件で正者死刑をかちとったのです。〔文献V（9）〕

高木一検事が「真犯人」というのは、平沢貞通の見当違いだが、第四章（五）で取り上げた居木井警部補に平沢貞通そっくりの似顔絵を持たせたのは、高木一検事の指図だった可能性が高い。その高木一検事には、事件後三〇年も経ってから驚くべき発言が見られる。

検事は因果な商売で、帝銀事件でも青酸カリの入手先について、平沢貞通が可哀想になって最後まで追及できなかった。もっとキチンと詰めを打っておけば良かった。平沢貞通の長女静子が満州で夫に死なれ、ソ連兵にひどい目にあって坊主頭で帰国したが、その際自殺用に青酸カリを持っていた。本人は持ち帰ってはいないと嘘をいうが、平沢貞通がこれを使った可能性が強い。平沢貞通は毒物の入手先についていろいろ嘘を言ったが、追及するうち『レミゼラブルの話を知っているか』と言い出し、『大僧正のお慈悲をお願いします』と言った。これは、平沢貞通が娘まで事件に巻き込みたくないという父性愛だと感じ、私も人間的に弱いので、娘が持ち帰ったことについてそれ以上追及できなかった。上司からなぜもっと突っ込まぬかと怒られた。入手先はわかっていたのだが、静子は子供を連れて帰国、青酸カリは平壌か京城の校庭で焼いてしまったと言ったが、戦後内地の汽車の中で友達に見せて、内地でもいやなことがあるからと言っていたことも……。[文献Ⅴ(8)]

この話は、前出の保持弁護士が、司法修習生時の教官が高木一検事だった関係から、佐伯省が保持弁護士を介して高木一検事本人から聞き出したものである。この頃の高木一検事は既に退官し弁護士になっていたが、それにしても随分と思い切った話をしたものだ。

しかし、平沢（貞通）が帝銀事件には直接かかわっていないことを、最初から高木一検事が知っていたとすれば、この話は満更あり得ないものでもない。ただし、それは同情心からなどではなく、平沢（貞通）が不完全ながらも犯行を認めることと、あくまでも交換条件としてである。これについては、高木一検事と平沢（貞通）の一審公判廷での謎めいたやりとりを見ていただきたい。

●高木一検事　被告人はゆっくりと検事と話をしようという気持ちはないか。
●平沢貞通　何の目的があるのですか。
●高木一検事　目的など考えずに。
●平沢貞通　別に左様な気持ちはありません。
●高木一検事　逢いたいとも逢いたくないとも思わぬか。

●平沢貞通　こうして話していることが逢っていることではないですか。〔文献Ⅰ（1）〕

このやりとりは取調を通じ、高木一検事と平沢（貞通）の間で何やら暗黙の了解があったと思わせるが、このような着眼を前提にしなければ会話そのものが意味不明で成立しない。

供述調書が高木一検事と平沢貞通の合作によるものなら、裁判が始まると一転して無実を訴え続ける平沢貞通に、高木一検事は皮肉の一つも言いたくなったのかもしれない。

（3）高木一検事の切り札

平沢貞通が事件後に手にした出所不明の十数万円のうち、八万円は他人名義の口座から引き出したものである。これは旅行用のチェーン預金（積立預金）になっていて、一月二九日、帝銀事件の三日後、「林輝一」という架空名義で東京銀行に預けられていた。ところが、平沢（貞通）は翌日にはそこから三万五〇〇〇円を引き出し、それを「清水」からと言って妻マサに渡して、残りの四万円も、翌月、北海道へ行くときに全額引き出している。この八万円は、平沢（貞通）が帝銀事件で奪ったものとされているわけだが、そう決めつけてしまうにはかなり無理がある。なぜなら、八万円もの大金を犯行の三日後にわざわざ預金して、翌日には三万五〇〇〇円もの大金を引き出すという奇怪な行動の理由を説明できないからだ。やはりこの金は、前章（五）で明らかにした「金泥の虎画」の代金とすべきだろう。

平沢（貞通）が言うように、ここにもOたちが関係していれば、帝銀事件で奪われた現金の一部である可能性は少なくないが、この不可解な預金の存在を高木一検事はなぜか知っていたのである。これについては、第三十回検事聴取での高木一検事と平沢貞通のやりとりを見てみよう。

●高木一検事　昨日聞いた林の点はどうか。
●平沢貞通　林でないと申し上げてもお前だと仰るのでは、申し上げる甲斐がないのではありませんか。
●高木一検事　あの林の印影は、お前の持っている書類の中のものと、東京銀行に出してある払戻請求書の印とが全く同一であり、しかもお前の筆跡と林輝一の筆跡とは同一の筆跡であることがわかっている。しかもお前は自分で他人に、東京銀行のチェーンから金を引き出したが、使ってしまったと話しておりましたよ。それでもお前は林ではないというのか。（傍点筆者）
●平沢貞通（約二十分間黙して答えず。）
●高木一検事　そのようなことはどうでもよい。
（この後、高木一検事は話題を変えてしばらくしてから話を元に戻した。）
●高木一検事　信用が置けるかどうかのために聞くが、林はお前だろう。
●平沢貞通　そうです。
●高木一検事　取った金はどうしたか。
●平沢貞通　その中から北海道へ行くのだけは別にしておきました。
●高木一検事　それは林のではないか。

●平沢貞通　そうです。林の名義で旅行チェーンにしたのです。そういういやな金だったので、手に持っているのもいやで財布にも入れず洋服のポケットに入れておったのですが、その金を見ると死体を思い出していやでしたので林の名義に貯金したのです。〔文献Ⅰ(2)〕

八万円のチェーン預金の発覚は、平沢貞通にとってまさに青天の霹靂だったようだ。家宅捜索で林名義の預金通帳が出てきたわけでもないのに、その預金のことでいきなり高木一検事から追及されたのだから、平沢（貞通）が愕然とするのも無理はない。

高木一検事は、平沢（貞通）がうっかりしゃべった「他人」からこの預金の存在を知ったというが、高木一検事のいう「他人」とはいったい誰なのか。平沢（貞通）の架空名義口座の存在を知る人物は限られている。即ち、平沢貞通を帝銀事件の犯人に仕立て上げたであろうO（オー）たちグループの誰かしかいない。その根拠は、先の成智英雄元特命捜査員の質問状に対する平沢（貞通）の回答中にある。

林誠一が原動力で情婦鎌田（リヨ）と相談して「金泥の虎画をアメ公に」となり、五〇〇ドルで売り込み二〇〇ドルを林と鎌田で分配し、残三〇〇ドルを画料の御礼として鎌田の手を通していたもので、これまた進駐軍関係等触法を恐れて何もいいませんでした。〔文献Ⅴ(9)〕

林誠一とは、前章の「平井の清水」こと清水虎之助と目される栗田武夫、照男兄弟の兄で栗田誠一のことである。栗田兄弟はその頃「林」と称していた。したがって、この林誠一とチェーン預金名義人の「林輝一」が同一人物である可能性は大である。さらには、当時一ドルの為替レートは三六〇円だから、三〇〇ドルというと一〇万八〇〇〇円になり、金粉など材料費を差し引くとチェーン預金の八万円と勘定が合う。〔文献Ｖ⑶〕

「金泥の虎画」には栗田兄弟とＯ（オー）の愛人の鎌田リヨもかかわっていたわけだが、平沢貞通は第二十五回検事聴取で鎌田について奇妙な供述をしている。

●平沢貞通　鎌田（里代（リヨ））は本当のことを言わないかもしれませぬが、それには訳があるのですから。

●高木一検事　その訳というのは。

●平沢貞通　言わないように固い約束がしてあります。

●高木一検事　お前の一命に拘わるようなことがあっても言わないか。

●平沢貞通　あの女のことですから、私の一命よりも自分の一命の方が大事でしょう。〔文献Ｉ⑵〕

自分の命も危うくなるという鎌田里代（リヨ）なら、高木一検事はその理由を直接本人に問い糺すべきだが、むろんそんな詮索などするわけがなかった。平沢貞通と鎌田里代（リヨ）の「固い約束」とは栗田兄弟やＯ（オー）との関係についてだろうが、この後で平沢貞通は、金の出所についてもさらに不可解なことを言っている。

●平沢貞通　隠して居りましたが、此の金のことで申し上げて良いかどうか疑問だったので、それ以前に椎熊（しいくま）（三郎）が困りゃしないかと思って政党献金をバラすことになっては困るだろうと思って、天野屋利兵衛のような気持ちで居たのです。実は、椎熊から八万円を二度画会の金として貰ったのです。始めは一一月の終わりで百円札束八つを呉れたのです。その金を画嚢の中に入れて置いて、出すのに困って、死んだ清水を思い出し作ったのです。

〝椎熊〟とは当時、民主党代議士の椎熊三郎のことである。平沢貞通とは旧制中学時代の先輩後輩の間柄だった。平沢（貞通）は右供述の後、椎熊と口裏を合わせるために看守を買収しようとして失敗した。しかしなぜ平沢（貞通）は、椎熊が国会議員の名声を賭してまで偽証してくれると思ったのか。二人はそれ程までに深い関係にあったということか。だが、当の椎熊は、平沢（貞通）に金を渡した事実はないと、平沢（貞通）の言うことをきっぱり否定した。平沢（貞通）の方も、その後の聴取で「椎熊の一六万円はどうか」と高木一検事に聞かれると、「あれは嘘です」とあっさり前言を翻したのである。

●高木一検事　汚いものがある中は出させなければならない。それでは問題を転換するが、什して椎熊の十六万円のような嘘を言ったのか、理由を言ってご覧。

●平沢貞通　嘘ではない処があるのですけれど、それはもうされませぬ。

●高木一検事　ということは、本当だが嘘だと言わなければ聞き入れて貰えないから言ったという意味か。

●平沢貞通　貰ったということは嘘なのですが、貰う約束はありました。

●高木一検事　また、嘘の尻ぬぐいをするのか。

●平沢貞通　此の期になって何故嘘を言いましょう。男の約束があるから言えないのです。私が本当のことを言っても信じて頂けないのは、私の真心が足りないのだと自分を責めます。私は死んで行く身ですからよいのですが、生きている者に迷惑が行くから困ります。申し上げられません。

●高木一検事　それでは什して約束で貰ったと言って椎熊に迷惑をかけようとしたか。そんな男があるか。

●平沢貞通　あの当時は什かして帝銀事件のことを免れようと思い、お金の問題を追及されて居たので、友人を利用して一挙に解決しようと思ったから、申し訳ありませんでした。

●高木一検事　それでお前の椎熊に関して一番汚いと思うことを自分で言ってみてご覧。

●平沢貞通　自分が免れたいために友人を利用したことです。

●高木一検事　そんなことは知っている。そんなことではない。お前は未だ未だ洗い切れない汚い所が沢山ある。

●平沢貞通　そうです。其所がお洗いしたい処なのです。もっと清浄になろうと努力します。［文献Ⅰ(2)］

前掲の第二十五回検事聴取では、なぜ平沢貞通が金の出所先を椎熊にしようとしたかを高木一検事は追及していないのだが、右聴取では、何やら意味ありげに問い糾している。以前の聴取では、平沢貞通は椎熊から「百円束八つ」を貰ったと供述しているが、この八万円はチェーン預金のことではないのか。だとすると、「金泥の虎画」を進駐軍に売り込む話では椎熊も一枚噛んでいたことになる。

平沢（貞通）の「嘘ではない処があるのですけれどもそれは申されませぬ」というのは、「男と男の約束」などではなく、O（オー）たちとの関係が暴露されるのを恐れたことにより、苦し紛れに出たものだろう。また、「生きている者に迷惑が行く」というのは椎熊ではなく、平沢（貞通）が家族の身の安全を案じたものだろう。

このまま裁判になれば死刑判決は確実、このような瀬戸際でも言えないことなど、普通の感覚では思いつかない。しかしながら、身の潔白を証明するはずの事実が、かえって有罪の決定的証拠になってしまうと判れば、決して本当のことが言えないのは当然である。

高木一検事が自白調書を補強するため、平沢（貞通）に二〇〇ページにも及ぶ懺悔録を書かせたのも、そこに踏み込まないことを交換条件とすれば分かり易い。一審第四回公判で、江里口清雄裁判長はこの点について、当然の疑問を平沢貞通にぶつけている。

●江里口裁判長　懺悔録や手記を綴って申し訳ないと述べたりしているが、本件のような犯罪は普通の泥棒や詐欺と異なり、場合によっては重大結果を来すこともあるとわかっているなら、よくよくの事情がなければならない筈であるが、それを非常にもっともらしく自分がやったと自白したのはどういう訳か。その経緯を申してみよ。

その「いきさつ」が言える位なら、苦労はない。それが言えないから自白したとは、信じてもらえるはずもないが、平沢貞通の答弁は「死んで証を立てようと思ってしたことですが、細かく話すと相当、三時間位の時間がかかると思うが、今日は時間よりも身体の調子が悪いので、その点については次回に初めから順序だてて、申し上げたい」と、裁判長の意外な質問に戸惑った様子である。身に覚えのない犯行を自白した理由を平沢貞通は次回の公判で次の通り述べている。

●平沢貞通　九月二十七日に高木検事から「帝銀事件の犯人はお前の他にない」と大声で言われ催眠術にかかり、その後は検事の言う通りに自白したが、十一月十八日になって、風船が破裂したような音がして催眠から醒め、これはとんでもないことだ、本当に俺は犯人にされたのだ。もし本当の犯人が出てきてまた悪いことをすると国家的に申し訳ないと思い、本当のことを公判廷で申し上げたい。〔文献Ⅰ(1)〕

結局、平沢貞通は「本当のこと」をしゃべらなかったわけだが、催眠術とは奇抜な発想ではある。しかし、この話をそのまま信じることはできない。なぜなら、平沢（貞通）が催眠術から覚醒したという日より以前、彼は弁護人に対して無実を訴えているからである。平沢（貞通）はこの後も一貫して無実を主張し続けているが、O（オー）たちのことは裁判を通じて最後まで一言も口にすることはなかった。

第8章　犯行の動機

（1）大政治家

およそ犯罪と称されるものには、何らかの動機があってしかるべきである。換言すれば、犯行の明確な動機がないものは犯罪とは言えない。本人の自覚がまったく欠落した状態で、手足が勝手に動いて犯行に及んだことが認められれば、それが罪に問われることはないというのが近代刑法の原則である。

帝銀事件についてはどうだろうか。平沢貞通を犯人とした場合、犯行の動機がまったく見えてこないのである。犯行目的を現金強奪とすると、第一章（一）で触れたように、犯行現場に大金を残したまま小切手を持ち帰ったのが平沢（貞通）なら、その翌日にそれを現金化しようとは考えもしないだろう。だが実際には、午後二時過ぎになってから銀行窓口に換金に現れている。

ならば、毒殺そのものが目的というのはどういうことかと言うと、平沢（貞通）には当てはまらない。なぜなら、平沢（貞通）が毒物に対して特別の興味や知識があった事実はなく、その方面の変質者とも言えないからだ。現に第六章（一）に見るように、狂犬病に罹った愛犬を撲殺したことで、ひどく精神的に参ってしまう平沢（貞通）に出来る芸当ではない。帝銀事件に動機を求めるなら、やはりそれは犯行そのものに目的があったとしなければ説明がつかないのである。

高木一検事は、取調の途中、「終戦後の日本の状態をどう思うか」と平沢（貞通）に唐突な質問を投げかけているが、これに平沢（貞通）は、国の在り様と先行きを憂う持論を垂れている。

●**平沢貞通**　まったく自由をはき違えている。自由とは義務があるものだが、今の自由は義務がない。闇行為は横行するし、国の立ち直りは難しい。大政治家が出て、一刀両断の大手術をしなければ国家の存亡も危ぶまれる。憂慮すべきものだと思う。［文献Ⅰ⑵］

平沢貞通が金の出所先にしようとした前出の椎熊三郎は、国会対策委員長・衆議院運営委員長・衆議院副議長などの要職を歴任した、正真正銘の大政治家であった。［文献Ⅲ⑴］

帝銀事件のあった一九四八（昭和二三）年一〇月、日本が将来独立するための準備機関として発足した国家安全保障会議（NSC）は、日米文化交流計画を立案した。この計画には、戦後日本の主要政治家たちにアメリカの民主主義を学習させ、日本の政治機構をアメリカが自国に取り込む目論見があった。そのハイライトが、アメリカ議会制度の視察研修を目的とした渡米議員団の派遣であった。

翌年一二月には、六名の衆議院議員と四名の参議院議員に加え、衆参両議院事務総長、国立国会図書館長、衆議院渉外課長ら一四名の訪米を決定。このうちの一人が椎熊三郎であった。

翌年一月、議員団がアメリカに向けて出発する当日に突然、マッカーサー元帥が一行を見送るために空港に現れた。天皇との会見でさえ、ただの一度も自分から出向いたことがなかったマッカーサーの出現に、議員団の面々はビックリ仰天した。中でも、椎熊三郎の感激の様子は一風変わっていた。彼は嬉しさのあまり、衆目の中でマッカーサーにサインを求めたのである。日本を代表する国会議員が、GHQ総司令官に示したこのような無邪気で卑屈な態度は、占領下日本の立場を如実に物語っているといえよう。［文献Ⅲ(24)］

(2) 毒殺用兵器の人体実験

GHQこそが帝銀事件の真犯人だ！　このフレーズはこれまで何度も言われてきたが、では、なぜGHQがこんな手の込んだ事件を画策する必要があったのか、その理由については納得のいく説明がなされたことはない。犯行の動機についての考察が見当違い、ないしは不十分なのである。

例えば、『疑惑』の著者佐伯省は、犯行毒物は判決にある「青酸カリ」などではなく、旧日本陸軍科学研究所で開発された化学兵器「青酸ニトリール」である可能性を検証し、事件はアメリカ軍がこの最高機密兵器（佐伯省の弁によると）である毒物の効力を、人体実験するためのものだったと主張して譲らなかった。だが、GHQ（ここではアメリカ軍と同義）が佐伯省の言う理由だけでこれほどの大事件を計画実行したとは、どう考えても無理がある。

敗戦後の日本は、アメリカ軍を主軸とする連合国軍（GHQ）により占領統治されることになった。しかし、沖縄を除く日本の占領方式は、アメリカ軍による直接統治ではなく、既存の日本政府を利用するアメリカ軍の間接統治としたのは、建前上は連合国としての統治という形を取らざるを得なかったからである。

帝銀事件発生当時、米ソの世界戦略上の覇権争いはすでに深刻化していた。そんな中でアメリカは、東アジア戦略の最重要拠点となりつつあった日本に、ソ連の影響が及ぶのを極力排除するため、想像以上のエネルギーと神経を使っていた。このような情勢からも、事件の真相が露見すれば甚大な反感を招く日本人の大量毒殺事件など、余程の理由がない限り、できるはずはなかった。佐伯省の言うような青酸ニトリールの人体実験だけが目的の犯行とは、とても考えられないのである。この毒物は主に要人暗殺に用いられるもので、兵器として特別高い利用価値があったとも思われない。犯行の動機として考えられるものが、強盗や毒殺でないとしたらいったい何が目的なのか。そこで第一候補として挙げられるものに、当時の米ソを取り巻く東アジアの政治情勢がある。

日本の敗戦によって中国は再び内戦状態に陥ったが、帝銀事件前年（一九四七（昭和二二）年）の頃には毛沢東の共産主義革命の成立が確実視されるようになっていた。このことが事件の発端になったと私は考えるが、詳しくは次節以降で説明しようと思う。

（3）青い目の大君

日本の敗戦から二週間余り経過した一九四五（昭和二〇）年八月三〇日午後三時、連合国軍最高司令官ダグラス・マッカーサーは、例のコーンパイプにサングラスの出で立ちで、厚木飛行場に舞い降りた愛機バターン号のタラップに姿を現した。これから占領下日本の最高権力者として君臨する彼は、

焦土と化した厚木市街を眼下に見下ろし、ゆっくりタラップを降りてきた。〔文献Ⅲ(1)Ⅰ〕

その姿は、これより三日後の九月二日、日本の降伏文書を手交するためにアメリカ軍戦艦ミズーリー号の甲板上にあった。日本側は重光葵外相と梅津美次郎参謀長が乗艦し、日本政府と軍の代表として降伏文書に調印した。これで日本は名目上は連合国の、実質上はアメリカ軍による軍事占領下に置かれることになったのである。

日本の占領形態は、「現行日本の統治機構をそのまま利用する」とした間接統治、すなわち民政を沖縄を除く日本全土に敷くとされた。ところがこの時マッカーサーは、「日本を軍政下に置く」という布告第一号に署名してしまったのである。

軍政とは被占領国政府の主権を排除した直接統治を意味するため、マッカーサーは軍政局を引き連れていた。それを知って驚いた日本政府は、すぐさまマッカーサーに対して民政による統治を懇願した。するとマッカーサーは、意外にも簡単に布告第一号の撤回を承諾した。そこで無用となった軍政局は、そっくりそのまま三八度線以南の朝鮮半島に廻されたのである。

恐らくこの騒ぎは、マッカーサー流のハッタリだったのだろう。というのも、軍政統治を導入するとなれば、「天皇を含む日本の政府機関を通して権力を行使すべき」というアメリカ政府の指令に違背することになるからで、いかにマッカーサーといえども、ワシントン政府の決定を無視した勝手な振る舞いは許されるはずもなかった。しかし、第一ラウンド開始早々に繰り出されたマッカーサーのカウンターパンチは、その後の日本政府の対米弱腰姿勢を決定づけたと言ってよい。

かくしてGHQは、日本が降伏文書に調印すると直ちに、日本の陸・海軍の武装解除に取りかかった。これと平行して軍令部と参謀本部も完全に撤廃されて軍事施設は解体された。同時に東条英機以下三八名を戦犯容疑で逮捕し、日本の軍事化と軍国主義とを一掃するための政策が矢継ぎ早に打ち出されていった。

一九四五（昭和二〇）年一〇月四日、人権指令が発令されて政治犯を釈放する一方、かつて思想弾圧の牙城であった特別高等警察を廃止した。さらにこれらと併せて警視総監・府県警察部長および内務大臣の罷免が行われた。次いで、悪名高い治安維持法などの戦時法規もすべて廃止され、一一日にはマッカーサーの「五大改革指令」が幣原喜重郎首相に手交された。

その内容は、（一）婦人の解放と参政権、（二）労働組合の保護と援助、（三）教育の自由化、（四）秘密的弾圧政治の廃止、（五）経済の自由化、以上の五項目であったが、さらにマッカーサーはこの中で、財閥解体の必要性についても言及している。今では当たり前となったこれらの民主化政策は、GHQが日本から軍事的脅威を一掃するために行った徹底した改革の結果である。

一二月に入ると戦争犯罪人の追及はますます苛烈になり、その対象者は太平洋戦争以前の満州事変の時点まで遡及していった。こうしてGHQは、新たに右翼など超国家主義者からも五九名の戦犯容疑者をリストに加えた。

明けて一九四六（昭和二一）年一月一日、日本国天皇は、年初にあたって国民に向けた詔書を発表した。この詔書の解釈をめぐっては甲論乙駁といった様相を呈したが、一般にはこれを天皇裕仁の「人間宣言」としている。神の座から生身の人間に降格させられた天皇は、さっそくその翌月から全国各地への「巡幸」を始めた。

一月四日、ＧＨＱは日本政府に対して「軍国主義ないしは超国家主義的指導者のすべてを官公職から追放すべし」との、いわゆる公職追放令を日本政府に指示した。これは日本の国家機構から、かつての戦争遂行に加担した勢力を一掃するためで、これと同時に公職とは言えない右翼団体までまっさきに解散させられたのである。この追放令に該当するか否かの判断は、日本政府の裁量に委ねられていたが、それはあくまでも建前に過ぎなかった。追放決定に際しては、ＧＨＱのあからさまな干渉があったのが実情である。この後、追放該当者の範囲は言論界にまで拡大されて、翌一九四七（昭和二二）年には、第二、第三の追放令が発令され、最終的には二〇万人以上が職を失ったのである。

四月一〇日の総選挙では、地方農村部の票田を獲得した保守政党が勝利したが、間もなく幣原内閣は崩壊し、吉田内閣が成立した。一一月三日には新憲法が公布され、一九四八（昭和二三）年五月三日に施行となった。ワシントン政府は、「日本国憲法の改正は、日本国民の自由意思を表現する方法で行われるべきである」としたが、実際にはその憲法は敗戦後の日本国民の民意が必ずしも反映された憲法ではなかった。出来上がった新憲法は民定憲法の装いを凝らしてはいるが、その実体は大日本帝国憲法を換骨奪胎した欽定憲法で、天皇の名の下に行われる恩赦を内閣が決定するなど、三権分立を脅かす条文も混在した旧態依然なところも見られるものである。

ワシントン政府が望んだ憲法改正での最重要事項は、日本の徹底した非軍事化による軍事的脅威の排除にあった。これによって新憲法に挿入されたのが、再軍備はもとより自衛のための戦争も放棄するという、世界に例を見ない九条の条項である。しかし、このような容赦ない平和主義を根付かせるには、日本の民主化を早急に行う必要があった。ＧＨＱが日本の中央集権体制を改めて地方自治を確立させようとしたのも、挙国一致体制の再来を封じるねらいがあったからである。

すなわち、GHQが推し進めた日本の民主化改革は国家権力の弱体化を意味し、日本が二度と再び軍事大国として台頭することがないようにする、これが占領当初のGHQ共通の基本方針であった。ところがこの方針は、アメリカによって東アジア情勢の急速な変化により、わずか二年余りで変更を余儀なくされたのである。

(4) 占領政策の大転換

アメリカ合衆国とソビエト連邦は、第二次世界大戦末期には既に戦後世界の覇権を巡ってしのぎを削っており、後に世界を東西に分かつ米ソ冷戦構造の火種は、この時から燻(くすぶ)り始めていた。日本の非軍事化が確定した後、アメリカにとって最大の脅威は同じ連合国の一員であったソ連邦であり、それに同調する各国の社会主義・共産主義勢力の席巻でもあった。日本がこの流れに巻き込まれたのは、地政学的環境からしても当然の成り行きであった。[文献Ⅲ(1)Ⅰ]
一方、戦後のヨーロッパ情勢は次第に混迷の度を増して、フランスとイタリアでは労働者のゼネストの嵐が荒れ狂っていた。イギリスの深刻な経済危機は、労働党内閣を崩壊の危機に陥れ、ヨーロッパ全土に広がる様相が見られた。
この頃、東欧諸国は既にソ連邦の勢力圏内に取り込まれることが確実視されていた。こうしたヨーロッパ・東欧情勢に危機感を抱いたアメリカは、早急に有効な手段を講じる必要に迫られていた。

連合国軍による占領当初のドイツは、ナチズムが一掃されて軍事的脅威が完全に払拭されたなら、日本と同様に弱小貧国として位置づけられる筈であった。ところが、ヨーロッパ情勢の変化により、状況は一変した。アメリカを筆頭とする自由主義諸国の思惑は、この期に及ぶと、ドイツの占領政策をドイツの「弱体化」ではなく、「強化」の方向へと軌道修正する方針に転換せざるを得なくなったのである。

アメリカは、ドイツを中核とするヨーロッパの経済復興を掲げるマーシャルプランを打ち出し、イギリス・フランス・ソ連邦との三国の間で、この計画をめぐる外相会議が開催された。しかし、会議は紛糾して決裂し、それまでの連合国対枢軸国（日本・ドイツ・イタリア）という構図は事実上崩壊し、アメリカを主軸とする西側自由主義陣営とソ連邦傘下の東側社会主義陣営との、対立・相互依存の政治構造へと変貌していったのである。

かくして東西に分断された西ドイツはヨーロッパにおける防共の要衝となり、東アジアでは日本が中国に代わるアメリカの戦略上の最重要拠点になったわけだが、この世界政治をめぐる東西両陣営の戦略上の諸課題や出来事と、平沢貞通を主犯とする帝銀事件の間にどのような関わりがあったのか、これがこれからの本題である。

（5）中国の共産化と帝銀事件

一九四五（昭和二〇）年、日本占領当初のアメリカは、アジアの防共は中国に期待していた。というのも、ワシントン政府は、第二次大戦中から蒋介石の国民政府軍に莫大な資金を提供していたからである。大戦中の中国大陸には、国民政府に対抗して共産主義革命をめざす毛沢東率いる人民解放軍があったが、両者は侵略者の日本軍を共通の敵と見倣して共同戦線を張っていた。ところが日本の敗戦により、国民政府軍と毛沢東率いる人民解放軍は再び内戦状態に突入していったのである。［文献Ⅲ（1）Ⅰ・Ⅱ］

蒋介石の国民政府軍は、アメリカの潤沢な資金援助で武力の面では人民解放軍に勝っていた。しかし皮肉なことに、アメリカが資金投入すればするほど国民政府内部に腐敗と堕落をもたらす結果となった。このような事態は、当然ながら国民政府軍の士気を低下させた。その一方で、農民層を支持基盤とする人民解放軍の士気は盛んで、急速に彼らの勢力圏は拡大していった。ソ連軍を背景に勢いづく人民解放軍に、国民政府軍は中国各地の戦闘で敗退を余儀なくされ、逆に中国大陸での共産主義革命の成立は時間の問題となった。中国情勢に深刻な危機感を覚えたワシントン政府は、日本を強固な防共の砦に転換させるため、早急な対日占領政策の抜本的見直しを迫られた。世界政治の大転換に対応するために国家の弱体化に繋がる日本の民主化政策は減速し、あるいは民主化政策そのものの放棄となっていったのである。

帝銀事件の前年、一九四七（昭和二二）年一月、遂にワシントン政府は、中国に対する国共合作構想（国民党と共産党の連合政権構想）を諦めて打ち切ることにした。この時点で中国をもって対ソ連邦戦略の防壁とする構想は断念せざるを得なくなってしまった。

さらに三月、アメリカのトルーマン大統領は、上下両院の合同会議の席上、対ソ連邦封じ込め政策を盛り込んだトルーマン・ドクトリンを打ち出した。ここに至ってアメリカは、ソ連邦との対決姿勢を一層明確化し、米ソを中心とする本格的な東西冷戦の幕開けとなったのである。

米ソ対立の緊張感の進展により、ヨーロッパでは、ドイツの弱体化路線が変更されたが、これと同様に、日本の占領政策の変更をアメリカは強く望んだ。とはいえ、ソ連邦を含む連合国のポツダム宣言に定められた「完全なる日本の民主化」をアメリカの都合で大幅に変更するとなると、それなりの口実がなければ不可能である。そんな時にタイミングよく勃発したのが帝銀事件である。だが、帝銀事件はアメリカにとってばかりではなく、侵略戦争に加担した廉で公職追放された人たち、あるいは、超国家主義者にとっても、すくなからぬ恩恵をもたらしたのである。

平沢貞通が青函連絡船の中で、逮捕のキッカケとなった松井蔚の名刺を松井本人から受け取ったのは、まさにこのトルーマン・ドクトリンが発せられた翌日のことであった。

第9章　占領下日本の国家機構

(1) GHQ民政局(GS)と参謀二部(G2)の確執

終戦翌年、一九四六(昭和二一)年一月、GHQは、日本の軍国主義者とその協力者・超国家主義者など民主改革の妨げとなる人物を公務から排除するために、公職追放令の発布を日本政府に指示したが、この追放令をめぐり、GSとG2の間で熾烈な争いが始まったのである。[文献Ⅲ(1)Ⅰ]

第一次吉田茂内閣から、社会党党首の片山哲内閣に次いで誕生したのが芦田均内閣(一九四八(昭和二三)年三月〜一〇月)だが、この芦田内閣が崩壊した直接の原因は、昭和電工事件という疑獄事件にあった。この事件を蔭で操作していたのは、吉田茂の民自党とGHQ参謀二部(G2)だったと言われている。

占領期間中、マッカーサーと天皇の会見は一度だけだったが、マッカーサーと吉田茂の会見は公のものだけでも七六回にも及んだ。これに非公式のものまで含めると見当もつかないが、吉田茂がGHQ総司令部の裏口から出入りする姿はたびたび目撃されている。威厳を保とうとしたのか、マッカーサーは日本人と直接面会することは滅多になかったが、吉田茂だけは唯一の例外的存在であったようである。

この頃のG2は、日本のFBI（アメリカ連邦捜査局）とも呼ばれ、G2の下部組織には、対敵諜報部隊（CIC）という極めて特殊な任務を担う部隊があった。このCICは、後のCIAの前身で、主な任務は諜報活動をはじめとする破壊工作や思想調査など、秘密裏に捜索する組織であった。CICの隊員は、占領下の日本でGHQにとって不都合な人物を拘束して、必要があれば拷問（結果、死に至ることもあった）さえ辞さなかったと言われている。

CICはいくつかの支隊から成り立っていて、その一つの第四四一支隊にはZ機関と呼ばれた秘密の諜報機関があった。この諜報秘密機関のトップは、ジャック・キャノン少佐で、彼はフィリピン戦線以来、G2部長ウィロビー少将の腹心であった。Z機関は、キャノン機関とも言われ、機関の大半は日系二世が占めていた。彼らには、日本人の協力者がいて、その中には旧日本軍の元特務機関員、あるは思想弾圧に加担した元特高警察関係者をはじめ、斎藤元国家地方警察長官などの大物もいたと言われている。

退役後のキャノンは、帝銀事件翌年、一九四九（昭和二四）年に勃発した下山定則国鉄総裁轢死事件・三鷹事件・松川事件など、国鉄がらみの怪事件に関係したのではないかとたびたび各方面から疑いの眼を向けられた曰く付きの人物である。

キャノンは、事件への関与を頑なに否定したが、Z機関の下部組織であった日本の秘密機関はどうだろうか。

当時、東京有楽町の日劇裏に日本クラブという会員制社交クラブがあったが、そこの二階には、有坂機関という秘密の組織があり、有坂機関はＣＩＣの出先機関だったと言われている。また、下山定則国鉄総裁が消息を絶った三越本店の中にも類似の組織があり、この頃の都内には得体の知れない秘密組織がいくつもあったということだ。

公職追放令発布から間もなくすると、日本の民主化には反民主勢力の徹底した追放が必要と強く主張するＧＳのケーディス次長と、追放による産業界の衰退を懸念するＧ２のウィロビー部長が激しく対立するようになった。この問題は、最終的にはマッカーサーがケーディス案を採用することで決着がついたが、両者の反目は収まったわけではなかった。

帝銀事件前年の一九四七（昭和二二）年二月、吉田内閣は新たに警察制度の改革案を作成した。これはＧ２傘下の公安課（ＰＳＤ）が本国から公安機関の専門家を招き、吉田内閣に警察制度の改革を勧告したのを受けたものだが、ケーディスは直ぐに覚書を作成して改革案の潰しにかかった。吉田茂の改革案は警察権力の中央集権化に拍車をかけるもので、「日本の民主化」というポツダム政令はもとより極東委員会（ＦＥＣ）の指令にも違背するものである、というのがケーディスの主張であった。［文献Ⅲ(24)］

一方のウィロビーは、日本国内の治安維持と強化のためには、公職追放で弱体化した警察を強化し、共産主義者や過激化した労働運動を弾圧する必要がある、とケーディス案を猛然と批判した。

結局この問題は、四月の衆議院議員の総選挙で吉田茂の自由党が片山哲の社会党に敗れたことで、次期政権に持ち越されることになった。ケーディスが肩入れした片山哲内閣では、ほぼケーディス案に沿った新警察法案が作られ、一二月一七日に同法案は国会の承認を経て、翌一九四八（昭和二三）

年三月七日から施行の運びとなった。

この新法がねらいとするところは、警察組織を国家管理の国家地方警察と、人口五〇〇〇人以上の市町村に配置する自治体警察の二本立てにし、強大過ぎる警察権力を地方に分散させることで警察の民主化を図るところにあった。ところが、この改革は、警察組織を国家警察と自治体警察の二本立てにしたこの時点で、警察の民主化は既に放棄されたも同然であった。案の定、警察力の弱体化を招く改革構想は途中で頓挫し、結局はより強化された中央集権型の警察機構に逆戻りしてしまった。現在の警察庁長官をトップとする、ピラミッド型の強大な警察組織はこうして出来上がったのだが、GHQの関与が疑われる帝銀事件をはじめ、下山事件、三鷹事件、松川事件では、日本共産党系の国鉄労働組合のリーダーが逮捕され、GHQが進めた民主化の煽りで手がつけられなくなった労働運動に壊滅的ダメージを与えることになったのである。

ところで、GSのケーディスとG2のウィロビーが日本の占領政策をめぐり激しく対立していたというのは本当だろうか。というのも、GHQ総司令部の要職は殆どがマッカーサーの側近で占められており、その中でもG2部長のウィロビーとGS局長のホイットニーは、マッカーサーが最も信頼する側近中の側近だったからだ。したがって、ウィロビーとケーディスの対立は必ずしもG2とGSとの対立を意味しない。

占領開始以降、GSには日本を徹底的に民主化するため、ニューリーダーと呼ばれた各方面の専門家集団がワシントン政府から送り込まれていた。その中でもケーディスは極めつきのスペシャリストであった。彼は、ルーズベルト政権下でのニューディール政策や陸軍省民政部での活躍をマッカーサーに見込まれ、GSのナンバー2として占領下の日本に派遣されたのである。マッカーサーへの絶対的忠誠を誓う側近たちで固められた総司令部で、民主改革に辣腕を振るう、いわばよそ者のケーディスに、民主化改革推進に反対を主張するウィロビーが反発するという構図は、いかにもアメリカの政治世界では有りそうな話である。

だが、それから五〇年後に日本を訪れたケーディスは、「私がGS在任中に行った改革は、すべてワシントン政府および議会の作成した政策に則ったものだった」と新聞記者の質問に答えており、マッカーサーも回顧録の中で、「私がGHQ総司令官として行った日本での仕事は、すべてワシントン政府の指示に基づくものであった」と述べている。

要するに、対日占領政策の根幹に係わる民主化政策となると、ポツダム政令であり、極東委員会指令である民主化政策であり、マッカーサーといえどもこれを勝手に変更することなど出来るわけはなかったということである。

（2）第二次吉田茂内閣の成立

前記の昭和電工疑獄事件を蔭で操作していたのは、ウィロビーのG2と吉田茂の民自党だ、ということだったが、芦田均内閣の高官とGS高官の疑惑について最初に日本の捜査機関に捜査を命じたのは、他ならぬケーディスであった。ケーディスは自身が肩入れしていた芦田均内閣をどうして潰すような捜査を命じたのだろうか。

昭電疑獄で芦田均内閣の崩壊が決定的となったとき、次期政権を担うことができるのは、野党第一党の吉田茂の民自党以外になかった。一〇月九日、吉田茂はGHQ総司令部にマッカーサーを訪ね、吉田内閣成立にマッカーサーが反対でないことを確認した。しかし、GSは、吉田茂が民主的でないことを理由に、再び組閣することに否定的であった。そこでホイットニーGS局長とケーディス次長は、民自党幹事長の山崎猛を首班とする次期政権構想を画策した。これには当の山崎も大いに乗り気で、民自党内の大勢も一気に山崎首班擁立へと突っ走った。これにより。民自党総裁でありながら吉田首班の実現は一時棚上げの様相となった。ところが、ここで不可解な事態が起こったのである。吉田茂がマッカーサーを訪れた四日後の一〇月一三日、突然、山崎猛は首班指名選挙への出馬を辞退した。それればかりでなく、山崎猛は同時に議員の椅子まで投げ出してしまったのである。[文献Ⅲ(1)]

権謀術数の政界でありがちなこうした出来事が何を意味するのかと言えば、日本の国家体制の弱体化をもたらすと喧伝された民主化政策から方向転換するには、筋金入りの保守で強権政治家の吉田茂がワシントン政府にとって必要とされたということだろう。

第一次吉田内閣の成立から戦後初の総選挙による社会党の片山哲内閣、次いで民主党の芦田均内閣、そして再び第二次吉田茂内閣成立への一連の流れもアメリカの世界戦略の都合による出来事と見れば分かり易い。山崎猛はそのための当て馬だったかもしれないが、国会議員の職を辞さなければならない弱点も握られていたのではないだろうか。

この一件から間もなく、ケーディスは本国に召還され、翌年五月三日には自ら陸軍省に辞表を提出した。ケーディス失脚の原因は、昭電疑獄とこの山崎首班工作の失敗によると言われてきたが、その後、彼は帰国の理由について次のように語っている。

当時のワシントン政府が決定しつつあった対日政策の変更、すなわち民主化政策の減速ないし放棄といった流れを変えるため、マッカーサーの指示でワシントンに出向いたが実効が得られず、そのまま本国にとどまった。

本当だろうか。にわかには信じ難い話である。自他共に認める強烈な反共主義者のマッカーサーがそれまで民主化推進のために行われていた左派勢力の保護を止めると言うワシントン政府の方針に反対する理由はないからだ。

ケーディスは、吉田茂は民主的でないから嫌いだと公言していたが、第二次吉田茂内閣誕生の蔭の功労者は他ならぬケーディス自身であった。

当時、通訳の同行なしでマッカーサーと直接対話が可能な日本の有力な政治家は、外務官僚あがりの吉田茂以外にいなかった。しかも吉田茂は、マッカーサーと同じく筋金入りの反共主義者で、なおかつクリスチャンである。後は、アメリカ合衆国に対する揺るぎない忠誠心があれば、傀儡政権のリーダーとしては申し分ない。

政治家としての経歴も資金力もなかった吉田茂が政界で頭角を現すことができたのは、自由党党首の鳩山一郎が絶妙のタイミングで公職追放の対象になったからである。そこで吉田茂は、鳩山一郎追放が解除になるまで自由党を預かることになり、これが吉田内閣の誕生につながった。この鳩山一郎追放にGHQが直接関与したかははっきりしないが、マッカーサーと吉田茂の関係からしてあり得ないことではない。

戦争責任追及を満州事変まで遡れば、吉田茂にも戦犯訴追の可能性があったにもかかわらず、このことは一切詮索されることがなかったことからも、そういった可能性はあり得るだろう。

戦後、日本初の女性国会議員の一人で憲法改正委員も務めた加藤シヅエは、一九九六（平成八）年一月二四日の朝日新聞紙上で、占領期の歴代首相について次のように語っている。

吉田さんは民主主義や平等について今のレベルでの理解はなかったと思いますが、高い見識がありました。片山哲さんは総理になられたけれど学究タイプで、これだけはやり遂げようという気がありませんでした。くたびれておやめになってからよほど幸せそうでした。芦田首相は頭のいい方でしたが、器が小さいみたいで、鋭いけれど細い感じでした。

（3）不沈空母・日本

第二次吉田茂内閣が成立したのは一九四八（昭和二三）年一〇月一五日だが、その翌月、アメリカ合衆国の最高政策決定機関の国家安全保障会議は、緊迫するアジア情勢を見据えて対日基本政策をそれまでの弱体化から強靭化へと一八〇度転換する構想をさらに明確にした。具体的には、日本の経済復興と政治的安定及び日米友好関係の強化が政策転換の骨子であった。この中で、日本にさらに一五万人規模の国家警察隊を組織させる計画は重装備の軍隊、即ち日本の再軍備さえ予感させるものであった。

前年末の民主化に逆行する占領政策の大転換が吉田政権下で本格化することになったのは偶然ではない。第二次吉田内閣の最初の仕事は、この年（一九四八（昭和二三）年）七月に施行されたばかりの国家公務員法を改定することにあった。GHQの介入により、この改革案は一一月三〇日には衆参両院を通過し、翌一二月三日に公布、即日施行という異例の早さで実施されたのである。

これによって公務員は、労働者の基本的権利である団結権と団体交渉権及び争議権を剥奪された。さらに公務員は、政治活動の制限ないしは禁止という、民主化政策とは真逆の労働基本権のさらなる制約という労働環境下に置かれることになった。このような官公労働者に対する基本的人権の制約は、官公労働者から労働運動の主導権を奪うことが目的であったが、真の狙いは、人権委員会の権限を強化して公務員を政府の統制下に置くことにあった。

改正国家公務員法の実施は、折しも反体制的な社会党、共産党に同調する労働者を職場から追放するという、いわゆるレッドパージにも一層の拍車をかけた。こうした一連の反民主化政策は、GHQというよりもワシントン政府による国家体制の戦前回帰を意味していた。A級戦犯で投獄された岸信介が後に総理大臣にまでなるという、信じられないようなパラドクスはこういうことだったのである。

この頃、ソ連邦を筆頭とする社会主義勢力がヨーロッパからアジアを席巻していくさまを眼の辺りに見て、アメリカ国内では反共産主義の火の手が瞬く間に全国に波及した。間もなく常軌を逸した〝赤狩り〟という偏狭な思想弾圧事件へと発展した。

一九四七（昭和二二）年一〇月二〇日（安田銀行荏原支店事件は、この六日前に勃発する）、アメリカ下院の非米活動調査委員会は、ハリウッド映画関係者四五名をワシントンに召還して公聴会を開催した。これは、現在もしくは過去において共産党員であったか否かについて問うものであったが、このうち一〇名が思想信条の自由を理由に回答を拒否したため、「ハリウッドテン」と呼ばれる思想弾圧事件に発展したのである。アナーキズムや社会主義、共産主義に対するアメリカ人のヒステリックな拒否反応はこの後、共和党上院議員のジョーゼフ・マッカーシーが国務省内の〝容疑者〟リストを公表したことに端を発した、いわゆる〝マッカーシー旋風〟を巻き起こし反共イデオロギー蔓延の絶頂期を迎えることになる。

だが、後にこのマッカーシーの〝容疑者〟リストは根も葉もないデタラメであることがわかるのだが、アメリカ発のレッドパージの余波は、GHQ占領地の日本へも波及したのである。

日本国内のレッドパージは、公務員から民間の大衆運動への弾圧にその矛先を向けるようになり、ワシントン政府が対日政策を遂行するにあたって支障となり得る末端の勢力すべてにわたって、GHQ総司令部はあからさまな弾圧を加えるに至った。その一方で、かつて公職追放の対象であった超国家主義者や右翼勢力まで幅広く取り込むことによって脅迫や弾圧に利用していったのである。

極東アジアでの戦略上、日本の保守化と経済復興が急務と考えるようになったワシントン政府首脳は、一九四八（昭和二三）年一二月一八日、マッカーサーを介して、日本経済復興のための九原則を吉田内閣に指示した。これは東アジア有事の際に日本をアメリカの砦として位置づけ、軍需工場化するためにも必要にして不可欠の措置であった。

極東国際軍事裁判所は、一九四八（昭和二三）年一一月一二日、A級戦犯容疑者二五名に有罪判決を下し、翌月二三日には東條英機以下七名の絞首刑を執行した。ところがその翌日には、A級戦犯でありながら後に総理大臣となって日米安保条約の締結に貢献した岸信介、あるいは笹川良一や児玉誉夫といった右翼の大物を含む一九名が突然釈放の身となったのである。

同じ一二月二四日、国家公務員法の改正案や予算案など、予定されたすべての審議を終えた衆議院は、野党が提出した内閣不信任案を可決。ここで第二次吉田内閣は、早くも解散することになった。しかし、この解散は政府与党と野党が事前に示し合わせた、いわゆる〝馴れ合い〟解散で、政府与党の情勢を読み切った政治判断で強行された。案の定、翌年一月の総選挙では、吉田茂の民自党が解散前の一五二議席から二六四議席へと大幅に議席数を増やし、国会での過半数を制したのである。

吉田民自党圧勝の要因は、多数の官僚を入党させ立候補させて、その多くが当選したことによるが、優秀な官僚を引き抜いて政治家に転身させたのは、明らかに三権分立の原則に反する禁じ手である。新国家公務員法でも、行政府の役人と立法府の国会議員の独立性を確保するため、公務員の政治活動は制限されていた。だが、官僚が特定の政党と結びつくこと自体には何らの制約もなかった。このざる法により高級官僚出身議員が多数誕生したわけだが、この無原則な新国家公務員法がもたらした弊害は、政と官の馴れ合い関係と与党政治家への過剰なまでの権力集中であった。〔文献Ⅲ（1）〕

だが、敢えてこうした暴挙を敢行したのは、ワシントン政府の戦後世界政治の戦略が反共の砦としての日本をいかに造成するかということ以外にないからであった。そして、一八〇度転換したGHQの日本再生政策は、ソ連、中国に対抗する日米同盟の内実をいかに造成するかにかかっていた。

第二次吉田内閣の解散総選挙は、統治する政権与党にとって権力を中央に集中させて人事権を掌握して政治の中枢を押さえておかなければ、官僚達を容易に牛耳ることなど到底できないことを如実に示したのであった。

日本のワシントン政府に対する傀儡性は、今もなお続いていると見て間違いないだろう。「アメリカがクシャミをすると日本は風邪を引く」とは、そのことを象徴している。

(4) 相次ぐ謎の怪事件

一九四九(昭和二四)年六月三〇日、第三次吉田内閣は官公労働者三〇万人の人員整理を断行する旨を発表した。このうちの九万七〇〇〇人は、国鉄職員が対象で、七月一日、初代国鉄総裁の下山定則は国鉄労組に対して人員整理の実施を通告。その三日後には、三万人余の第一次解雇リストを一方的に発表した。このような強引なやり方は、相次ぐストライキで気勢を上げる労組員たちを刺激し、両者の関係は一気に一蝕即発の状態にまで嫌悪化した。

ところが、下山総裁が大量解雇を発表した翌日に事態は急変した。この日の朝、下山定則は日本橋三越本店に入ったまま、ぷっつりと消息を絶ってしまったのである。翌日の午前零時過ぎ、彼は常磐線五反野駅近辺の線路上で轢死体となって発見された。これが世に言う「下山事件」である。

この事件で真っ先に疑われたのは国鉄の労働組合員だったが、下山総裁の解剖所見をめぐり、東大法医学教室の古畑教授と慶大の中館教授の間で「他殺」か「自殺」かの一大論争が起こり、結局のところ真相はうやむやになってしまった。

この事件からわずか一週間後、国鉄がらみの新たな事件が発生した。七月一四日、中央線三鷹駅構内に停車中の無人電車がなぜか突然暴走し、車両止めを突き破って民家に突っ込み、死者六名重傷者一七名を出す大惨事となった。この事件は「三鷹事件」と呼ばれる。

さらに、翌八月一七日、東北本線の福島県松川～金谷川間で貨物列車が脱線転覆し、機関士ら三名が死亡した。この事件は「松川事件」と言われる。この事件では、レールの犬釘が多数引き抜かれていたことから、その頃、馘切り反対闘争を繰り広げていた共産党系組合員の犯行が疑われ、そのうちの二〇名が逮捕起訴された。だが、犯行を示す物的証拠は皆無であったにもかかわらず、一審の福島地裁は、被告人たちの自白には信憑性があるとして五名に死刑、他の全員に有罪判決を言い渡した。ところが、控訴審では死刑を除く三名が無罪となり、一四年後の一九六三（昭和三八）年には被告人全員の無罪が確定した。

先の三鷹事件では、国鉄電車区の検査係ら一〇名が逮捕起訴された。その後三名が偽証罪で起訴されたが、翌年八月東京地裁は被告人竹内景助の単独犯行と断じ、竹内景助に無期懲役の判決を下した。他の九名はこれで無罪が確定したが、竹内景助は判決を不服として控訴した。すると控訴審の東京高裁は、事実調べなどまったくせずに竹内景助に死刑判決を言い渡した。そこで竹内景助は、翌年四月一日に最高裁に上告。それから四年後の一九五五（昭和三〇）年六月二二日、ようやく審理が行われることになったが、そこでも高裁同様に書面審査のみで口頭弁論も行わず、上告棄却。ここに竹内景助の死刑が確定したのである。

ところが、それから一一年後の一九六六（昭和四一）年七月一五日、東京高裁の樋口裁判長は、竹内景助の再審のための予備調査に着手した。その後、調査を終えた東京高裁は、一〇月二八日に再審開始決定の証拠調べに入ることも言明した。ところが肝心の竹内景助死刑囚は、一二月に入ると、急に頭痛・嘔吐・記憶障害などを発症。暮れには会話もできない状態になってしまったのである。面会に訪れた医師が竹内景助には脳腫瘍の疑いがあると指摘した。だが、拘置所側は単なる拘禁反応（長期間の拘束による精神障害）だとして取り合わなかったのである。

翌年の一月一三日、危篤に陥った竹内景助は、始め病舎に移されたが、その五日後に死亡。一七年もの獄中生活から生きて解放されることはなかった。その後の行政解剖の結果、やはり竹内景助の脳には腫瘍が認められ、東京高裁は拘置所側の過失を認めた。これにより竹内景助の遺族に対する賠償金の支払いが命じられたが、再審申し立てについては竹内景助の死亡によって終了と決定。つまり、東京高裁は、自らの誤りを拘置所側に転嫁することで一件落着してしまったわけである。

固く閉ざされていた再審の門戸が急転直下に開かれようとしたのは、犯行時間帯における竹内景助のアリバイを確実にする証人の出現があった。竹内景助と同じ元電車区員の丸山広弥は、犯行時刻に竹内景助と共同浴場で一緒の入浴中に二回の停電があったが、まさしくこれは電車脱線によるものであった。丸山広弥は、事件当時もこの事実を捜査当局に話していたが、竹内景助の無罪を示すこの決定的な反証が取り上げられることはなかった。

この事件の裁判に関係した上田誠吉弁護士は、その後、事件について次のように述懐している。

本来、三鷹事件にしたって松川事件にしたって、その持っている中身の政治性っていうものは、刑事事件の枠に捉えきれない巨大な怪物なんですよね。その事件のもつ客観的な意味というのは、その検事の思惑を遙かに越えて巨大な化け物みたいなものがあるわけですからね。一面は刑事事件という形をとることによって、その化け物を矮小化し細分化し、そうして怪物の正体をわからなくしてしまう面が、どうしてもあるような気がする。

上田弁護士の言う「巨大な化け物」とはいったい何か、改めて説明の要はないと思うが、これはそのまま帝銀事件にも当て嵌るはずである。

国鉄を舞台に勃発したこれらの三件の怪事件が、当初は吉田茂内閣のプロパガンダやマスコミの報道によって共産党系労組員とその同調者たちの犯行であると意図的に喧伝されたことは、ある意味では彼らが大衆運動のリーダーと認められなくなることを意味した。ＧＨＱが推進した民主化政策の副作用として発現した加熱する労働運動に対し、手を焼いていたＧＨＱ総司令部と日本の警察にとって、少なくともこれらの事件が〝歓迎〟すべき出来事だったことは間違いない。

(5) 警察力の強化

戦前の日本には、特別高等警察（特高）という思想弾圧を専門とする特殊な組織があった。彼らは、共産主義者や進歩的な思想の持ち主を危険視して常に市民を監視し、その疑いがあれば逮捕して過酷な取調を行った。

しかし、日本の敗戦後には、GHQの民主化政策によってこの組織は早々に解散させられ、現職の特高警察官はすべて罷免され、警察関係への再就職も同じく禁じられた。さらに、その他の現職警察官も多数が職を追われ、警察官の数は戦前の八万人から四万人に半減した。

ところがである。それから二年後の六月、帝銀事件の前年、一九四七（昭和二二）年のことだが、GHQ総司令部は突如として彼らの罷免を解除、警察関係への再就職も許可したのである。こうした「手の平返し」の政策が意図したところは当初の民主化政策によって昂揚した大衆的な労働運動の締め付けであった。そのために思想弾圧のスペシャリストたちを、こぞって彼らの古巣に戻したのである。

このようにGHQは、警察力強化のための新警察法案が国会に上程される五ヶ月も前から、同法施行に向けた準備を着々と進めていたことになる。

かくして、日本の警察は、国家地方警察で三万人規模、自治体警察では九万五〇〇〇人と、従来の三倍もの警察官を擁する大所帯となったのである。

ところが、頭数は揃ったものの組織の台所事情は、民主化政策の後遺症に蝕まれたままであった。このことは、新警察法が施行される二ヶ月前に発生した帝銀事件の捜査にあたり、捜査本部が打ち出した左記の捜査方針から窺うことができる。

（一）捜査の直接指揮は従前の例を破り、警視庁刑事部長自身がこれにあたる。

（二）本件捜査には既存の警察機関を最大限に活用する。

A　そのため、警視庁刑事部各課を極力動員応援せしめる。
B　捜査上の能率を妨げる係員の感情的摩擦を除くため、人の和を第一義とする。
C　管下の各警察署の積極的協力を求める。そのため捜査資料の提供、捜査方法の指示、情報の交換その他有形無形の刺激を絶えず積極的に行う。
D　各署を督励するために監察官の活動を求める。
E　他県協力を求めるため、前記C同様事項を考慮する。
（三）捜査能力を高め、係員の志気を昂揚させるための手段、方法を常に考慮する。
A　そのため、捜査本部員に対する自動車の使用（十五台）を実施する。
B　食事の給与を行う。
C　捜査費を給与する。
D　各幹部の現地督励を行う。
（四）捜査全体を大きく、しかも合理的に水も漏らさぬ方向に運営する。
A　そのため、基本捜査資料の調査班を作る。
B　投書・密告等に対する専従班（特別班）を作る。
C　民衆の声を聞くための呼びかけを行う。
D　民間の各機関の協力を求める。
E　これらの連絡を図るための総合機関を設ける。［文献I（3）a］

以上だが、(三)のCにあるように、これまでは捜査上の必要経費さえ支払われていなかった程の困窮ぶりである。さらに、当時の警察組織の脆弱さがわかる一例として、帝銀事件と前後して発生した大胆不敵な列車強盗事件が挙げられる。

東北線下り列車に去る二十八日以来三次にわたる列車強盗が出現。運賃値上げは頻繁に行うが、〝魔の列車〟の不安は解消どころかますます大きくなり、このため東北方面の乗客は事件以来三割方減り、国鉄非難の声が高くなってきた。第一回は即報のごとく去る二十八日午前六時二十四分頃上野駅発青森行下り8107列車が宮城県小牛田〜瀬峰間を進行中乗客をよそおっていた約五十名の集団が列車強盗に早変わりし、全乗客から金品を強奪したのち瀬峰・石越駅から分散して逃走、つづいて翌二十九日午前九時半頃同様区間で下り8103列車に約四十名の集団強盗があらわれ前回同様乗客の金品を強奪、暴行の限りをつくして田尻〜石越間の各駅から下車四散した。さらに列車強盗団は三十日午後七時十分上野発青森行8107列車が福島県郡山付近を通行中後部から三・四両目にいた十五〜六名の一団が一せいに立ち上がり素早く客車の電灯を消して某氏の書類入りカバン・某さんの背広服・ワイシャツ・クツ下など約一万円を、各乗客から荷物を強奪し宮城県田尻〜瀬峰駅で下車逃走した旨岩手県警察部に報告があった。最初の事件発生以来同県警察部では瀬峰駅前に捜査本部を設け約四十名の武装警官が警戒にあたるほか同列車には警乗警官、鉄道公安官を乗り込ませて警戒の網を張っている中に三回目の事件が発生したもので、少数の警乗・公安官では手も出せない始末である。以上三回の事件現場はいずれも岩手・宮城県境なので、宮城県警察部も捜査に参加、犯人らしき者が付近の某部落に居住しているとの聞き込みにより捜査を続けているが犯人たちは集団をたのみ凶器なども多数持っている模様なので捜査当局も手を焼いている。列車ギャングは宮城県栗原郡藤里村に巣食う買い出し部隊の一隊と見られるので、宮城県警察部では瀬峰駅前に警察隊本部を置き捜査を開始する一方、問題の8107・8103の両列車を警戒する今後に備えて鉄道当局と密接な連携をとり毎日沿線各署から武装警官五名と私服刑事一名ないし二名を一組とする警乗警察官を乗り込ませるとともに各駅には所轄署員を配置し被害者の調査に当たっている。三十一日には中野警察部長を中心に関係課長会議を開き対策を練ったが、同事件に関して直接関係のある宮城県警察部当局が極めて消極的であることから岩手県としては自主的自衛に今後一段と警戒を固める方針である。

以上は、帝銀事件から六日後の一九四八（昭和二三）年二月一日付読売新聞の記事によるものだが、強盗団の目星がついていないながらも手も足も出なかったことは、当時の警察が組織としてまったく機能していなかった証左でもある。しかしそれにしても釈然としないのは、これほどの重大事件にもかかわらず、新聞報道では単なる三面記事扱いということだ。これに比べ、同時期の帝銀事件の方は全国十万の警察官を動員、警察の総力を挙げた捜査体制が敷かれたのである。この違いはいったい何なのかといえば、やはり帝銀事件の方は、一刑事事件で括ることのできない巨大な何ものかの存在、とすべきだろう。

自由主義陣営と社会主義陣営の国々は、互いに混じり合うことのない水と油の関係であった時代、米ソの冷戦構造が深刻化していく中でアメリカが防共の砦としての日本に求めたものは、自国のコントロール下での安定した中央集権型国家である。したがって、日本からソ連、中国の共産主義の軍事的脅威が完全に払拭されれば、国家権力の弱体化を招く徹底した日本の民主改革を、アメリカの都合に合わせて変質させたり、放棄させたりというのは、当然の成り行きでもあった。

占領当初、ソ連を含む連合国の総意であった日本の徹底した民主化改革を、アメリカが一八〇度転換するための理由づけとして、帝銀事件と、戦後史の迷路ともいうべき先述の国鉄がらみの三件の事件を利用したのは間違いないと言っていいだろう。［文献Ⅰ(3)］

その一つに、帝銀事件の捜査が難航していた時期、捜査の指揮をとっていた藤田刑事部長が各署に通達した捜査要綱中、第二の捜査方針とする「特別戸口査察」の実施がある。この通達には、七月一日から三〇日までの一ヶ月間、都内全域の住人を対象とする査察を実施する旨明示してあり、住人の人相・風体・服装・筆跡・事件当日のアリバイから所持品・職歴・生活態度・教養・知能・嗜好・性格に至るまで、徹底的に調べられた。

この特別戸口査察は、裁判所の令状なしで市民の住宅を片っ端から臨検するという超法規的措置で、その本当の目的は事件捜査を口実にした大規模思想調査、つまり過激化する左派系労働運動への対策強化にあったとも言えよう。

このような荒っぽいやり方は、二〇年後の三億円事件でも「ローラー作戦」と銘打って再登場した。この頃は、七〇年安保闘争で過激な学生運動が盛んな時期であったが、これも事件捜査を名目としながらも、真の狙いは過激派や活動家を対象とした無制限の家宅捜査にあったものと思われる。

(6) 裁かれなかった日本の裁判官

敗戦翌年の一九四六（昭和二一）年一月四日、日本の民主化に障害となる軍国主義的ないし国家主義的指導者とその同調者を、GHQは官公職から一掃するための公職追放令の発令を日本政府に命じた。この追放令は、将来日本が再び軍事大国になることへの予防策だったが、初期の目的が達せられた後も対象者を変えて機能した。その後の追放該当者は、共産主義者とその同調者から単に占領政策上好ましくない人物へと拡張され、各界から膨大な数の追放者がその職を失ったのである。

ところがどういうわけか、追放の嵐が吹き荒れる中で、裁判官だけはまったく手つかずであった。検察関係では千人近い思想検事が追放処分になったが、なぜか裁判官は不問にされ、ただの一人も追放の対象とはならなかったのである。これは当時の裁判官すべてが民主的で公明正大だったからでも、当局がうっかりしていたからでもない。〔文献Ⅲ(39)〕

戦時中の裁判官の中には、思想弾圧に加担して不当な裁判を行い、国外では占領地や植民地に司法官や軍政官として赴任し、現地住民に対して不当で過酷な刑罰を課す裁判に関与したものも少なくなかったのである。にもかかわらず、なぜ彼らは追放の対象外であり得たのか。

その答えは、彼らの職責が占領政策上重要な意味を持つものだったからにほかならない。しかもこれは日本軍の細菌戦部隊関係者と部隊に関与した医学者たちが、こぞって戦犯訴追を免れ得た事情とも酷似している。要するに彼らを断罪するよりも弱みを握って利用する方が得策ということである。

実際、ＧＨＱが日本の裁判にあからさまに介入したのは、珍しいことではなかった。

（7）刑事訴訟法の下での裁判

ＧＨＱ民政局（ＧＳ）次長のケーディスは、帝銀事件が起こる一ヶ月前の一九四七（昭和二二）年一二月、ＧＳの各課長に対して左記の覚書を通達した。

> 国会で現在審議中の法案が十一件ある。しかし、**刑事訴訟法案**を除く法案は一ヶ月以内に成立するはずで、刑訴法案は来年三月中頃までに国会審議に入る予定である（傍点筆者）［文献Ⅲ(24)］

新しい刑訴法は七月に公布され、平沢（貞通）が逮捕されたのはその翌月であった。ということは、平沢（貞通）の裁判には新法が適用されるというのが普通の感覚である。ところが、平沢（貞通）の場合はそうはならなかった。新法施行に先立ち、刑訴法施行第二条として「新法施行以前に公訴の提起があった場合は、新法施行後もなお旧法による」という条文が新たに追加されたからだ。すなわち、新法施行以前に起訴された事件は、旧来の法律で裁判するということである。平沢（貞通）のために取って付けたような条文のお陰で、新法施行直前に起訴となった平沢（貞通）の裁判は、旧法下で行われることになった。

一口に新・旧といっても、刑訴法の場合は、そのいずれかが裁判に適用されるかで、被告人の立場には想像以上の差異が生じる。新法、すなわち裁判を民主化するために改正された法の下では、裁判に先だって裁判官が被告人及び事件そのものに誤った先入観や偏見を抱くことがないよう、検察官が公訴の提起をする際には起訴状以外のいかなる証拠も、当該裁判所に提出することは許されない。その一方、旧法下での検察官は、起訴と同時に捜査記録はもとより、自白調書などすべての証拠類を裁判所に提出できた。したがって、そこでの裁判官は公判開廷までにそれらすべてに目を通すことが可能であった。このように旧法下の裁判では、裁判官の予断と偏見を防止するためのなんら法的措置がなく、被告人は著しく不利な立場に置かれていたということである。

現在、裁判所と捜査機関の間で嫌疑の引き継ぎ関係が名実ともに否定されているかどうかはともかく、事実上有罪の推定を受けてしまう旧刑訴法下での裁判には、「公平さを欠く」という重大な欠陥があったことは間違いない。繰り返しになるが、現行刑訴法下では公正な裁判を担保するため、捜査機関にはさまざまな制約を課している。その一つが訴訟手続き上の制約である。検察官が起訴の際には裁判所に提出できるのは起訴状のみで、自白調書や他の証拠は出せない仕組みだが、とりわけ予断が形成される恐れが大の自白調書は、裁判が始まる前にはその存在すら裁判官が知ることはない。また公判中であっても、他の証拠を審理した後でなければ自白調書の提出は許されないし、殊更に被告人の悪性格を暴き立てるものや余罪についてては、それらが事実に直接関係するものでなければ法廷に持ち込むことは許されない。このように、現行刑訴法が捜査機関に厳しい制約を課す理由は、被告人を一方的に利するためではむろんない。それまでの旧法下での余りに不利な被告人の処遇を、欧米並に改善することにあった。

民主化改革の旗手を自認するGHQが、日本の司法現場の様々な場面で直接介入してきたことは事実である。刑訴法の改正も、日本の裁判では「自由と正義の名に於いて被告人の人権が守られていない」として、GHQが日本政府に指示したものである。ならば、なぜ彼らは日本中の注目を集めた帝銀事件の裁判を、新しい法律の下でさせようとしなかったのか。彼らにその気があれば、日本政府が他の法案を矢継ぎ早に成立させていく中で、刑訴法案だけが国会の審議入りに大幅に遅れたことに対し、すぐにクレームをつけ得たはずだ。しかも、「新法施行以前に訴訟の提起があった場合は、新法施行後もなお旧法による」などという後出しジャンケンのような条文追加にも沈黙していただけである。もっとも、平沢（貞通）の裁判は旧法で行うというのが、GHQと司法当局の申し合わせ事項だったとすれば、これらは一連の筋書き通りと言える。

この裁判では、自白調書の他にも一連の詐欺及び同未遂事件はじめ、帝銀事件とは直接関係のない期限切れバス定期券の改竄と同行使、デパートでの万引き疑惑や配給米を不正に入手したこと、さらには愛人関係にまで言及して殊更に平沢（貞通）の悪性格を強調した調書、これらが他の証拠と一緒に起訴の段階で裁判所に提出されたのである。

公判開廷の段階で、被告人にとって明らかに不利な調書に目を通した裁判官が果たして被告人への予断と偏見を免れる保証はないと言える。少なくとも「推定無罪」という裁判官の心証面での公正さは軽視された。

この事件の裁判を、当時の法律専門家はどのように捉えていたのだろうか。東京地裁第十九号法廷で、平沢（貞通）に死刑判決が下された日の翌朝の「朝日新聞」に東大法学部教授の団藤重光の談話が見られる。

> 新刑事訴訟法では、自白を決め手とせず、間接証拠または直接証拠によって判決する。しかし、間接証拠はあまりないのが普通であり、主として状況証拠を総合して認定する。状況証拠による認定は、むしろ今の裁判所では臆病すぎるくらいだ。物的証拠によるキメ手を求める考え方は古いともいえる。平沢氏の場合は新刑訴法ではなく証言のなかには反対のものもあるようだが、裁判所が全体として動きがとれぬものを確認すれば、全体の心証がキメ手ともいえる。それが経験、論理法則から見て非常識でなければ良い。非常識なら上級審で敗れる。平沢氏の場合は私の知る限りでは、問題はあるが、非常識ではないと思う。しかし人間の裁判である以上は誤判も生まれてくる。だが現在の法律では平沢氏が有罪なら死刑、裁判長に自信がなければ帝銀事件に関しては無罪とすべきだろう。今後の裁判でもこんな例がたくさん出るだろうし、自白を強要しないため、外見上はスッキリしない判決も生まれるにちがいない。（傍点筆者）［文献Ⅳ（1）］

団藤は日本の法曹界における死刑廃止論の草分け的存在で、後に最高裁裁判官になってから、わが国裁判史上画期的な判決にその名を留めた。一九七五（昭和五〇）年五月三〇日、最高裁が示したいわゆる「白鳥決定」と言われるもので、「疑わしきは被告人の利益に」の近代法の大原則は再審にも適用されうる、としたものである。この決定により法的安定という見地からの「一事不再理」の原則が緩和され、それまでは固く閉ざされていた再審への門戸が開かれることになった。その後の団藤は、大阪空港騒音訴訟で国民生活保護の立場を貫き、八一歳で文化勲章受章時は、朝日新聞のインタビューに「希有なことであっても、誤判は起こる。死刑制度がある以上、無実の者が命を奪われることがありうる。こんな不正義だけは、他のどんな正義を犠牲にしても防がねばならない」と答えている。

このようにリベラル派の法学者として著名な団藤だが、なぜか平沢（貞通）の裁判になるとその片鱗さえ見えず、まるで旧態依然とした法曹界そのものの代弁者のようで、その豹変ぶりに驚かされる。

団藤の言う「物的証拠によるキメ手を求める考え方は古い」とは、物的証拠より状況証拠を重視すべきとも受け取れるし、「全体の心証がキメ手」ともなると、裁判官の心証が有罪なら被告人に有利な反証などは無視して構わないという、恐怖政治下での裁判を彷彿とさせる。

しかし、その一方で、「裁判長に自信がなければ帝銀事件に関して無罪とすべき」とも言っているが、これは裁判長に余程覚悟がなければ帝銀事件は無罪（未遂の方は有罪）にはできないだろうという何か得体の知れない圧力を感じさせる暗示のようである。すなわち団藤が帝銀事件の裁判のえん罪性と事件の裏に巨大な権力の存在を感知していたからこそ、このような支離滅裂な発言になったのではないのかということだ。

第一審の第一回公判で、東京地裁の江里口清雄裁判長は、平沢（貞通）に向けて次のような問いかけをしている。

懺悔録や手記を綴って申し訳ないと述べたりしているが、本件のような犯罪は普通の泥棒や詐欺と異なり、場合によっては重大な結果を来すこともわかっているなら、よくよくの事情がなければならない筈であるが、それを非常にもっともらしく自分がやったと自白したのはどういう訳か。そのいきさつを申してみよ。〔文献Ⅰ（1）〕

江里口裁判長には「よくよくの事情」まではわからなかったらしいが、平沢（貞通）が経緯を微に入り細にわたって話せるくらいなら、苦労はない。平沢（貞通）の自白調書以外に確たる証拠は何一つなかったこの事件で、平沢（貞通）によると思われる三菱銀行中井支店事件の犯行を裏付ける確かな証人が出てくれれば、すべての犯行は同一犯となり得た。そうなると、平沢（貞通）は真実を口にできないばかりか、それが暴露される事態も回避しなければならない。平沢（貞通）が身に覚えのない犯行を自白したり長文の懺悔録を書いたのも、そうしないと高木一検事から致命的な真相をバラされると思ったからだろう。

無実の証明はもはや不可能と悟った平沢（貞通）が、どうしたら自分の死（恐らく家族も含む）を免れることができるかと考えあぐねた決断が、自白と懺悔録という高木一検事との取引ではないか。一口に死刑判決といっても、決定的な証拠がある事件とそうでない事件とでは、天と地ほどの違いがある。捜査段階での自白以外に決定的な証拠に乏しい状況証拠の累積だけで公判以降も被告人が一貫して無実を訴えている場合、死刑執行指揮書へのサインを歴代法務大臣はためらってきたといわれる。つまるところ、こうした場合は事実上の終身刑ということになる。それにしても、本来ならば無実の証となるべき真実が露見するとかえって有罪の確証になってしまうというパラドクスは、被告人平沢（貞通）にとって想像を絶する苦悶であったことは間違いない。

第10章　負の遺産

（1）秘密のファイル

ＧＨＱ公安部（ＰＳＤ）と警視庁の連絡将校をしていた日系アメリカ人ユージン・ハットリはアメリカ人ジャーナリストのウイリアム・トリプレットとの電話インタビューで帝銀事件について次のような驚くべき発言をしている。

　日本にはまだ多くの事件関係者が生存しています。もし自分があからさまにしゃべるようなことをすると、こうした人たちの名誉に傷がつくことになりますから……ええ、きっと東京の警視庁は、まだ事件に関する記録を持っているはずですよ。でも、今から申し上げておきますが、日本にあるファイルのうち一つだけはまだ残っていたとしても、けっしてご覧になれないはずですよ。［文献Ⅲ(47)］

確かにこの事件が、本書でこれまで示唆したような米・日共通の利益のために仕組まれたなら、事件の真相が暴露されると困る人物は、秘密を引き継ぐ者を入れればその数は想像以上だろう。となると、ハットリがいうようなファイルが警視庁に今でもあるとしても、それを白日のもとに晒すなどは、革命によって国家体制が一変しないことにはあり得ないだろう。

だが、それでは事件の真相は永久に闇の中かというと、案外そうでもないかも知れない。アメリカの情報公開制度を利用する手があるからだ。現にトリプレットは、ワシントン郊外のメリーランド州にある現代軍事部門室で、とんでもないものを見つけていた。それは帝銀事件に関するＧＨＱの秘密文書で、その中には「ヒロシ」という謎の人物名が記されていた。

日本人とおぼしきファーストネームだけのその名前に、トリプレットには思い当たる人物はなかった。だが、この人物は、一度は帝銀事件の参考人として高木一検事が取り調べた男と同一人物の可能性が高い。それは帝銀事件実行犯と目されるＯのことで、同じく彼の名前も「ヒロシ」である。

元特命捜査官が藤田刑事部長から聞いた話として、当初、藤田刑事部長は平沢（貞通）の逮捕に余り乗り気ではなかったらしい。ところが、高木一検事から強く要求されたので容疑が晴れたらすぐ釈放する条件で、シブシブ逮捕に同意したらしい。実際、藤田刑事部長は平沢（貞通）を逮捕した後で、「困った、困った」としきりに頭を抱えていたというのだが、やはり平沢（貞通）が犯人だという確信が持てなかったのだろう。［文献Ｖ（８）］

（２）ＧＨＱによる検閲と報道規制

帝銀事件を語る上で忘れてはならないのは、この事件が敗戦によるＧＨＱの占領下という、極めて特異な国際環境の下で起こった事件だということである。

当時の日本では表向きはともかく、言論や報道の自由などというものは存在しなかった。日本国民の知る権利も、民主主義とはほど遠く、ＧＨＱによって実に巧妙に制限されていた。とりわけ報道に関しては、そのすべてがＧＨＱ民間検閲支隊（ＣＣＤ）により、占領初期には事前の検閲が、後には事後検閲によって厳重に管理、統制されていた。事前検閲では自由な報道など望むべくもないが、事後検閲になっても事情は似たようなものだった。というのも、日本の新聞や雑誌の類までＧＨＱにとって好ましくない記事を年四回以上掲載した場合は、問答無用で即発禁処分になったからである。［文献Ⅲ㊲］

ＧＨＱの占領政策遂行上、少しでも支障になりそうな記事はすべて報道から閉め出される状況下で、日本メディアの報道姿勢が殆ど例外なく「自主規制」「忖度」に堕していたのは、当然の帰結であった。

ＧＨＱによる検閲は、報道や出版物に限らず、一般人の手紙類もその対象になっていた。したがって、帝銀事件やその翌年に起こった下山事件、三鷹事件、松川事件など、全国的に注目を集めた事件の報道は、当然ＣＣＤによって念入りにチェックされたのである。だが、このような検閲は、日本の民主改革の遂行というポツダム政令で交わしたＧＨＱの対日基本政策とは明らかに矛盾していた。その矛盾した構造がわかっていたCCDは、検閲の実体が露呈しないように厳重な秘密主義を貫いたのはいうまでもない。

(3) 終身刑の死刑囚

平沢（貞通）の死刑が最高裁で確定してから三二年もの間、刑の執行を命じようとした法務大臣は一人もいなかった。これで平沢（貞通）は刑が執行されない最長の死刑囚として、一時はギネスブックにその名が載ったことがある。この刑の不執行の理由を当局は、再審請求が次ぎ次ぎと出されたからだと釈明しているが、それは単なる言い逃れに過ぎない。

再審請求そのものには、刑の執行停止や延期の効力はもとよりないからだ。

死刑制度の是非はともかく、この野蛮な制度が採用されている以上、再審請求の乱発で刑の執行を免れるといった無法が許されて良いはずがない。いずれにせよ、歴代法相のすべてが平沢（貞通）の死刑執行指揮書へのサインに尻込みしたのは、とりもなおさず平沢（貞通）のえん罪性が強く疑われていたからである。

一九六二（昭和三七）年六月、作家の森川哲郎を会長に「平沢貞通を救う会」が発足した。同会は結成翌年の一二月、中垣法相と東京高裁に対して平沢（貞通）の死刑執行延期を申し入れて、同時に第一次恩赦の出願も併せて行った。これを受けた中垣は、翌年二月の衆議院法務委員会の席上、平沢（貞通）の死刑は執行しない旨、異例の答弁を行った。しかし、恩赦については一九六三（昭和三八）

年五月、恩赦不相当の決議がなされたのである。そこで救う会は、一〇月に再度第二次恩赦を出願し、さらに翌年三月、法務委員会に対して平沢（貞通）の死刑執行停止を訴えたところ、同月一八日、森川会長ら五名が偽証容疑で逮捕、起訴されてしまった。この裁判は、一審では一部無罪の執行猶予付き判決で、森川以外の刑が確定した。ところが、この判決を不服とした森川と検察の双方が控訴したところ、二審で懲役一年六ヵ月の実刑判決が下って森川の刑が確定した。［文献Ⅴ（6）］

この後しばらく大した動きはなかったが、先の中垣法相の発言から五年後の一九六八（昭和四三）年四月、神近市子議員は、占領下の裁判で死刑が確定した受刑者に対する再審特例法案を、国会に提出した。これを受けた西郷法相は、翌一九六九（昭和四四）年七月に「再審特例法案の代案として、平沢（貞通）のように占領下で死刑が確定した者に対しては、恩赦を積極的に行っていく」と明言した。これで平沢（貞通）の釈放がにわかに現実味を帯びたかに思えたが、やはり恩赦はなかった。

一九八五（昭和六〇）年三月、平沢（貞通）の釈放を求める「平沢貞通救援国会議員連盟」が国会議員有志により結成された。この翌年一九八六（昭和六一）年九月議員連盟は国会で遠藤法相に対して平沢（貞通）の即時釈放を求め、法相も平沢（貞通）の釈放に前向きな意向を示したが、釈放実現に向けて動き出すことはなかった。

平沢（貞通）が四〇年に及ぶ獄中生活から解放されたのは、その翌年、一九八七（昭和六二）年五月一〇日、自身の肉体の終焉を待つしかなかった。享年九五歳、八王子医療刑務所で孤独な最期であった。どうあっても平沢（貞通）の出獄は認めないという司法当局の頑迷さは、いみじくも帝銀事件の真犯人が一刑事事件の常識では理解不能な何ものかであることを、如実に物語っていると言えないだろうか。

(4)「米・日合作」の犯行動機

GHQ（アメリカと同義）に帝銀事件の犯行動機を求める根拠としては、彼らの東アジアでの戦略上の利害を挙げたい。アメリカ合衆国にとって第二次大戦後の脅威は、ソ連邦を中心とする共産圏の拡大にあった。しかしこのことは、連合国の対日占領政策に沿った日本の完全民主化とは多分に噛み合わないところがあった。このようなアメリカの戦略的ジレンマは、日本の占領後二年もしないうちに占領政策の大転換を余儀なくされる事態へと進展していった。この頃の内戦状態の中国情勢は、当初アメリカがソ連邦の押さえとして期待していた蔣介石の傀儡政府の樹立は、ほぼ絶望せざるを得ない状況を示していた。そこで次善策として打ち出されたのが「国・共合作」の構想であった。これは、アメリカ側の意向に沿った蔣介石の国民党とソ連邦側の毛沢東の共産軍との「連立政府」の実現にあったが、この時点ではすでに共産軍の勢力が国民党軍を圧倒していた。これにより、東アジアに於ける「防共の砦」としての役割を日本が担うようになったのは、自然の成り行きといえるだろう。帝銀事件をはじめとする下山事件、三鷹事件、松川事件などGHQの関与が疑われる怪事件は、ちょうどこの時期と重なっている。

GHQによる行き過ぎた日本の民主改革は国家権力の弱体化を意味し、とりわけその煽りをまともに受けたのは刑事警察機構であった。GHQ総司令部は占領を開始するとすぐに「人権指令」を発令し、戦前は思想弾圧に強権を振るった特高警察官の罷免と組織の解体を指示した。ところがその一方、解体からわずか二ヵ月後には、内務省警察局内に特高警察に代わる「公安課」が新たに設置されたが、これをGHQはなぜか黙認したのである。しかし驚くには当たらない。というのも、GHQ参謀二部（G2）が、追放されたはずの特高関係者と旧日本軍の情報将校を密かに雇い入れ、情報収集や謀略にも利用していたからだ。要するに公安課は、アメリカ軍による戦前の特高警察の「焼き直し」ということだ。事実、件の公安課は、当時頻発した共産党員主導の労働争議や大衆運動に関する情報収集に、G2の手足となって当たった。

G2直属の配下には、対敵諜報部隊（CIC）という諜報・謀略など国家の非合法活動を陰で実行する精鋭部隊があった。この部隊は現CIAの前身で、隊員は任務遂行のためには拷問や暗殺も厭わず、旧日本軍の特務機関員など「その道のプロ」もここに集められていたといわれる。

一九四七（昭和二二）年というと、帝銀事件の前年だが、この年の一二月には、新警察法が成立し、続けて治安警察の元締めでもあった内務省が遂に解体された。だが、これに先立つ六月、GHQ総司令部は、特高警察関係者の追放を突然中止した。それまでは固く禁じていた警察への再就職も許可するようになっていた。そして彼らの就職先はいうまでもなく公安警察で、この組織は二〇二二年の現在でも健在である。

公安警察は、オウム真理教徒による地下鉄サリン事件以来、一般に知られるようになったが、それ以前は、一九六〇年の安保闘争以降の学生運動の取締に血道を上げていたくらいで、一般にはその存在すら知られていなかった。

公安警察は、警察庁の警備局公安課を頂点として、各都道府県に公安部と警備部を置いている。しかし、公安警察官の活動実体は秘密のベールに覆われていて、活動費の詳細は一切公表されていない事実上の秘密警察である。

占領期、思想弾圧のエキスパートとして長年の実績をもつ特高関係者をごっそり警察に戻したというのは注目に値する。当時、都市部を中心に加熱する労働争議を押さえ込むのに筋金入りの反共思想で鍛えられた元特高警察関係者たちを使わぬ手はなかったからだ。

一九四八（昭和二三）年三月、警察組織は国家地方警察と自治体警察の二本立てに分割された。これは戦前の中央集権型警察機構を改め、強大な権力を地方に分散させることが本来の目的であったが、結局、地方分権化構想は、自治体警察へ国からの補助金が打ち切られたことで空洞化していった。

帝銀事件は、この警察機構の分裂騒ぎが始まる前月に起こった。この時期を境に警察組織は地方分権とは名ばかりの、強大な中央集権型の管理体制へと先祖返りしていったのである。

帝銀事件の「動機」と考えられるものに、民主化で弱体化していた警察力の強化という目論見があるが、「動機」となり得るものはこの他にもあった。一つは、共産主義に対する過剰なまでの拒否反応である。この点では米・日当局双方の利害は一致していた。

事件発生から平沢（貞通）が逮捕されるまでの七ヶ月間の内、三ヶ月間にわたって、「特別戸口査察」と銘打ち都内全域の住人を対象に無差別の家宅捜索が行われた。だが、この査察の内実は、捜査に名を借りた「思想調査」的色彩が濃厚な「臨検」であった。本来なら各戸に裁判所の令状が必要なこの種の査察は、超法規的で通常では許されない違法な手段と言えるが、そこまでする理由が判然としないままの「査察」であった。

以上の二つだけでも犯行の動機たり得るものだが、さらにもう一つ、当時のアメリカ軍にとっての重要な目的として旧日本軍の細菌戦計画に関する情報を秘密裏に入手することが挙げられていたが、その使用はジュネーブ協定により全面的に禁止されていた。しかし、列強は、生物化学兵器の開発を密かに行っており、日本はこの分野では後発国であった。にもかかわらず、アメリカ軍が旧日本軍が開発した細菌兵器に多大な関心を寄せていた理由は、「生身」の人間を使った豊富なデータにあった。第二次世界大戦末期の日本軍は軍事的劣勢を挽回する切り札として、細菌兵器の開発に莫大な軍事費を投入していたのである。

細菌戦部隊の代表格であった七三一部隊は、中国東北部の秘密施設で数千人の中国人捕虜を実験用の「マルタ」と称し、死に至るまで繰り返し生体実験を行っていた。しかし敗戦後は、実験のすべての証拠類を焼却。ところが実験データのほとんどは、七三一部隊長石井四郎軍医中将が日本に持ち帰ったと言われる。

莫大な軍事費と人命との引き換えに完成した細菌兵器には、実に致命的な欠陥があった。しかし、それがわかったのはかなり後になってからである。旧日本軍が実用化した細菌兵器は、後の朝鮮戦争下、アメリカ軍によりその効力が密かに試されることになった。その技術指導には旧日本軍の細菌兵器開発の関係者らが当たったが、この作戦は結果として失敗に終わった。朝鮮戦争はアコーディオン戦争と言われるくらい、頻繁に前線の陣地が入れ替わり、アメリカ軍が蒔いた細菌に自軍の兵士が多数感染してしまったからである。それでも皮肉なことに、細菌兵器そのものの有効性は証明されたらしい。

第二次世界大戦末期、アメリカ軍は捕虜の日本軍将兵から、断片的ながらも細菌兵器開発の実体を聞き出していた。その後、日本の占領統治が始まり、厚木飛行場に降り立ったマッカーサーの第一声が、「ゼネラル石井はどこか」だったというのは興味深い。

石井四郎七三一部隊長は、日本の敗戦が決定的となると、参謀本部が用意した特別列車で部隊員らといち早く帰国して、そのまま千葉県の郷里に身を隠した。いざ占領が始まると戦犯の追及から逃れるため、嘘の葬式まで出していた。ところが生きていることがバレてしまうと、持ち帰った膨大な研究資料と引き換えに、自身と部隊関係者の戦犯免責の言質を引き出そうとしたと言われている。だが、そうした心配はまったく無用であった。アメリカ軍は細菌戦の分野でも、この技術を独占して軍事的優位に立つため、旧日本軍の細菌戦計画が表沙汰になる部隊関係者の戦犯訴追などは、最初からする気はなかったからである。事実、この方面からはただ一人も、戦犯で巣鴨プリズンに送られた者はいなかった。

ところでアメリカ軍が旧日本軍の細菌戦計画に関するすべての情報を手に入れるには、少なからぬ障害があった。当時のソ連邦もこれらの情報収集に血眼になっていたからで、そんな状況下でアメリカ軍だけが公然と部隊関係者に大掛かりな接触はできなかった筈である。現に、ソ連はかつてソ・満国境で勃発した日・ソ戦、いわゆるノモンハン事件で、旧日本軍が細菌兵器を使用していた事実を掴んでいて、関係者の引き渡しを日本側に強く迫っていたのである。[文献Ⅲ(8)]

そんな中で、旧日本軍の細菌兵器の情報をソ連に横取りされるのは、この分野で遅れをとることを意味していた。しかし、それだけは何としても阻止したいアメリカ軍が帝銀事件の大規模捜査を隠れ蓑に、当該情報を秘密裏に入手しようと画策したとしてもおかしくないだろう。実際、平沢（貞通）

が逮捕されるまでは捜査の主流は旧日本軍関係の特殊部隊員で、細菌戦計画の関係者もすべて徹底的に調べられたのである。

第二次世界大戦末期の旧日本軍は、風船爆弾なるものをジェット気流に乗せてアメリカ本土まで飛ばし、そのいくつかは西海岸まで到達したが、最終的には細菌兵器を搭載するつもりだったようだ。この研究を手がけていたのが、旧日本陸軍第九研究所（九研）で、ここではこの他にもあらゆる毒物の研究と人体実験を謀略用として行っていた。その結果、出来上がったのが、第二章で説明した帝銀事件の犯行毒物「青酸ニトリール」である。九研は、中国大陸に展開していた細菌戦部隊、あるいは特務機関などのスパイ組織とも密接な関係にあった。

そこで注目すべきは帝銀事件の犯人像である。手慣れた様子で集団毒殺をやり遂げたこの犯人は、まさしく特殊部隊で謀殺の訓練を受けてきた人物像そのものである。しかもこの犯人は、旧日本軍の軍医が携行したのと同型の医療器具を、平沢（貞通）の犯行とおぼしき三菱銀行中井支店事件を除く二件の犯行で用いている。まるでわざとそうしたかのように、である。

実際、平沢（貞通）が逮捕されるまでの七ヶ月間は旧軍関係者の捜査が徹底して行われ、その捜査情報はすべてGHQ公安課（PSD）と警察係首席監督官バイロン・エングルのもとへ届けられた。さらに秘密保持のため、民間検閲支隊（CCD）がこの方面の報道をすべて差し止める措置を講じた。その結果、旧日本軍の細菌戦計画の全貌は外部に一切漏れることなく、アメリカ軍は貴重な情報のすべてを手中に収めることができた。[文献V(7)]

（5）周到に用意された「蟻地獄」

帝銀事件の実行犯の最有力候補は、やはり『疑惑』の著者佐伯省が指摘するO以外には考えられず、事実、この男の顔立ちは平沢（貞通）に良く似ていた。両者は共に日本水彩画会の会員で、展覧会では守衛が二人を見間違えたくらいである。したがって、Oがメガネを外して平沢（貞通）に似せて変装すれば、平沢（貞通）になりすますのは可能だったろう。

戦時中のOは、二年間、忽然と姿をくらましているのだが、Oが犯人ならこの間に謀略などのスパイ訓練を受けていたはずである。そして平沢（貞通）も、この方面とはまったく無縁ではなかったかもしれない。戦時中、中国東北部には七三一部隊（この部隊の正式名称は、防疫給水隊だが、その実体は細菌戦部隊である）の実験場や関連施設があり、当時、平沢（貞通）の長女家族がこの方面に住んでいたことからたびたびそこを訪れている。［文献Ⅴ（8）］

旧日本軍の特務機関員らは、スパイ活動中に超小型のラジオを常に持ち歩き、ラジオ回線の陸軍ネットワークを通信手段として利用していた。平沢（貞通）も同様に、どこへ行くにも小型ラジオを携行していたようである。帝銀事件から八日後の二月三日から八日まで、彼は湯ヶ島へ灯台の絵を描きに行っているが、宿泊先の湯本館のオーナーである安藤は、平沢（貞通）がいつも熱心に小型ラジオを聴いていたと証言している。

これだけのことで、平沢（貞通）が何らかの形でスパイ活動にかかわっていたとまでは言えないが、平沢（貞通）とOの関係は、単に画会の会員同士というだけではなかったのではないだろうか。でなければ、帝銀事件のような怪しげな犯罪に巻き込まれることはなかったと思う。平沢（貞通）は騙されて犯人に仕立て挙げられた、と幾度となく繰り返してきたが、なぜ、そしてどうやって騙されたのか、という仮説についてもここで整理してみよう。

帝銀事件前年の四月、青森〜函館間の青函連絡船中での平沢（貞通）と松井蔚の名刺交換、その目的は、六ヶ月後に安田銀行荏原支店の犯行でそれと同じ名刺をOに使わせるためだが、事件後も平沢（貞通）が松井蔚の名刺をもっていたのでは、計画は成立しない。後で平沢（貞通）から松井蔚の名刺を取り戻す必要があった。その名刺は安田銀行荏原支店事件の二ヶ月前、電車の中で平沢（貞通）の懐から財布と一緒に抜き取られたのである。平沢（貞通）はそれ以前にもバスの中でスリ被害に遭っている。安田銀行荏原支店事件でOが現場に残していったその名刺（あるいはそれと同型の名刺）から平沢（貞通）に辿り着くには細工が必要なのだが、松井蔚は名刺を交換した相手の情報をすべてメモしていた（第三章（三）を参照）。

しかし、名刺一枚だけで平沢（貞通）を犯人に仕立てるにはいささか無理がある。そこでもう一工夫が必要になる。それは何かと言うと、帝銀事件に関連づける犯行に平沢（貞通）が手を染めざるを得ないように仕向けることである。その犯行は三菱銀行中井支店事件だが、この事件を平沢（貞通）にさせるために用意されたのが一連の詐欺事件である（第三章（六）を参照）。しかし、安田銀行荏原支店事件・三菱銀行中井支店事件・帝銀事件と三件の事件を見ると、安田銀行荏原支店事件と帝銀事件は、大量毒殺という結果を除けば犯行の手口と内容はまったく同じだが、三菱銀行中井支店事件の方は犯行の手口は同じではないし内容はまったく異なる。ということは、三菱銀行中井支店事件と帝銀事件だけでは、同一犯による犯行とは見なされない恐れがある。だが、ここに安田銀行荏原支店事件が加われば、三菱銀行中井支店事件の内容が他の二件とまったく異なっていてもそうした疑念は払拭される。

さらに安田銀行荏原支店事件の存在理由はこの他にも二つある。まず一つは、荏原支店事件で平沢（貞通）につながる松井蔚名刺を使うこと。もう一つは、本番の帝銀事件を完璧に成功させるための「予行演習」である（第四章（二）を参照）。

帝銀事件と荏原支店事件の犯行現場で平沢（貞通）に良く似た犯人が目撃されれば、平沢（貞通）が「三菱銀行中井支店事件の犯行は自分だが、他の二件は違う」などといくら弁明しても通用しない。

こうして最後の仕上げは、帝銀事件で奪った小切手をそうとは知らない平沢（貞通）に事件翌日に安田銀行板橋支店で換金させることだ。ここで平沢（貞通）が捕まれば話は手っ取り早いようだが、それではマズイのだ。なぜなら、そこで平沢（貞通）を捕らえてしまうと、事件の捜査を口実にした旧軍関係の調査ができなくなってしまうからだ。だがこの目論見を成功させるには、平沢（貞通）が小切手の換金時に絶対に捕まらない方策を講じておく必要があった。

事件の解決には事件発生から四八時間が最も重要というのが捜査上の常識だが、帝銀事件の初動捜査はその常識を完全に無視するものであった。事件の捜査には事件発生当初から東京地検の高木一検事と出射の両検事が所轄の警察を差し置いて乗り出してきた。事件当夜の現場検証では、この両検事が事務官を引き連れて捜査の指揮を執り、所轄の警察官が早期解決には徹夜をしてでも検証を続けるべきだと主張したにもかかわらず、高木一検事からはその必要なしとして僅か二時間足らずで切り上げてしまった。しかも、その翌日、つまり盗難小切手が換金された当日の検証でものんびりしたもので、確実に犯人逮捕につながる小切手の手配はその翌日回しであった。これで小切手換金に現れた犯人をみすみす取り逃がしてしまった。

　小切手換金時の平沢（貞通）は、黒縁サングラスに鳥打ち帽を深めにかぶり、オーバーコートの襟を立てて顔を隠すようにしていたが、これは、小切手がまともなものでないくらいは判っていたからだ。要するに、この犯行が平沢（貞通）だということは、彼が帝銀事件の真犯人ではあり得ない証左でもあった。

　小切手振出人本人の裏判が押された小切手なら即座に支払われるが、裏判がなければ住所、氏名の記名が必要である。ところが問題の小切手には、裏面に振出人〝以外〟の押印と名前が書かれていて、偽物か本物かが極めて紛らわしい小切手であった。この小切手を換金するには住所、氏名の記名が必要だが、小切手の裏判について生半可な知識しかない平沢（貞通）は、絵の代金を小切手で受け取ることが多かったこともあって、この小切手で換金できると思い込んでも不思議ではない。銀行の窓口で住所、氏名の記入漏れを指摘され、咄嗟に自分の旧住所と余り違わない住所を書いてしまったのは、そういうことではないだろうか。

　帝国銀行椎名町支店で奪われた小切手と九万円余りの現金を、閉店間際の銀行に持ち込んだのは、小切手に名前を裏書して必要のない自分の印鑑を押印した「後藤豊次」の使いの者だった。そのため後藤豊次は、事件の**真相**（**カラクリ**）を知らない捜査員から疑いの目を向けられ、内偵と身辺調査の対象者となった（第四章（五）を参照）。

安田銀行荏原支店で松井蔚の名刺を使い、三菱銀行中井支店で小切手の換金を平沢（貞通）にさせる。だが、これでも平沢（貞通）を完璧に真犯人に仕立てるにはまだいくつかのハードルがあった。その一つが犯行時の平沢（貞通）のアリバイである。これが成立してしまったら計画は失敗である。そのため平沢（貞通）は、帝銀事件の犯行時間帯に現場近くまで行かされている。これで平沢（貞通）の事件当日のアリバイは際どいところで不成立となった（第四章（二）（三）を参照）。

次に問題となるのは、事件後の平沢（貞通）の懐具合である。帝銀事件後、平沢（貞通）は被害金額に見合った現金を手にしていなければならず、むろんこの金の出所は説明できないような細工がしてあった。

平沢（貞通）は、帝銀事件後に被害額にほぼ近い十数万円を手にしているが、このうち八万円は「林輝一」という他人名義の口座から引き出したのだ。この通帳に押印された「林」印は、平沢（貞通）が持っていた書類にあった印と同じで、払戻請求書の筆跡も一致している。このことから、この口座は平沢（貞通）自身が開設したもので、この口座から現金を引き出したのも平沢（貞通）だとしてもおかしくはない。しかしこの口座に八万円の預金をした者が平沢（貞通）だとするのは、極めて不自然である。なぜなら、この八万円は預けた翌日には半分近くが引き出されているからだ。しかも預金したのが帝銀事件の三日後となると、これを帝銀事件で奪った現金だとするのは余りに突飛な発想である。やはり、預けた人物は平沢（貞通）以外の人間とするのが、妥当な見方だが、この預金そのものには恐るべき仕掛けが隠されていた。

高木一検事は、取調の段階ですでに、平沢（貞通）の預金口座の存在を知っていた。しかも、高木一検事はこの事実を平沢（貞通）にうっかりしゃべったある人物から聞いたという。この人物とはいったい誰なのか。むろんそれは平沢（貞通）が何としてでも知られたくない人物、すなわち平沢（貞通）を犯罪に引きずり込んだ張本人O（オー）である（第七章（三）を参照）。

平沢（貞通）に三菱銀行中井支店事件を実行させるために計画された一連の詐欺事件、事件翌日の小切手換金、そして平沢（貞通）の預金口座の存在をめぐって犯行を成就させるには、これらのことに加えてさらに実行すべきことがあった。その一つが犯行途中で怪しまれて警察に通報された時の対策である。安田銀行荏原支店事件では、近くに伝染病が発生したというのがデタラメだったため、用務員からの通報で近くの交番から巡査が犯行途中に入ってきてしまった。そこで本番の帝銀事件では、こうした事態を見越して本物の伝染病患者の家を用意した。さらには犯行時間帯に合わせてGHQ第八軍公衆衛生課のジープを患者の家に向かわせる念の入れようであった。もちろん、この伝染病は計画された「誤診」である（第四章（二）を参照）。

これらの謀略を完全に遂行させる上で、もう一つ重要なことは「生き証人」の確保である。帝銀事件では一二名が死亡したが、四名の生存者があった。ところが、全員死亡したら証人が不在になって二件の未遂事件が無意味になってしまう。つまり犯人の目撃証言なしには未遂事件との関連が不明になってしまい、事件か事故かの判別も怪しくなる。これらの一連の犯罪を同一犯の犯行と見せかける必要があった。

こうなると、男女二名ずつの生存者というのは偶然ではなく、その存在が必要不可欠であったことがわかる。男の生存者は、犯人と最も長く対応した支店長代理（この日の午後、支店長は病気で早退）と、もう一人は問題の小切手と現金を手元に置いていた出納係の若い行員の二名が選ばれた理由は何か。支店長代理について言えば、責任者としての自責から彼の証言は当局の意にかない易く、出納係は、小切手の件で事件の片棒を担がされた関係から本当のことが言えない。現にこの二人は最初から一貫して平沢（貞通）を犯人だと断言している（第四章（五）を参照）。

他方、女子の方は、男子に比べて初対面の人物の人相、服装など細部にわたって記憶が優れている。とりわけ村田正子は、平沢（貞通）と犯人は別人と頑強に言い張って捜査当局を困らせたが、それでも平沢（貞通）を犯人とは違うと断定し続けたのは村田正子一人だけで、その後、彼女の証言は有効視されることなく無視された。

「疑わしきは罰せず」とする近代司法の大原則からすれば、真犯人に「似ている」とする百の証言より、一人でも「別人」と断言する方に重みがあるのは自明の理である。だが、権力が介在すると不正になびくものである。

映画『十二人の怒れる男たち』は、被告人を最初から有罪と決めつける陪審員の中で、たった一人だけがその判断に疑問を抱いた。これにより最後に逆転無罪の評決に至るという物語だが、これは日本の現実裁判では今も昔もこれからも夢物語でしかない。

多くの同僚を毒殺され自らも危うく殺されかけた村田正子の脳裏には、憎むべき犯人の顔がしっかりと刻みつけられていたはずだ。事件後十数年してから、彼女は実行犯と目されるO（オー）に佐伯省らの計らいで面会させられたが、この時の彼女の驚き様は尋常ではなかったと言う。

(6) 四面楚歌

平沢(貞通)の悲劇の原因は、彼自身の自業自得という側面も否めないが、何と言っても信頼の置ける強力な支援者と理解者が現れなかったことにあったが、そもそも平沢(貞通)にはそうした人間関係を作ることを忌避する性癖があったのかも知れない。

帝銀事件前後に平沢(貞通)が手にした現金は合計で一三万円余であった。この金額は帝銀事件で発生した被害総額にほぼ匹敵する。その内訳は、清水なる人物から事件前年に現金、一万五〇〇〇円、事件後にも同じ人物から現金、三万五〇〇〇円、このほかには他人名義の八万円である。ただし、清水からの分は平沢(貞通)の妻マサの証言によるもので、平沢(貞通)の供述とは若干異なる。だが、いずれにしても清水が実在した証拠が見つからず、結局は平沢(貞通)の苦し紛れの作話ということになった。しかし、この話を虚偽と決めつけることはできない(第六章(四)を参照)。

帝銀事件の前年の暮れ、平沢(貞通)には清水から画代金としてまとまった現金が入る予定だった。ところが、清水が急死したことで、平沢(貞通)は年越しのための金策に奔走することになった。そんな状況の中で、ちょっと奇妙な詐欺と同未遂事件が勃発した。

この犯行に使われた偽造通帳には、平沢(貞通)が使っていた印鑑が押印してあった。取調で突然、その事実を高木一検事から追及された平沢(貞通)は、不意打ちのショックで言葉を失ったが、結局は一連の詐欺事件すべてを自分一人の犯行であると認めてしまった。だが、これも前節の架空名義預金同様、普通ならその存在を高木一検事が知るはずがないものであった。しかも偽装通帳以外のところでは、平沢（貞通）の供述と被害者の証言は一致していない（第三章（六）を参照）。
つまり、通帳の偽造は平沢（貞通）がやったとしても、それを使った詐欺行為は別人ということになる。だが、それではなぜ平沢（貞通）は身に覚えがない犯行まで認めたのか。妻マサの証言によると、「事件前年に一万五千円」というのが平沢（貞通）の通帳偽造の報酬とすれば、これは前節の八万円の架空口座と同じく、露見すれば平沢（貞通）にとって決定的に不利な証拠となるからだ。
一連の詐欺事件すべてを平沢（貞通）の単独犯行とするには、少なからぬ無理があったことは誰の眼にも明らかである。しかし当時の平沢（貞通）の弁護団さえ、この件に関する平沢（貞通）の供述と被害者の証言に、なぜ食い違いがあるのかを詮索することはなかった。弁護団は、平沢（貞通）自身が公判でも否定しなかったからといって、そのまま鵜呑みにしたとすれば、余りに無責任な態度である。この時の平沢（貞通）の主任弁護人正木亮は、「平沢は弁護団にも本当のことをいわない」といって周囲に不満を漏らしていたようだが、実際、本当のことをいえない事情まではわからなかったのだろう。だがそれにしても、正木亮弁護士は一般的な弁護士とは毛色が異なっていた。［文献Ｖ（4）］
公務員の職権乱用や捜査機関による人権蹂躙の訴えに対し、検察が下した不起訴処分を不服とする付審判請求は、制度発足から半世紀の間に一万数千件にのぼる。ところが、これらの請求に対し、裁判所が決定した付審判開始の件数はわずか十数件のみ。有罪判決ともなると、その半数にも満たないという曰く付きの制度である。この数少ない付審判事件の裁判で、正木亮弁護士は「花巻署巡査部長被疑者暴行事件」と「府中刑務所看守長受刑者暴行凌辱事件」の二件で、被告人警察官の弁護を引き受け、後者では見事無罪を勝ち取った敏腕弁護士だ。〔文献Ⅲ(4)〕

これまでの平沢（貞通）の再審請求は、二〇次という驚くべき回数になるが、このうち第一次から三次までの請求は獄中の平沢（貞通）が単独で起草したものである。孤立無援の「四面楚歌」とは決して平沢（貞通）の思い過ごしではなかった。

(7) すべては闇の中

戦後の日本は、GHQが指示した憲法改正をはじめとする「民主」改革により、それまでの明治帝国主義国家の欽定憲法から国民主体の民主主義国家の民主憲法へと衣替えしたことになっている。しかしながら、日本は本当に胸を張って民主主義国家として宣言できるのかと言えば、はなはだ疑問といわざるを得ない。

立法・司法・行政の三権分立とそれぞれの独立は立憲民主主義にとっての絶対条件である。ところが日本の場合、実に曖昧で不徹底である。日本の戦後民主主義とは、米ソの冷戦構造が生み落とした非嫡出子のようなもので、国民自らの手で掴み取ったわけではない。このギフトには当然のごとく有り難みが薄くなる。しかも、かかる事態は主権在民という意識の醸成を妨げ、結果として国家権力の暴走を許すことにつながりかねなかった。現今の歪んだ権力構造の起源を知るには、やはり戦後の占領期にまで遡らなければならない。

戦後世界を二分する米ソの対立は、やがて中国の共産党革命の成立によって決定的となったが、アメリカ合衆国政府はこれ以前に対日占領政策を大転換する方針を決めている。この決定は日本の国家体制を民主化による民主主義国家から、戦前の強力な中央集権型国家への先祖返りを意味したが、それはあくまでもアメリカが操縦可能な範囲内でということである。それには立法府はともかく、司法と行政府の掌握は必須の要件で、彼らは目的のためには手段を選ばなかった。

司法について言えば、裁判官全員を公職追放のリストから外すことで、処罰より利用という分かり易い事例がある。その結果が、アメリカと日本の司法との蜜月関係である。占領統治終了後、両者の関係は、在日米軍基地をめぐる砂川闘争などの裁判で、最高裁が「高度に政治的」を理由に米・日の国策を優先し、憲法判断を避けたことで深まっていく。〔文献Ⅲ(39)〕

さらに行政府では、アメリカの下請会社と見紛うばかりの自民党五五年体制から見えてくるのは、日本列島を主要拠点とするアメリカ軍の東アジア戦略である。一九五〇年代から七〇年代、かつてはA級戦犯ながらも日米安保体制の立役者となった岸信介元首相他、沖縄返還を成し遂げた佐藤栄作元首相とその取り巻き議員らに、CIAから巨額の政治資金が流れた事実は、アメリカに対する日本の立場を如実に物語っている。ひところ、「アメリカがクシャミをすると日本は風邪をひく」と盛んに言われていたのはこういうことの反映で、今も何も変わっていない。

戦後、GHQによる日本の占領統治は一九五二（昭和二七）年までだが、独立後も日米安保体制を基軸とするアメリカ合衆国との事実上の隷属関係は、今以て改善される気配さえないのである。帝銀事件が、本書で詳らかにしたように米・日政権の合作が真実なら、事件の真相が白日の下に晒されることなどは、絶望的である。捜査機関の捜査手法や裁判官の判断に重大な誤りがあったとしても変わることはない。

ところが、平沢（貞通）の出獄を頑なに拒んで来た当局関係者の中から、事件後半世紀も経って異例の発言が飛び出した。法務省刑事局参事官、東京地検特捜部長、最高検刑事部長から東京高検検事長などの要職を歴任した藤永幸治帝京大教授は、平沢（貞通）について、「法務省内で何度も議題になったが、判決の事実認定に問題があったので、死刑の執行をしなかった」と、都内での講演でその内幕を明かした。その上でさらに、「今の裁判官ならああいう判決は書かないだろう。昭和二十年、三十年代の捜査の手法に問題があったことは、検事の私でさえ認める。あの時、恩赦すべきだった」（一九九六年一二月八日、読売新聞）とまで吐露したのである。しかし、それならなぜ、平沢（貞通）の再審請求が受理されなかったのかと言いたいが、やはり法務省の「再審請求が切れ目なく出されていたので、平沢（貞通）の刑の執行ができなかった」というのは真っ赤な嘘だったことになる。

帝銀事件をめぐる司法当局の闇の遺産は、少なくとも事件後半世紀までは彼らの末裔たちに受け継がれていたと言えるが、それが二一世紀以降に至るまで続いていないという保証はどこにもないのである。

おわりに

帝銀事件という複雑怪奇で謎多き犯罪を、最後にもう一度わかり易く整理してみよう。

既述の私論では、この事件はＧＨＱ（アメリカ占領軍）と日本の刑事警察機構との共同謀議による犯行としている。そして事件の背景には、当時のアメリカが直面した東アジア情勢の急変が深くかかわっていることは、本文第八章以降で述べてきたとおりである。

繰り返しになるが、この事件でのアメリカ（軍）の犯行目的は大きく分けて三つあると考えられる。

まず第一は、事件の捜査を隠れ蓑に旧日本軍の細菌戦計画の全貌を、同じ連合国の一員でもあった旧ソ連に先駆けて入手する。第二には、それまでのＧＨＱによる民主化改革で弱体化していた日本の警察力を、中国の共産主義化に対抗するための「防共の砦」の布石として増強し、さらには刑事警察機構の再構築によって強靱化を図る。もう一つは、日本の共産党員を中心とした労働争議を押さえ込むため、全国規模の戸口査察（臨検）の実施である。

以上だが、実際の犯行に手を染め、あるいは加担したほとんどが日本人である。したがって、そこには戦犯訴追や公職追放の免責が交換条件としてあったと考えられる。そうでなければ、何の罪もない多くの同胞の殺害に手を貸す理由など思いつかないからだ。しかしそれでも、事件は犯罪史上希に見る凶悪犯罪である。絶対に捕まらない確証でもなければ引き受けかねるはずだが、その心配は無用であった。なぜなら、もしも「下手人」たちから事件の真相が露呈するようなら、計画は台無しになるどころか、それこそ国際問題にまで発展しかねないからだ。

そこで登場させられたのが日本画家の平沢貞通である。大がかりな罠を仕掛けられているとは知らない平沢貞通は、小金欲しさに通帳偽造にかかわり、それが元で三菱銀行中井支店の毒殺未遂事件の犯人にされたばかりか、通帳偽造の報酬として、帝銀事件で詐取した小切手を事件翌日に安田銀行板橋支店で換金するという危険な役割を何も知らされないまま実行したのである。

この小切手は帝銀椎名町支店で奪われたものだが、この小切手の換金時の平沢貞通は、その小切手がまともなものではないくらいの認識しかなかった。かくして平沢貞通は、その小切手の換金時に以前の住まいに酷似した住所を裏書きとして残してしまった。

そうして最後の総仕上げは、出所を明らかにできない被害金額に見合った大金を、事件後に平沢貞通に掴ませることだが、そうすれば平沢貞通には、真実を話すことで身の潔白を証明する手段がすべて封じられたということになるわけである。

以上が私の「仮説」の概略だが、本書の情報提供者でもある佐伯省の見解は、肝心なところで私の「仮説」と異なる。

佐伯省のいう帝銀事件以前の二件の未遂事件は、両方とも平沢貞通が騙された挙げ句に犯した金銭目当ての犯行であるとしている。事件翌日の小切手換金については平沢貞通ではなく、平沢貞通が事件後手にした大金の出所と関係のある人物としている。また、ＧＨＱの犯行動機については、旧日本陸軍が開発した毒物兵器「青酸ニトリール」の人体実験データの入手であると確信していた。

　佐伯省が一九九六年に初版『疑惑』（講談社出版サービスセンター）を出版する際、私は何度も前記の自説を説いて佐伯省の説得を試みたが、受け入れられることはなく、二〇〇二年には『帝銀事件はこうして終わった』（批評社）の最終版が上梓された。

　普段は物静かで穏やかな佐伯省ではあったが、こと帝銀事件をめぐる主張に関しては頑として譲らない強い意志が感じられた。

　私と佐伯省との関係については、最初の「はじめに」で触れておいたが、私は一度だけ佐伯省に不信感を抱いたことがある。それは、佐伯省に預けておいた「O」の写真についてのやりとりで生じた。佐伯省は、それらは危険なものだからと言ってなかなか返してくれなかったが、しばらくしてからメガネをかけていない「O」の複写した写真を貰うことができた。だが、肝心の事件から三年後に撮影したメガネをかけた「O」の写真は、紛失したと言って戻らず仕舞いだった。

　当時は佐伯省の話をまともに信じる気にはなれなかった。しかし今では、無謀な私の行動を見かねた佐伯省が私をこれ以上事件に深入りさせないため、親心にも似た配慮をしてくれたのだと思うようになった。

「親の心子知らず」とはよく言ったもので、だからと言って私の事件に対する関心や興味が尽きることはなかった。その後も私は何とか独自の見解を開陳する機会を窺い続けてきたわけだが、ここで最後にお断りしておかなければならないことがある。

　それというのも、佐伯省の事件解明への尽力と情熱、執念の成果に較べれば、私の「仮説」などは、佐伯省が家一軒分と言われる程の資金と後半生の時間を投じて築いた資料の山を、後から読み解いただけでしかないということである。

なお、本書では、佐伯省と「O(オー)」以外の登場人物全員を実名としたが、佐伯省については、佐伯省の著作すべてに「佐伯省」が使われているため、信義則からも実名は伏せた。

また、敬称については、煩雑を避けるためにすべて省略させていただいた。

引用、参考文献一覧＊本文中に個々の引用、参考文献を明記するのは煩雑なため巻末に一括して掲載し、本文中の関連箇所にナンバーを付して掲示しました。「V 佐伯省メモ」は、膨大な量であり、そのすべてをデジタル化することはできませんので、資料の存在を明記することに止めます。（批評社編集部）

Ⅰ 未公刊資料

（1）帝銀事件第一審公判記録

第一回～第五十八回

（2）帝銀事件検事聴取書

第一回～第六十三回（原本）＊晩声社版が刊行されているが本書は原本を使用した。

（3）帝銀事件捜査記録

a 第六冊の甲、b 第六冊の乙

（4）帝銀事件解剖鑑定書

東京高等裁判所刑事第六部

a 東京大学法医学教室、b 慶応大学法医学教室

（5）帝銀事件第二審判決

東京高等裁判所第六刑事部謄本

（6）帝銀事件第十九次再審請求素案

Ⅱ　特別資料

甲斐文助捜査手記

（1）第一巻、二〇〇頁

（2）第二巻、二三九頁

（3）第三巻、二六〇頁

（4）第四巻、三一五頁

（5）第五巻、一七六頁

（6）第六巻、二〇一頁

（7）第七巻、二九二頁

（8）第八巻、二六五頁

（9）第九巻、一三六頁

（10）第十巻、四八一頁

（11）第十一巻、三一一頁

Ⅲ　一般資料

（1）『戦後日本政治史』（全四巻）信夫清三郎著、勁草書房、一九六五年

（Ⅰ）占領と民主主義　（Ⅱ）冷戦と占領政策の転換　（Ⅲ）アジアの革命と日本　（Ⅳ）朝鮮戦争と講和

（2）『講座　日本思想』（3）秩序、相良　亨、尾崎正英、秋山虔共編、東京大学出版会、一九八三年

（3）『現代司法の課題』潮見俊隆、北野弘久、小田成光、鳥生忠佑共編、勁草書房、一九八二年

(4)『検証付審判事件』村井敏邦、高山俊吉、二瓶和敏共著、日本評論社、一九九四年
(5)『裁判の民主化』皆川邦彦遺稿集、二〇〇二年、私家版
(6)『憲法』芦部信喜著、岩波書店、一九九九年
(7)『法学と憲法』大木三郎、池村正道、西山雅晴共著、八千代出版、一九九六年
(8)『細菌戦部隊ハバロフスク裁判』牛島秀彦解説、海燕書房、一九八二年
(9)『新講日本史』家永三郎、黒羽清隆共著、三省堂、一九七五年
(10)『戦後法制』実用法律雑誌「ジュリスト」、有斐閣、一九九五年八月一‐一五日号
(11)『東京裁判』アーノルド・C・ブラックマン著、時事通信社、一九九一年
(12)『東京裁判ハンドブック』東京裁判ハンドブック編集委員会編、青木書店、一九八九年
(13)『東京裁判』「シリーズ昭和史 No.10」赤澤史朗著、岩波書店、一九九一年
(14)『占領と戦後改革』シリーズ昭和史 No.9 竹前栄治著、岩波書店、一九九一年
(15)「This is 読売」通巻五四号、『元GHQ高官が明かす憲法九条の秘密』読売新聞社、一九九四年九月、五巻六号
(16)『占領秘録』住本利男著、中央公論社、一九八八年
(17)『私本GHQ占領秘史』中薗英助著、徳間書店、一九九一年
(18)『標的イシイ、731部隊と米軍諜報活動』常石敬一編訳、大月書店、一九八四年
(19)『消えた細菌戦部隊』常石敬一著、ちくま文庫、一九九三年
(20)『悪魔の飽食』森村誠一著、角川書店、一九八五年
(21)『続、悪魔の飽食』森村誠一著、角川書店、一九八八年

(22)『裁かれた七三一部隊』森村誠一著、晩聲社、一九九〇年
(23)『マッカーサーの二千日』袖井林二郎著、中央公論社、一九七六年
(24)『マッカーサーの政治改革』ジャスティン・ウィリアムズ著、朝日新聞社、一九八九年
(25)『法医学ノート』古畑種基著、中央公論社、一九七五年
(26)『犯罪と猟奇の民俗学』礫川全次編、批評社、二〇〇三年
(27)『満州開拓団27万人 死の逃避行』合田一道著、富士書苑、一九七八年
(28)『ノモンハンの地平』細川呉港著、光人社、二〇〇〇年
(29)『満州歴史街道』星亮一著、光人社、二〇〇〇年
(30)『一九四五年夏、最後の日ソ戦』中山隆志著、国書刊行会、一九九五年
(31)『特務機関』内蒙古アパカ会、岡村秀太郎共編、国書刊行会、一九九〇年
(32)『「謀略戦」陸軍登戸研究所』斎藤充功著、時事通信社、一九八七年
(33)『秘史朝鮮戦争』ストーン著、内山敏訳、青木書店、一九六六年
(34)『刑事訴訟法』福井厚著、有斐閣、一九八九年
(35)『世界犯罪史』コリン・ウィルソン著、関口篤訳、青土社、一九九七年
(36)『毒殺百科』ブライアン・マリナー著、平石律子訳、青弓社、一九九三年
(37)『検閲 1945-1949』モニカ・ブラウ著、立花誠逸訳、時事通信社、一九八八年
(38)『細菌戦の罪』三友一男著、泰流社、一九八七年
(39)『日本の裁判官』野村二郎著、講談社現代新書、一九九四年
(40)『日本の公安警察』青木理著、講談社現代新書、二〇〇〇年

(41)『自衛隊の闇組織　秘密情報部隊「別班」の正体』石井暁著、講談社現代新書、二〇一八年
(42)『宗教と社会の戦後史』堀江宗正編、東京大学出版会、二〇一九年
(43)『日本／映像／米国　共感の共同体と帝国的国民主義』酒井直樹著、青土社、二〇〇七年
(44)『沖縄米軍基地と日米安保』池宮城陽子著、東京大学出版会、二〇一八年
(45)『帝銀事件』森川哲郎著、三一書房、一九八〇年
(46)『帝銀事件と平沢貞通氏』遠藤誠著、三一書房、一九八七年
(47)『帝銀事件の真実（竹の花の咲くとき）』ウィリアム・トリプレット著、西岡公訳、講談社、一九八七年
(48)『疑惑』佐伯省著、講談社出版サービス、一九九六年
(49)『疑惑α』佐伯省著、講談社出版サービス、一九九六年
(50)『帝銀事件はこうして終わった』佐伯省著、批評社、二〇〇二年
(51)『謎の毒薬』吉永春子著、講談社、一九九六年
(52)『帝銀、下山両事件ほか』佐藤正著、新生出版、二〇〇五年
(53)「帝銀事件死刑囚平沢貞通〝無実〟の確証」成智英雄著、『新評』一九七二年一〇月号、評論新社

Ⅳ　新聞各紙（国立国会図書館蔵　マイクロフィルム）
(1)「朝日新聞」（一九四八年一月二七日〜七月二五日）
(2)「毎日新聞」（一九四八年一月二七日〜一〇月一四日）
(3)「読売新聞」（一九四八年一月二七日〜一〇月一六日）

V　佐伯省メモ

（1）犯行毒物関連
（2）平沢貞通とO（オー）の周縁関連
（3）平沢貞通の交友関連
（4）平沢貞通の弁護団関連
（5）解剖鑑定人の関連
（6）「平沢貞通を救う会」関連
（7）GHQ公安課、公衆衛生課の関連
（8）事件関係者全般
（9）平沢貞通の獄中からの手紙

あとがきに代えて……「和歌山毒カレー事件」と「帝銀事件」の平沢貞通

二〇二一（令和三）年七月一七日放送のクローズアップ現代「死刑囚の母と子供たち」を拝見してお便りさせていただきました。

この番組で取り上げた「和歌山毒カレー事件」は、番組の中で映画監督の森達也氏も指摘されたように、犯行の動機が明らかではなく、被告人も一貫して無実を訴え続け、状況証拠のみで死刑の判決が確定した極めて特異な裁判でした。

この事件が発生した一九九八（平成一〇）年当時の私は、一九四八（昭和二三）年一月に発生した「帝銀事件」を題材にした本の出版に向け、原稿の整理をしている最中でした。その時、この事件と毒カレー事件が余りによく似ていることに愕然とさせられたことをよく覚えています。

両事件の類似性の詳細については省略しますが、今回私がお便りさせて頂いたのは、毒カレー事件は単なる刑事事件の範疇をはるかに超えていると感じているからです。このことは、捜査機関だけでなく、裁判所の態度と対応からも窺い知ることができるのではないでしょうか。

事件当時は、最先端とされた「スプリング8」と呼ばれる分析装置が使われた。しかし、林眞須美死刑囚の弁護団が材料工学に詳しい京都大学の教授に改めてデータの分析を依頼した結果、それぞれのヒ素に混ざっていた不純物などが違い、由来が異なることがわかったとして、この鑑定結果を新たな証拠として裁判所に意見書を提出。さらに警察側の鑑定書には違うヒ素とわからないようにデータの数値を変えるなど、意図的なごまかしがあったと主張。これに対して和歌山地裁は、二〇一七（平成二九）年三月、「ヒ素の組成上の特徴が一致しているという事実は、すべての証拠を検討してもなお認められる」として、林死刑囚の再審請求を棄却。

この決定を受けた弁護団は、当然、即時抗告したでしょうが、和歌山地裁が本気で事実の再調査をする気がなかったのは明らかです。このことは、以下の大阪高裁の二〇二〇（令和二）年三月の決定でもわかります。

「自宅にあったヒ素が犯行に使われたとする鑑定結果の推認力が、新証拠によって弱まったとしても、その程度は限定的だ。新旧の証拠を総合的に検討しても、判決確定の事実認定に合理的疑いが生じる余地はない」

つまり、大阪高裁は弁護団の主張する新証拠の一部を認めながらも、その事実を無視するという荒技で再審の棄却決定を強弁したというわけです。

二〇二一（令和三）年五月、林死刑囚は「第三者の犯行である証拠が見つかった」として新たに和歌山地裁に再審請求。林死刑囚の代理人弁護士は記者会見で、カレーを食べて死亡した全員からヒ素の他に青酸化合物も検出されていたという鑑定結果などを挙げ、裁判では死因に関わる証拠が充分に審議されていないと指摘。「ヒ素ではなく青酸化合物が死因だった場合、林死刑囚は無罪」と主張、とあります。

確かにこの事件は最初の捜査段階からおかしなことだらけで、なぜこれほど重大なことが裁判でも取り上げられることがなかったのでしょうか。

事件発生当初は集団食中毒が疑われたわけですが、事件翌日の未明に谷中さんをはじめとする四人が急死したことで、和歌山県警の科捜研がカレーの食べ残しや吐瀉物など一〇〇点の検体を調べたところ、このうち二三点から青酸化合物が検出されました。このことは、事件から二日後に捜査本部が発表したもので、この時点では報道機関の報道は、「青酸カレー事件」でした。

青酸化合物の代表的なものは工業用の青酸カリや青酸ソーダなどですが、県警科捜研が検体をさらに詳しく分析すると、普通の青酸カリなどには不純物が混入しているはずなのに、犯行に使われたものにはそれがまったく検出されず、その青酸化合物の純度はほぼ一〇〇%に近い高純度のものだったことがわかりました。

しかし、この青酸化合物を高純度の青酸カリ（青酸ソーダでも同じ）とするのは誤りです。なぜなら、青酸カリは致死量以上を摂取すれば数秒で卒倒し、数分以内に死亡するという超速効性の毒物だからです。最初の犠牲者の谷中さんは、毒入りカレーを食べて九時間以上経ってから亡くなっています。そのことが、青酸カリを犯行毒物から除外する最大の理由です。ところが、青酸カリが致死量スレスレだった場合には、死亡するまでの時間が遅れるという説もあります。ですが、実際には何時間も経過してから急変して死亡するなどということはあり得ません。これを裏付ける説として、戦時中、中国大陸で「丸太」と呼んで生身の捕虜を使ったさまざまな毒物の人体実験を、繰り返し行った旧日本軍の陸軍登戸第九研究所（九研）二課、二班長の発言があります。

彼は「帝銀事件を思い起こしてみるに、青酸カリは速効性のものであって、サジ加減によって時間的に経過させて殺すことはできない。私にもしさせれば、青酸ニトリールでやる」と最初の捜査段階では話しています。ところが、いざ公判の段階になると、一転し、犯行毒物を市販の青酸カリでも可能と意見を変えています。彼がいかなる理由から見解を変えたのかは不明ですが、この事件の裁判では他の証人も同様に起訴状に沿う発言となっています。

ところで、この二課、二班長のいう「青酸ニトリール」とはどのようなものか説明しますと、これは九研が要人暗殺用に開発した合成毒物ことで、摂取後ある程度時間が経過してから死亡させるという、暗殺者が特定されにくい「遅効性」の毒物です。当時、この毒物の開発者は陸軍技術有功章を授与されています。

死亡した谷中さんは、「わしは最後でいい」といって、比較的元気に患者の救護に当たっていたことがわかっていますが、このような〝普通でない〟中毒症状に合致する毒物は、この「青酸ニトリール」のように特殊な遅効性毒物以外にないと私は思います。

当初の捜査本部の発表が「青酸カリ」ではなく、「青酸化合物」としたのは正しい見解で、これは犯人の毒物に関する専門性を示す証拠ともいえそうです。だとすれば、容疑者の対象範囲はかなり絞り込まれたはずで、もしかすると捜査当局は「真犯人」にたどり着いていたかもしれません。ですが、実際に逮捕起訴されたのは、この方面とは無縁そうな専門家でもない林死刑囚で、そこで登場したのが「亜ヒ酸」による中毒死です。これなら彼女の夫がシロアリ駆除の仕事をしていたことから、ヒ素を死因とすれば辻褄が合います。しかしながら、ここで最大の疑問となるのは、四人の犠牲者は本当に亜ヒ酸による中毒死なのかということです。

犯行に使われた亜ヒ酸を検出したのは警察庁の科学警察研究所（科警研）で、これは事件発生から一〇日以上も経ってからのことでした。事件があった夏祭り会場では、大勢の小さな子供たちが大人と同程度の亜ヒ酸を摂取すれば、毒物に対する抵抗力の弱い子供にもっと多くの死者が出てもおかしくありません。ところが、死亡したのは、当時一〇歳の林君だけでした。科警研が食べ残しのカレー大鍋から検出した亜ヒ酸は、一リットルあたり五グラム相当という高濃度で、この量は単純計算すると約六〇〇人の致死量になると発表されています。

このような高濃度の亜ヒ酸を摂取しながらも、なぜ林君以外の子供たちは生存することができたのでしょうか。その答えは、毒物の専門家なら簡単に出せるはずです。

ヒ素などは、第一次世界大戦中、ドイツが敵の防毒マスクを外させるために「嘔吐剤」として毒ガスに混ぜて用いたことからわかるように、ヒ素系毒物の亜ヒ酸は胃粘膜に強く作用するため、例え一度に大量に飲んでもほとんど吐き出してしまいます。このことは、当時の聖マリアンナ医大の山内博助教授も「最も大量のヒ素を摂取した被害者でも、致死量（〇・一〜〇・三グラム）の半分の〇・〇五グラムだったことが判明」と記者の質問に答え、その後のテレビ出演の際には「大量の亜ヒ酸を飲んでも助かった原因は何でしょうか」の問いに、「吐いたことでほとんどの毒が出てしまったからでしょう」と答えています。

亜ヒ酸の毒性については、戦時中、実際に毒物の人体実験に参加した人物の体験談からも窺い知ることができます。

一九九八（平成一〇）年八月一四日放映の「驚き桃の木20世紀」というテレビ番組「悪魔の丘陸軍登戸研究所」に出演の当時神奈川大学教授の常石敬一氏は、番組後半で「亜ヒ酸を飲ますと心臓麻痺などで死亡するはずが、文献の十倍飲ませても死なない。で、文献など当てにならない」という九研関係者から聞いた話を紹介しています。

以上のことからも亜ヒ酸で中毒死するのは、少量の亜ヒ酸が体内に蓄積した量が致死量に達した時で、いくら大量に飲んでも急性ヒ素中毒を発症するだけで、死ぬことはないことがわかります。

事件当初の発表では、谷中さんの心臓血の中からも青酸化合物が検出されたことで、死因は青酸化合物による急性中毒としていました。ところが、後に警察庁の科警研が鑑定に乗り出して亜ヒ酸を検出してからは、死因は亜ヒ酸による急性中毒死といつの間にか変更されました。それならば、谷中さんと死亡した他の三名の体内からも致死量以上の亜ヒ酸が検出されたはずですが、これについては何の発表もありませんでした。ここは極めて重要なところです。なぜなら、もしも亜ヒ酸が四人の死因ではないということになれば、林死刑囚の殺人罪そのものが成立しなくなるからです。

そもそもこの事件は、当初県警科捜研による青酸化合物検出と、その後に警察庁科警研によって亜ヒ酸が検出された時点で、四人が死亡した事件と亜ヒ酸の中毒事件とは別の事件として扱うべきでした。それがどういう理由からか、両者を同一事件としたところに無理が生じたのです。

谷中さん以外については わかりませんが、心臓血からも青酸化合物が検出された谷中さんは、少なくとも亜ヒ酸による中毒死ではあり得ません。それでも捜査当局が亜ヒ酸の中毒死にこだわったのは、最初から林死刑囚ありきの捜査だったからではないでしょうか。というのも、青酸化合物による中毒で四人が死亡したとなると、いったい彼女はそれをどこから入手したのかを明らかにしなければならないからです。しかも、それが極めて特殊な青酸化合物となると、この毒物の素性を公にしたくないという動因が彼ら捜査当局に働いたとすれば、「真犯人」を逮捕するわけにはゆかなくなります。

ここまで言ってしまうと、まるで三文推理小説を語るようですが、さらに私の大胆な推理では、この事件は「無差別殺人を装った特定の人物を狙った犯罪」と見ています。死亡した谷中さんは警察OBだったようですが、もしかすると、そのことと何か関係があったかもしれません。そうであれば、他の三人は偽装のための巻き添えということになります。亜ヒ酸については、大規模な人体実験だったのではないかと思います。

そこで注目すべきは、林死刑囚は本当にこの事件とは無関係だったのかということです。私はそうではなかったと思います。それでは、彼女はこの事件にどのような関わりがあったのかと言えば、「殺害用」の青酸化合物は別として、カレー鍋に亜ヒ酸を混入したのは彼女ではないかと思います。というのも、彼女は事件前に夫と共謀して多額の保険金詐欺をしていますが、このことが怪しげな犯行に手を染める原因になったのではと考えられるからです。

この詐欺事件では、知人や従業員だけでなく、夫にも多額の生命保険を掛けた上で亜ヒ酸を飲ませています。しかも、夫はそれが亜ヒ酸であることを承知の上での犯行です。このような危険な芸当は、亜ヒ酸がどのようなものであるかを知り尽くした人間にしかできません。つまり、亜ヒ酸で急性ヒ素中毒の症状は出るが、決して死ぬことはないという確信が林夫妻にはあったということです。

それでは、彼女たちはいったいどのようにして、このような確信を持てるようになったのか。それは彼女の夫の前に実行した知人や従業員での経験だけでは不十分でしょう。そこで疑われたのが、前記の九研関係者など実際に人体実験を経験した人物の存在です。この方面（集団）から「（カレー鍋に）亜ヒ酸を入れなければお前たちの詐欺をすべてバラすぞ」と脅されたとしたら、果たしてどうでしょうか。亜ヒ酸で多くの人が死ぬと思ったら、さすがに林死刑囚が脅しに屈することはなかったでしょうが、亜ヒ酸を多量に飲んでも決して死ぬことはないと確信していれば、可能な犯行と言えます。

以上の私の見解が事実であれば、事件は想像を絶する巧妙で悪質な犯罪です。普通、自分が本当に潔白なら真実を話して無実を訴えようとしますが、亜ヒ酸をカレー鍋に混入したのが、林死刑囚ならそれはできません。犯行毒物から青酸化合物が消えてしまった以上、亜ヒ酸の犯行を認めることは、即ち殺人を認めることになるからです。

この事件の第一審公判が終了して死刑判決が下った後、控訴審が開廷されるまで彼女が完全黙秘を貫いたという異常とも思える態度にも、これで納得がいくというものです。彼女の黙秘は、何かを喋ってうっかり真相を吐露しないための安全装置ということです。

かつての帝銀事件の平沢貞通死刑囚も、同一犯と見做された未遂事件の犯行をさせられたことで、終生真実が言えなかったと私は確信しています。

取調の段階ならいざ知らず、裁判が始まっても完全黙秘を貫くことが何を意味するのか。それは裁判官の心証を決定的に悪くするだけで、被告人にとって有利に働くことなどは、普通なら考えられないでしょう。その結果は、やはり死刑判決でした。

しかしながら、死刑判決が確定しても、それは必ずしも刑の執行を意味しません。平沢（貞通）死刑囚もそうでしたが、本当のことを言わなければ、獄中で寿命を全うすることは可能なはずです。恐らく林死刑囚も法務省の死刑執行者の指名リストには載っていないでしょう。とはいえ、真相の暴露で死の危険に晒されるのは本人だけとは限りません。

最近、林死刑囚の長女とその子供たちが不可解な死を遂げたことは、とても気になります。もしかすると、五月の再審請求と何か関係があるのではないかと危惧しています。

毒カレー事件がかつての帝銀事件と同様に、日本の刑事司法の黒い闇の歴史の中で生じたものなら、本当に背筋が凍るような恐ろしい出来事です。

二〇二一年七月二十五日

松本宗堂

ＮＨＫ放送センター

「クローズアップ現代」ご担当者様

著者略歴

松本宗堂（まつもと・そうどう）

1951 年 2 月 28 日、群馬県甘楽郡下仁田町生まれ。
1982 年、日本鍼灸理療専門学校を卒業。
1984 年、九折会成城木下病院理療科に入職。
1992 年、鍼灸院を独立開業し、現在に至る。
2005 年、比叡山延暦寺にて出家得度。

終わりなき帝銀事件
——GHQ の策謀と戦後史の迷路

2022 年 7 月 20 日　初版第 1 刷発行

著　者……松本宗堂

装　幀……臼井新太郎

発行所……批評社
〒 113-0033　東京都文京区本郷 1-28-36　鳳明ビル 201
電話……03-3813-6344 ／ FAX……03-3813-8990
郵便振替……00180-2-84363
e-mail:book@hihyosya.co.jp ／ http://hihyosya.co.jp

印刷……モリモト印刷（株）
製本……鶴亀製本（株）

乱丁本・落丁本は小社宛お送り下さい。
送料小社負担にて、至急お取り替えいたします。

ISBN978-4-8265-0727-1 C0021